Tantra-Massage
für Einsteiger

Das große Buch für die erotische Massage – für Frauen, Männer und Paare

inklusive Lingam- und Yoni-Massage

Anastasia Romanova

EULOGIA
VERLAG

Bibliografische Information der Deutschen Nationalbibliothek.

Die Deutsche Nationalbibliothek verzeichnet diese Publikation in der Deutschen Nationalbibliografie; detaillierte bibliografische Daten sind im Internet über http://dnb.dnb.de abrufbar.

Für Fragen und Anregungen:
info@eulogiaverlag.de

ISBN Softcover: 978-3-96967-430-7
ISBN eBook: 978-3-96967-432-1

Originale Erstausgabe 2024

Eulogia Verlags GmbH
Gerhofstraße 1–3
20354 Hamburg

Lektorat: Sandra Pichler
Satz und Layout: Tomasz Dębowski
Covergestaltung: Aleksandar Petrović

Rechtlicher Hinweis

Dieses Buch stellt keinen medizinischen Rat dar. Dieses Buch gibt keinerlei Empfehlungen oder Ratschläge in Bezug auf die Behandlung oder Linderung von Krankheiten, Beschwerden, Leiden oder anderen pathologischen Zuständen oder psychischen Erkrankungen. Dieses Buch ist nicht geeignet, eine konkrete medizinische Diagnose zu ersetzen.

Die in diesem Buch beschriebenen Techniken sind nicht in der Lage, medizinische Behandlungen, medikamentöse Therapien oder professionelle Pflegeleistungen zu ersetzen. Hierzu sollte qualifiziertes Fachpersonal (Arzt oder Apotheker) konsultiert werden. Bestehen Erkrankungen oder Beschwerden, sollten die in diesem Buch beschriebenen Techniken nur nach Absprache mit medizinischem Fachpersonal angewandt werden.

Weder die Autorin noch der Verlag haften für Konsequenzen aus der Durchführung einer oder mehrerer der in diesem Buch beschriebenen Techniken oder eines Missbrauchs der Informationen in diesem Buch. Führt eine Leserin oder ein Leser die Übung/Behandlung durch, übernimmt er/sie die Verantwortung für die ordnungsgemäße Anwendung der in diesem Buch beschriebenen Techniken.

Es ist wichtig, dass man vorsichtig und sanft vorgeht.

Wer in Deutschland die Heilkunde professionell ausüben will, ohne eine entsprechende berufliche Qualifikation zu besitzen (Arzt, Heilpraktiker), bedarf dazu einer gesonderten Erlaubnis.

Auch das Anbieten von Tantra-Massagen ohne Heilungsabsicht als gewerbliche Tätigkeit (gegen Entgelt) ist in Deutschland an besondere rechtliche Voraussetzungen geknüpft, so ist es nach Auffassung einiger Verwaltungsgerichte notwendig, eine Erlaubnis nach dem Prostitutionsgesetz zu besitzen, bevor derartige Dienstleitungen ohne Heilungsabsicht erbracht werden dürfen. Ob eine solche Genehmigung erforderlich ist, ist eine Frage des konkreten Einzelfalls. Die Leser sind selbst dafür verantwortlich, sicherzustellen, dass die rechtlichen Voraussetzungen für das ordnungsgemäße gewerbliche Anbieten der in diesem Buch beschriebenen Techniken vorliegen.

Der Verlag und die Autorin erteilen insoweit in diesem Buch keinen Rat, ob und wie das rechtskonforme Anbieten gewerblicher Tantra-Massagen umgesetzt werden kann. Im Zweifel sollte zu diesen Fragen ein Anwalt als Berater hinzugezogen werden.

Inhaltsverzeichnis

Vorwort

Du möchtest eine tief erotische Massage schenken? Die Kraft in deinen Händen haben, die besonders viel Veränderungspotenzial mitgibt? Oder einfach im Hier und Jetzt schöne Momente zaubern? Egal, ob du erst anfängst oder mehrere Sessions durchgeführt hast, findest du für dich Ideen, die deine Behandlung aufwerten.

Ich durfte in meinem Leben viel Berührung schenken, und es waren sowohl gute Behandlungen als auch schlechte. In diesem Buch möchte ich mit dir das teilen, was wirklich entscheidend ist. Und das ist nicht wirklich die Technik. Es sind unsere eigene Einstellung und unser Wohlbefinden, unsere Empathie und Verantwortung für den Einfluss, unsere Präsenz und unser Gefühl. Es ist absolut egal, ob du einen Mann oder eine Frau massierst.

Ich lade dich ein, direkt nach dem Lesen des Abschnittes die ausgewählten Techniken auszutesten, an dir oder an deinem Lieblingsmenschen. Die „Kleinigkeiten", die ich hier empfehle, haben sich in meiner Praxis bewährt. Lass dich nicht davon abschrecken, dass manches zu subtil wirkt. Es hat viel Macht.

Es ist absolut normal, wenn du dich am Anfang unsicher fühlst. Wem das nie passiert, der lernt ja nichts Neues. Übung macht den Meister. Nach und nach wirst du mehr Kraft in den eigenen Händen wahrnehmen.

Nicht alles lässt sich optimal über Papier weitergeben, und einzelne Übungen und Griffe habe ich im Online-Kurs „Körperarbeit mit Happy End" zusammengestellt:

http://kurse.intimfitness.de/

Was ist eine Tantra-Massage?

Woran denkst du, wenn du das Wort Tantra hörst? Eine polyamore Sekte? Eine Gesellschaft von Menschen, die sich hochspiritueller Begriffe bedient, Mantras singt und Räucherstäbchen anzündet? Eine Massage mit Happy End im dunklen Raum mit künstlichem Rotlicht? Google findet zu diesem Begriff alles Mögliche. Wichtig ist wie immer, selbstständig die Spreu vom Weizen zu trennen und den eigenen Weg zu finden. Auch meine Herangehensweise wird nicht jeden Geschmack zu 100 % treffen. Dennoch würde ich mich freuen, wenn du ein paar Ideen in deine Massage und auch deinen Alltag mitnimmst.

Tantra ist ursprünglich die pure Mystik, Magie, Hexerei ... Nenn es, wie du willst. Tantra-Massage ist eine Heilkunst für Körper, Geist und Seele – und für Fortgeschrittene auch ein bisschen „Magie" zum Manifestieren von Wünschen. Im Grunde genommen hat sie viele Gemeinsamkeiten mit den Heilkünsten anderer Völker rund um die Welt. Das Wissen aus Indien und Ägypten hat die „dunklen" Jahrhunderte besser überstanden. Es gilt für uns Westler als ein Leitfaden, um uns daran zu erinnern, was tief in unseren Genen steckt. Doch dank der Hexenverbrennungen wurde dieses Wissen intensiv verdrängt und verleugnet.

Wem die Esoterik gar nicht am Herzen liegt, darf sich die gleichen „Wunder" durch Biochemie, Aktivität des Vagusnervs, Veränderung der Hirnfrequenzen, Pygmalion-Effekt, Galatea-Effekt, Placeboeffekt und die selbsterfüllende Prophezeiung erklären. Die Form der Karte ist unwichtig, solange sie den Weg zum richtigen Ziel vorgibt.

Wie funktioniert diese „Magie"? Unter anderem kommen wir durch eine Tantra-Massage in einen zutiefst entspannten Zustand, der nachwirkt. Und da treffen wir Entscheidungen von viel höherer Qualität.

Im Stress geht es um das „Überleben" im Hier und Jetzt. In der Entspannung können wir langfristig denken. Der Körper sorgt ebenfalls für die Regeneration und die Erhöhung der Lebensqualität. Wenn wir uns akzeptiert und geliebt fühlen – und das kommuniziert die achtsame tantrische Berührung sehr klar –, sind wir kreativer und vom Herzen her großzügiger. Unser Umfeld reagiert darauf. Eine tiefe Entspannung macht uns schöner für uns selbst und für andere. Beziehungen blühen wieder auf, wenn Zärtlichkeit und Bindung durch die Produktion des Kuschelhormons Oxytocin ansteigen, und das intime Miteinander abwechslungsreicher wird. Wenn wir unsere natürliche Sexualität reintegrieren, lassen wir uns weniger einreden, was für uns richtig sein soll, und setzen uns weniger unter Leistungsdruck. Wenn unsere Drüsen gut durchblutet sind, können sie unserem Wohl besser dienen. Wenn wir an eine Veränderung zutiefst glauben, kommt sie mit der Zeit.

Das Wissen über die Chakren, Meridiane, Elemente, Organe und Systeme zeigt Versuche, die Vielfalt der Zusammenhänge in unserem Wesen etwas zu ordnen. Nur so kann die Lehre weitergegeben werden. Es ist von Vorteil, dieses Wissen zu haben. Doch ohne Empathie bringt es nichts. Daher widme ich in diesem Buch relativ viel Zeit der Entwicklung unseres Bauchgefühls beim Massieren. Aber auch die Kunst der Berührung und die Aufklärung über die Anatomie unserer Sexualität und Lust kommen nicht zu kurz. Die meisten Menschen wissen schon, dass nicht der Storch die Kinder bringt, aber wie die Gesundheit der Geschlechtsorgane und die Lust zu sichern sind, haben wir nicht wirklich gelernt. Sie ist einfach da oder halt nicht, glauben einige. Wenn sie nicht mehr da ist, sollte man den Partner wechseln oder fremdgehen. Doch wir haben Einfluss darauf – und zwar langfristig.

Ein paar Top-Techniken aus meiner Erfahrung als Tantra-Masseurin sind auch mit dabei. Mögen sie dich inspirieren, den Prozess kreativ zu sehen und – Gott bewahre – nicht nur in einem Skript mit den öligen Händen zu blättern und es Schritt für Schritt abzuarbeiten. Jede Massage ist ein Einzelmeisterwerk. Doch wie in jeder Kunst gibt es einen Leitfaden – und den gebe ich. Dabei wünsche ich mir, dass so eine Tantra-Massage auch ein mächtiger Antrieb wird, das (Sex-)Leben der gebenden und nehmenden Seite auf eine neue Ebene zu bringen und – ganz ambitioniert formuliert – für mehr Zufriedenheit, also Frieden in der Welt zu sorgen.

Das Wort Tantra hat viele Übersetzungen, und mir gefällt in Bezug auf die Massage am besten die Variante „Einheit werden (lassen)“:

- **Einheit des Körpers**: Alles gehört dazu. Überall soll die Energie fließen, bzw. Blut, Lymphe und Nervensignale, wenn du magst. Der Mensch darf natürlich Tabu-Zonen haben und das ansprechen, aber dort steckt oft das meiste Potenzial. Mit der Zeit, wenn das Vertrauen wächst, können diese sogar zu den mächtigsten Lustpunkten werden. Bei den meisten professionellen Massagen wird der Intimbereich ausgelassen. In einer Beziehung haben wir mehr Freiheit, den kompletten Körper zu liebkosen, ihm zu spüren zu geben, dass er ganz ist.
- **Einheit des menschlichen Wesens**: Körper und Geist/Energie/Seele wurden von René Descartes als getrennt erklärt; und das prägt das westliche Denken. Im Osten, zum Beispiel im Chakrasystem, sind Gefühle und Organe in sieben (oder mehr) Energiezentren unterteilt. Diese Lehre hat eine sehr lange Tradition, was ihre Gültigkeit untermauert. Erst in den letzten Jahren reden wir mehr von der Psychosomatik, der körperorientierten Psychotherapie und so weiter, um Brücken zu erschaffen.
- **Einheit von Behandelndem und Empfangendem**: Im Mutterbauch haben wir alle die Einheit erlebt. Unsere Bedürfnisse wurden sofort verstanden und befriedigt, aber auch die Stimmung der Mutter, gut oder schlecht, hatte einen direkten Einfluss auf uns. Je mehr wir zu Erwachsenen werden, zu reden lernen und dann auch bequem zu reden und zu schauspielern, umso mehr trennen wir uns von der Fähigkeit des Mitgefühls. Jede gute Ausbildung zum Coach oder Masseur lehrt Techniken, die die Empathie unterstützen und auch den Menschen beruhigen können.
- **Einheit mit dem Universum**: Schwer in Worte zu fassen. Lässt sich aber gut fühlen in der tiefen Entspannung beziehungsweise während und nach einem heftigen Orgasmus, aber auch nach viel Berührung, falls der Orgasmus an sich noch nicht so einfach „funktioniert“.

Aktuelle Herausforderungen der Gesellschaft und ihre tantrischen Lösungen

Erstens, lernen wir im Laufe des Lebens zu denken und nicht zu fühlen und sogar den Körper zu ignorieren. Man sagt: „Sitz ruhig“, und wir blenden den Wunsch nach Bewegung aus. Man sagt: „Gegessen wird zur bestimmten Uhrzeit“, oder: „Der Teller soll leer werden.“ Wir unterdrücken die Wahrnehmung, wie viel Appetit wir haben. Der Ex sagte: „Allen vor dir hat es gefallen“, und wir zweifeln an uns. Der Physiotherapeut behandelt ein Problem – wir geben die Verantwortung ab. Der Körper lernt zu schweigen und dem Kopf mehr Platz zu geben. Der einzige Weg, wie der Körper mit uns reden kann, ist noch ein Schmerz, den wir auch mal gerne betäuben. Für einige Menschen ist der Schmerz der einzige Weg, sich im Körper zu spüren; und dann greifen sie zu BDSM. Bei Tantra geht es um das pure Fühlen. Der Empfangende hat gar keine anderen Aufgaben, als die Aufmerksamkeit an die Stellen zu lenken, die berührt werden. So üben wir es, wieder auf die feinen Signale zu achten. Das unterstützt die Selbstheilung, die Intuition und erleichtert Beziehungen.

Zweitens, sind wir gewohnt, bewertet zu werden. Um unser Selbstwertgefühl vor dem Absturz zu schützen, werten wir auch die anderen ab: „Ich bin nicht in Ordnung, aber zumindest besser als du.“ Einer der erfolgreichsten Manipulationstricks lautet: „Wir sind besser als die da.“ Das berühmteste Beispiel dafür ist Faschismus. Wenn du dich nicht billig manipulieren lassen willst, höre auf zu werten und dich bewertet zu fühlen. Im Tantrismus redet man von der „bedingungslosen göttlichen Liebe“. Leider ist es für die Menschen aus Knochen und Blut etwas zu hoch als Anspruch. „Du bist in Ordnung, so wie du bist. Es geht nicht um die Probleme, sondern um Bedürfnisse, die man nach und nach stillt“ ist schon gut genug. Es ist eine Denkweise, die viel Übung bedarf, aber unglaublich heilsam wirkt. Auf der Ebene des einzelnen Menschen, seiner Familie und der Gesellschaft. Schämt man sich für den eigenen Körper? Berühre die Zellulitis, die Dehnungsstreifen, den Hallux valgus, die Falten, die Glatze, den schlaffen Penis, die Narben der Vulva mit so viel Liebe, wie du kannst. Die dankbare Reaktion wird erstaunlich sein (eventuell erst langfristig).

Drittens, haben wir sehr viel Leistungsdruck im Alltag. In der Schule gab es zu einer Aufgabe meistens nur eine richtige Lösung und die wurde mit einer guten Note belohnt. In der Sexualität ticken wir ähnlich. Teenie-Magazine und Pornos unterstützen uns dabei. Wenn der Mann keine Erektion bekommt, ist die Partnerin nicht attraktiv genug, bzw. ist er nicht in Ordnung (s. oben zu „Abwertung"). Wenn die Frau nicht feucht wird, ist der Mann schlecht in der Technik oder sie wird als frigide abgestempelt. Orgasmus und Ejakulation sind eine gute Note und das Ausbleiben derselben eine schlechte. Ärger. Stress. Bei der authentischen Tantra-Massage ist die Berührung absichtslos: Stöhnt der Mensch, schweigt der Mensch, wird etwas hart oder feucht, spritzt etwas raus, weint man, lacht man, schläft man ein – alles ist in Ordnung in diesem Moment, alles ist natürlich. Die Aufgaben des Behandelnden in diesem Augenblick sind nur das Mitgefühl und die Liebe. Der „Du-musst-funktionieren"-Modus wird für beide Seiten zumindest für die Behandlungszeit verbannt.

Viertens, sind die wenigsten von uns im Reinen mit der eigenen natürlichen Sexualität. Als Kind – Gott bewahre dich – die eigenen Geschlechtsorgane taktil zu entdecken und dabei erwischt zu werden, insbesondere als Mädchen. Auch die Jungs lernen, den „Druck" schnell rauszulassen, bevor man sie erwischt. Die Aufklärung ist sehr sparsam, falls überhaupt, aber die Neugierde ist groß und man „lernt" aus Pornos, Kichern mit den Altersgenossen und ständigem Partnerwechsel. Welches Bild haben wir aus den Pornofilmen? Riesige Penisse, primitive Stoßtechniken, schönheitsoperierte und rasierte Schamlippen – Venus-Lippen –, zwei Meter squirten, Analsex ohne Vorbereitung, Deep Throat ohne Würgereiz oder noch schlimmer, wenn er als „geil" erklärt wird, mehrere Teilnehmer und Teilnehmerinnen. Und wir vergleichen uns mit diesem Bild. Das hat etwas Referenz zu den oben genannten Punkten. Was ich hier ansprechen will, ist die Grundidee: „Mehr Stimulation ist besser." Genauso irrtümlich wie zu denken, eine Tafel Industrieschokolade schmecke besser als eine handgefertigte Praline zum gleichen Preis. Die ur-tantrische Berührung ist sehr langsam und sanft. Ihre Aufgabe ist nicht, weiterhin den Reiz an sich zu erhöhen, sondern die Sensibilisierung zu den feinen und vielfältigen

Reizen zu ermöglichen und dies möglicherweise doch lustvoller zu finden. Niemand verpflichtet dich, die ganze Zeit beim Massieren sanft und langsam zu bleiben, aber bitte genug, um die Wirkung spüren zu lassen und zu bezeugen.

Und **letztens** – eher meine „Spezialität“ als das authentische Tantra – ist die Einflussnahme auf die Gesundheit im Intimbereich. Die drei Mechanismen, die uns beim Massieren zur Verfügung stehen, sind eine bessere Durchblutung und Entgiftung der Hoden, der Prostata, der Gebärmutter, der Eierstöcke; die Lenkung der Selbstheilungskräfte in den Intimbereich und eine psychosomatische Entlastung.

Über mich

Ich komme aus Russland, einem Land, das sich nach Europa und nach Asien ausbreitet. Unser Verständnis der Welt integriert beide Ansätze, den westlich-wissenschaftlichen und den östlich-energetischen, insbesondere für meine Generation nach der Wende. Da ich drei Sprachen beherrsche, bediene ich mich dem Wissen aus russisch-, englisch- und deutschsprachigen Quellen.

Als Jugendliche wollte ich Medizin studieren, aber damals waren die Gerüchte sehr prominent, dass man nur mit Bestechungsgeldern oder Beziehungen zu einem Medizinstudium käme. Das hatte meine Familie beides nicht. Stattdessen studierte ich Marketing in Moskau und dann General Management an der Handelshochschule Leipzig. Aus dem ersten Studium blieb mir der Spruch zur Essenz des Marketings hängen: „Finden Sie das Bedürfnis und befriedigen Sie es", und die Fähigkeit, Manipulation zu durchschauen. Die HHL hat meiner Herangehensweise viel Struktur gegeben und mir in der selbstständigen Tätigkeit ein Gefühl der Souveränität vermittelt. Zum Beispiel habe ich eine Klarheit darüber, dass alle meine Angebote Synergien haben: das Wissen aus einem Thema bereichert das andere.

Ich unterrichte seit 2016 Fitness für die Liebesmuskulatur von Männern und Frauen nach den Methoden RIMbuilding® und IMbuilding®. Eigentlich wollte ich besser im Bett werden, um zu gefallen (klingt krank, oder?). Die Auseinandersetzung mit meiner Yoni hat Prozesse angestoßen, die mich als Person reifer gemacht und mir Mut gegeben haben, bewusst zu machen, wozu unser Körper, unser Geist und unsere Seele in der Lage sind. Auch die Genitalmassage und die Kunst des oralen Verwöhnens durfte ich bei der IMbuilding-Föderation erlernen. Zusätzlich habe ich das Recht erworben, diese Methoden zu unterrichten. Jedes Seminar brachte mir mehr Einsichten darüber, welche Themen auftauchen, wenn es um das einseitige sexuelle Verwöhnen geht.

Von 2019 bis 2021 durfte ich eine fundierte Lomi-Ausbildung bei Robert Gantke machen, um eine ganzheitliche Einsicht in die hawaiianische Heilkunst zu bekommen. Es hat mir so gut gefallen, dass ich bei ihm auch die Faszienbehandlung nach Gantke® gelernt habe. Im Mittelpunkt stehen die Aufrichtung des Körpers, die gelöste Bewegung und deren Wirkung auf unsere Gefühle sowie die höhere Lebensqualität auf allen Ebenen.

Zur Corona-Zeit habe ich online mehr und mehr über Körper und Geist in der Schule der Vektormassage und Somatik von Stanislav Chernonog gelernt. Genau wie Robert legte er viel Wert auf das Wohlbefinden des Masseurs.

Schließlich hat mich die Forschungslust zur Arbeit bei Tantra Om geführt, wo ich praktische Massageerfahrungen sammeln durfte. Ich habe Kundengespräche und Befragungen geführt, mich intensiv mit den Kolleginnen ausgetauscht, die Reaktionen der Kunden auf mich wirken lassen und langfristige Prozesse der Stammkunden begleitet. Jeder Kunde war für mich ein Forschungsobjekt. Ich habe diese Absicht nicht besonders geheim gehalten und natürlich in erster Linie dem Wohl des Empfangenden gedient. Alle „Fehler“ sind nicht Teil des Experimentes gewesen, sondern haben sich ergeben. Meine Reflexion dazu teile ich gern mit den Lesern.

Erst später, 2023, habe ich mich gewagt, das authentische Tantra bei Elisabeth Kastanakis kennenzulernen, um die ursprünglichen Grundideen des Tantrismus noch besser zu verstehen.

KAPITEL 1

Grundlagen

1.1 Die Top 4 tödlichen Sünden bei der Tantra-Massage

Was macht eine gute/schlechte Tantra-Massage aus?
Diese Fragen habe ich oft an Kunden und Freunde gestellt.

***Platz 1** – mit Abstand: die Stimmung*

Kaum jemand konnte detailliert in Worte fassen, was für ihn oder sie eine gute Massage bedeutet. Die meisten sagten Dinge wie „Ich konnte mich gut entspannen", „Es war eine sehr schöne Energie", „Die Berührung war einfühlsam" und so weiter. Diese allgemeinen Formulierungen zeigen, dass die Stimmung während der Massage entscheidend ist. Besonders Männer, die „Tantra" als eine erotische Massage verstehen, sagten: „Sie war erregt beim Massieren", „Ich habe es gespürt, sie war feucht"; und sie fanden es super.

Eine schlechte Massage bedeutete für Männer: „Sie hatte keinen Bock"; und für Frauen: „Er wurde übergriffig", „Er hat Energie genommen, nicht gegeben." Tantra-Massagen von Frau zu Frau kamen bei meinen befragten Damen immer gut an. Keine Frau klagte über die erlebte Lustlosigkeit des Mannes und kein Mann über die übertriebene Geilheit der Frau. Diese Aussagen betreffen sowohl professionelle Behandlungen als auch das intime Miteinander in einer Beziehung.

Im beruflichen Rahmen geht es daher um eine sehr starke emotionale Disziplin. Wenn du in einer Beziehung merkst, dass du nicht gut drauf bist und keine Lust hast, überhaupt zu massieren oder lange zu massieren ohne den Hintergrund „Wann bist du endlich für Sex bereit?"

oder „Oh, geile Titten!“ und mit dem Fokus auf das Wohlbefinden des Empfangenden – lass es!

Die einfachste Lösung für den Mann ist das banale „Druckablassen“, bevor er massiert. Die Königsdisziplin ist, die Lust zu spüren und zugleich zu beherrschen. Der feste Partner kann natürlich eine Erektion haben, wenn er seine Liebste verwöhnt, aber er sollte sich bewusst Zeit nehmen, um sich auf sie zu fokussieren und nicht auf die eigene Lust! Wie Elisabeth Kastanakis uns zum Thema der authentisch-tantrischen Sexualmagie mitgeteilt hat, öffnet die Frau den „magnetischen Boden“, wenn sie sich sicher und wertgeschätzt fühlt – und dann passieren die Wunder. Als Frau kann ich bestätigen, dass diese zwei Faktoren auf mich sehr intensiv wirken. Egal, ob ich eine Massage gebe oder empfange. Und für viele Frauen stimmt es, dass sich die Fähigkeit des Mannes, seinen Egoismus zu steuern und zuerst auf die Bedürfnisse der Frau zu achten, mit einer sehr hohen Rendite zurückzahlt. Die männliche Geilheit nehmen die meisten Frauen in meinem Umfeld als Rücksichtslosigkeit wahr. Es ist wichtig, diesen Unterschied zwischen Mann und Frau zu erkennen.

Für Frauen, die einen natürlichen Zyklus haben (ohne hormonelle Verhütung), ist es in der Regel schwerer, vor und während der Periode eine positive Ausstrahlung zu behalten. Es ist keine gute Zeit, um eine Massage zu geben oder zu empfangen. Die gleiche Berührung, die vor und während des Eisprungs unglaublich lustvoll war, ist plötzlich unangenehm und sogar schmerzhaft.

Viel Stress im Alltag, Müdigkeit, Verzweiflung, körperliche Schmerzen und Unzufriedenheit in der Beziehung sind direkte Kontraindikationen dafür, die andere Person zu massieren und überhaupt zu berühren. Reduziere den Stress, sorge für deine Gesundheit, kläre die Konflikte und dann los! Zugleich sind aber die oben genannten Zustände klare Indikationen, dringend massiert zu werden.

Platz 2. Der Raum

„Etwas in der Umgebung hat nicht gestimmt." Interessanterweise sprechen die meisten es nicht sofort an. Sie leiden schweigend und gehen unzufrieden. Es ist wichtig, den Behandelnden auf solche Details sofort anzusprechen. Meistens ist es sehr einfach, das Umfeld anzupassen!

Der Raum hat Einfluss auf die allgemeine Zufriedenheit mit der Massage, muss aber nicht perfekt sein. Für die Person, die massiert wird, sollte das sinnliche Setting stimmen. Es sollte unbedingt warm genug sein: Kalte Füße sind einer der größten Lustkiller. Die Musik sollte nicht zu laut sein und lieber keine verständlichen Texte beinhalten, um nicht mit der Aufmerksamkeit zu konkurrieren. Wenn du weißt, dass die Musik keine negativen Erinnerungen hervorruft, sollte sie neutral sein. Verwende nicht eure schöne Urlaubsmusik: Erinnerungen werden die Person ablenken.

Die Beleuchtung sollte nicht zu grell sein. Der Duft sollte ebenfalls keine negativen oder unpassenden Erinnerungen hervorrufen. Objektiv wirkt Lavendel beruhigend auf unser limbisches System, subjektiv kann es aber verschiedene Assoziationen hervorrufen.

Männer sind da genügsamer. Für eine Frau sind die Details wichtiger und zeigen ihr: „Er hat sich für mich Mühe gegeben, er schätzt mich." Kerzen, Rosenblätter im aromatischen Bad davor und duftender Tee helfen, eine tiefere Entspannung zu erleben. Ob die Frau danach massiert wird oder selbst eine Massage gibt, diese „Kleinigkeiten" bringen einen großen Zugewinn an Wirkung. Für einen Mann ist es in der Regel ein nettes Extra, aber kaum ausschlaggebend. Kerzen während der Massage machen das Bild schöner und viele Männer sind sehr visuell eingestellt.

Platz 3. Für die Kenner. Individualisierung

Eine weitere populäre Antwort auf die Frage zur „schlechten Massage" lautet: „Der Ablauf war zu standardisiert." Einige Tantra-Massage-Schulen geben ein detailliertes Skript mit den Griffen. Am Anfang mag es sehr hilfreich erscheinen. Aber es setzt unter Druck und nimmt die Wahrnehmungskapazität von den aktuellen Bedürfnissen der Person weg.

In einer Beziehung mag es süß wirken, wenn du frisch nach dem Kurs den Partner bzw. die Partnerin massierst, ab und zu in die Notizen schaust und auch die Intention kommentierst. Zum Beispiel: „Jetzt halte ich meine Hände auf deinem Kreuzbein und Herzzentrum. Das verbindet angeblich die Lust und die Liebe." Dieses Rollenspiel hat auch einen Kick.

Wirklich wichtig ist es jedoch, sich diese sieben Schritte zu merken:

1. Kontaktaufnahme
2. Entspannung / Linderung der Schmerzen
3. Erregung / Steigerung der Energiearbeit
4. Höhepunkt/Ekstase
5. Installation der neuen Programme: Sicherheit, Zärtlichkeit, Liebe
6. Integration
7. Auflösung des tiefen Kontaktes

Diese Phasen betrachten wir in Kapitel 2 ausführlicher. Die Mittel zu jedem dieser Zwecke sind lieber nach Bauchgefühl zu wählen. „Der Körper ist das beste Skript", meinte mein Lehrer Robert Gantke. Und ich lade dich ein, diesen Gedanken auf dich wirken zu lassen. Du siehst vor dir den Körper oder du spürst ihn im Dunkel. Deine Hände folgen seinen Konturen, erforschen sie, merken, wie der Widerstand entsteht und wie er nachlässt.

Ja, die Ritualisierung ist sehr typisch für die authentische östliche Herangehensweise, aber wir leben in einer individualisierten Welt. Ich lade dich ein zu denken, was du als hochwertiger erleben würdest: massenproduziert oder nach Maß zugeschnitten?

Diesen Aspekt haben nur Männer als störend erwähnt. Vermutlich gibt eine Ritualisierung der Frau mehr Sicherheitsgefühl?

Platz 4. *Für die Kenner. Techniken am Intimbereich*

Erstens vermute ich, dass es sich dabei um Erlebnisse in den Rotlicht-Tantra-Studios handelte. Der Begriff „Tantra“ wird ja sehr ausgebeutet. Manchmal wird er nur für eine Happy-End-Massage benutzt. Aber auch als Paar denkt man oft: „Schnell zum Orgasmus zu bringen, ist gut.“ Dazu wird die Masturbationsbewegung nachgemacht: hoch-runter-hoch-runter. Es ist banal wie Fastfood. „Sich einen runterholen“ kann man auch selbst. Wenn sie zu schnell zum Orgasmus kommen, ist er relativ flach. Außerdem kann man den Menschen leicht überreizen und dann geht gar nichts oder man muss es ansprechen und eine Pause machen.

Das „Manko“ der Absolventen der Tantra-Schulen ist das Abliefern der geübten Griffe Nummer 1, Nummer 2, Nummer 3. Das macht dem Behandelnden irgendwann keinen Spaß mehr und kann auch auf den Empfangenden als unkreativ wirken: „Kreise zwanzigmal im Uhrzeigersinn und dann kommt der nächste Griff.“ Manche Anfänger zählen tatsächlich und das lenkt ihre Aufmerksamkeit von der echten Interaktion ab.

Ich lade dich ein, die Kommunikation mit den Genitalien spielerischer zu gestalten. Das fühlt sich involvierter an und wirkt sehr heilsam. Und gerade das Verständnis der Anatomie gibt uns viel Raum für Kreativität. Die bewusste und unbewusste Rückmeldung bestimmt den einmaligen Ablauf.

1.2 Energie folgt der Aufmerksamkeit

„Sie hatte keinen Bock.“ Menschen fühlen, wenn unsere Aufmerksamkeit nicht bei ihnen ist.

Im professionellen Rahmen der Tantra-Massage kommt es irgendwann zum Fließbandmodus. Die Hände machen alles automatisch und der Kopf ist woanders. Auch im Privatleben können viele andere Dinge durchs Gehirn spuken: Probleme der Kinder in der Schule, die Steuererklärung, der Staub unter dem Bett ... Diese mental abwesende

Herangehensweise ist nicht unser Anspruch. Wenn du nicht im Trance-Zustand bist, sei zumindest da. Da es sich um einen so fundamental wichtigen Aspekt handelt, folgt ein ganzer Abschnitt dazu. Er soll dir die Bedeutsamkeit begreiflich machen und dir gleichzeitig einige Hilfsmittel liefern.

Die Bedeutung der Präsenz und Entschleunigung

Aus meiner Erfahrung kann ich sagen, dass die Momente, in denen ich es als Behandlerin geschafft habe, geistig nur bei der Berührung zu bleiben, unglaublich mächtig waren: mit Gänsehaut, Vibration des Körpers des Empfängers und sehr intensiven emotionalen Prozessen danach.

Als Empfängerin bei einer Yoni-Massage habe ich ebenfalls unerwartete Reaktionen meines Körpers erlebt. Ich vermute, gerade dadurch, dass mein Partner unglaublich langsam meine Yoni berührte, absolut nicht fordernd und mit den längeren Pausen an den Punkten, die er intuitiv gefunden hat. Mein Körper zitterte, bog sich, die Stimme war bei mir aktiv, ohne dass ich mir Mühe gegeben hätte. Ich hatte das Gefühl, dass sich mein Herz öffnet. So habe ich mich nicht gekannt. Und dieser Mann war kein ausgebildeter Tantra-Guru. Es war bloß eine Synergie aus seiner und meiner Präsenz im Prozess.

Die Macht der Achtsamkeit

Die Achtsamkeit geht Hand in Hand mit der Entschleunigung. Es gibt nichts, was schnell erreicht werden soll. Die Berührung an sich ist sehr langsam, manchmal mit einem längeren Stillstand. Die Achtsamkeit ist das wertvollste Gut sowohl während einer Behandlung als auch in unserem Alltag.

Die Sehnsucht nach Aufmerksamkeit

Ich erlaube mir die Behauptung: Die meisten nicht erleuchteten Menschen sehnen sich danach, im Zentrum der Aufmerksamkeit zu sein. Einige versuchen es mit einem schicken Auto und den Markenklamotten, die anderen mit der ständigen Opfer-Rolle: „Oh, ich habe

Probleme, hilf mir"; die Dritten mit der Helfer-Rolle: „Ich weiß es besser, ich helfe dir"; die Vierten mit ihrer offensichtlichen Schüchternheit. Aber so wirklich wird dieses Theater die inneren Bedürfnisse nicht stillen. Es geht darum, gesehen zu werden; so echt, wie wir sind. Und je erwachsener wir werden, umso weniger dürfen wir sein und müssen stattdessen mehr funktionieren.

Die Bedeutung von Namaste

Die berühmte Begrüßung der Tantriker und Yogis, Namaste, hat die tiefe Bedeutung „Das Göttliche in mir begrüßt das Göttliche in dir". Damit wird im authentischen Tantrismus gemeint: „Ich sehe dich." Nur mit diesem Gefühl – und nicht als ein Modewort – sollte der Spruch angewendet werden.

Balance zwischen Aufmerksamkeit für den Partner und Selbstfürsorge

Wichtig ist es zugleich zu verstehen, dass der Fokus auf den Partner im Alltag sehr süchtig macht und dich viel Kraft kostet. Achte darauf, dass du täglich auch einige Stunden geistig bei dir bleibst. In unserem Kontext würde das beispielsweise bedeuten, dass du allein spazieren gehst, ohne Mobiltelefon, oder ein warmes, schön duftendes, basisches Bad für dich machst, bevor du massierst. Es soll etwas sein, das dich geistig nicht beansprucht und dadurch deinen Akku auflädt. Nach der Massage ist es auch wichtig, „auszusteigen", wieder bewusst zu dir zu kommen.

Die Herausforderung der Aufmerksamkeit

Die Disziplin der Aufmerksamkeit ist für die meisten Menschen nicht einfach! Der Geist springt wie ein Affe von einem Gegenstand zum anderen. Das ist unser Zeitgeist, wo Radio, Fernsehen und soziale Medien um unsere geistigen Ressourcen kämpfen. Auch die Idee vom Multitasking ist gefährlicher, als du glaubst. Ex omnibus aliquid, ex toto nihil – ein bisschen von allem, vom Ganzen nichts. Diese alte Weisheit kann man auch sehr gut auf die Momentaufnahme der Aktivitäten übertragen. Wir sparen Kraft und erreichen die Ziele mit weniger Fehlern, wenn wir *nicht* viele Aufgaben kombinieren. Glaube meiner Erfahrung, ich kenne beides. Versuche und bezeuge es selbst.

So stereotypisch es klingt: Die angeblich „multitaskingunfähigen" Männer haben als Tantra-Masseure anscheinend einen Vorteil. Ich habe in der Tat nie gehört oder erlebt, ein Mann wäre beim Massieren geistig woanders. Beim Liegen und Empfangen leider schon, zumindest solange die mentale Anwesenheit nicht zur Aufgabe erklärt wird.

Einfache Praktiken zur Steigerung der Präsenz

In der Ruhe liegt die Kraft. Fokussiere dich auf maximal eine Sache. Ich lade dich ein, ein paar Wochen ohne Podcasts zu putzen und zu kochen, ohne Telefonate spazieren zu gehen, das Handy für einige Stunden stumm zu Hause liegen zu lassen, Auto zu fahren ohne Radio ... Du wirst erstaunt sein, wie viel mehr Energie du plötzlich hast. Der nächste Schritt ist, auch die Stimme eigener Gedanken zu erkennen und zu lenken. Jede zusätzliche Sekunde der Konzentration ist lobenswert. Erwarte nicht zu viel, es ist in der Tat eine Herausforderung.

Erst mal bravo, dass du ein Buch in der Hand hast. In unserer TikTok-Ära zeichnet es dich positiv aus. Bleib beim Lesen dieses Buches langsam, sauge jedes Wort auf, spüre, was zwischen den Zeilen weitergegeben wird. Nicht jede Übung wird für dich relevant erscheinen. „Kenne ich doch", sagst du vielleicht zu der einen oder anderen Einheit. Ich lade dich trotzdem ein, sie ernst zu nehmen und wirklich zu machen! Eventuell mehr als einmal. Nur so spürst du den Unterschied „am eigenen Leib".

Integration von Achtsamkeit in den Alltag

Die Tantriker verbringen sehr viel Zeit beim Meditieren, um ihre innere Ruhe zu fördern. Klar ist es einfacher, wenn du dir bewusst eine Stunde Zeit nimmst, nicht in die gewöhnlichen hektischen Muster abzurutschen. Doch aus meiner Sicht ist auch jedes Stückchen Essen, das bewusst angeschaut, geschnuppert, geschmeckt und gekaut wird, eine Meditation. Im Idealfall auch die körperliche Nähe. Alles. Du musst nicht das Leben in Alltag und Meditation trennen. Mache den Alltag zur „Meditation"!

Eine kurze Ablenkung während des Massierens darf passieren, aber sobald du es bemerkst, komm zurück. Ärgere dich nicht über dich. Wir sind alle Menschen. Der Fokus bedeutet allerdings nicht, dass wir verbissen sind und unser Gehirn im Modus der Beta-Wellen aktiv ist. Du kannst zugleich gelassen und präsent sein. Während einer Massage ist es essenziell, diese zwei Aspekte für sich zu klären:

1. Wie geht es mir, was strahle ich aus?
2. Wie reagiert mein Gegenüber?

Beim Behandeln wird die Aufmerksamkeit der gebenden Person also zwischen sich selbst und dem Empfänger geteilt. Der erste Schritt ist, sich selbst zu erkennen.

ÜBUNG 1

Körperwahrnehmung und Bedürfnisse erkennen

Es ist generell eine gute Gewohnheit, den Körper immer wieder zu scannen und sich zu fragen, was er braucht. Er wird viele Informationen liefern, auch wie du Krankheiten vorbeugst und eine Selbstheilung anregst. Es soll nicht unbedingt medizinisch analysiert werden. Es reicht, die Bedürfnisse zu erfüllen: ein Schluck Wasser, ein genüssliches Gähnen oder Strecken, ein paar tiefe Atemzüge, eine Bewegungseinheit, eine Erholung, ein Produkt. Dein Körper ist wie eine stereotypische Frau. Unmöglich zu verstehen, sehr wichtig zu lieben. Ausreden wie „Ich muss funktionieren" dürfen sein, aber wahrscheinlich weißt du selbst, dass du besser „funktionierst", wenn es dir gut geht. Sieh es als eine Investition. Stell dir den Wecker für drei- bis viermal am Tag, um dein Bewusstsein in die eigenen körperlichen Bedürfnisse zu holen, und bald wird es zur Normalität. Wenn du behandelst, bist du auch ein Vorbild, du wirst den liebevollen Umgang mit sich selbst ohne Worte weitergeben.

ÜBUNG 2

Handauflegen und Achtsamkeit

Massageanfänger scheuen sanfte Techniken wie das Handauflegen, weil da „nichts passiert". Doch wenn du aufmerksam bleibst, geht sehr viel vor sich. Ich lade dich ein, das am eigenen Leib zu erleben.

1. **Hand auf die Stirn legen:** Lege eine Hand auf deine Stirn und bleibe so ein paar Minuten. Was fühlt deine Hand? Was fühlt dein Kopf? Bei mir zum Beispiel wurden gerade die Augen schwer, der Kiefer etwas lockerer und die ewig kreisenden Gedanken sind weggeschmolzen.
2. **Hand auf das Herz legen:** Lege eine Hand auf dein Herz (leicht links vom „Herzchakra"). Finde die Stelle, die besonders beruhigend, wärmend und lieb wirkt. Was fühlt deine Hand? Was fühlt dein Brustkorb? Wie verändert sich die Atmung? Was passiert mit deinem emotionalen Zustand? Könntest du diese einfache Behandlung als Werkzeug für die Selbstregulation in den schweren Momenten des Lebens nutzen?
    - Lege deine Hand auf dein Herz, wo es sich gemütlich und wohltuend anfühlt.
    - Erforsche die Wirkung des Handauflegens auf verschiedene Körperbereiche wie die Leber, die Nieren und die Augen.
    - Du wirst Stellen finden, die sich gut oder weniger gut anfühlen, Stellen, an denen du vielleicht plötzlich lachen oder weinen möchtest.
    - Es ist normal, wenn du anfangs nichts spürst. Übung macht den Meister.

Abbildung 1. Lege die Hand auf dein Herz.

3. **Hand auf dem Intimbereich:**
    - Lege eine Hand auf deinen Intimbereich. Diese Berührung kann sehr beruhigend wirken und sofortige Schmerzlinderung bieten, auch wenn dies nur als Ablenkung dient.
4. **Ungeteilte Aufmerksamkeit im Körper:**
    - Solltest du während dieser Übungen einen Podcast anhören oder telefonieren, fällt der Effekt bei Weitem geringer aus.
    - Die nächste Stufe ist, dir die Berührung nur vorzustellen oder die Aufmerksamkeit bewusst auf die Körperregionen zu lenken und die Prozesse zu beobachten.

Entwicklung der Körperwahrnehmung

Eine gute Körperwahrnehmung ist essenziell für das „Bauchgefühl". Sehr oft wissen wir nicht, was richtig ist. Auch während einer Massage sind jeder Mensch und jede Situation anders. Immer nachzufragen ist sehr nervig. Darüber hinaus wird nicht alles ausgesprochen und ist sogar dem Empfänger selbst unbewusst. Nur die Intuition hilft. Der Körper lügt nicht. Meine Erfahrung zeigt: Das, was sich richtig anfühlte, war gerade richtig.

ÜBUNG 3

Entscheidungshilfe: Der Körper-Algorithmus

Denke an eine alltägliche Situation und die möglichen Entscheidungen. Zum Beispiel: Soll ich diesen Job oder dieses Investitionsprojekt annehmen?

1. **Füße:**
   - Was fühlen meine Füße? Spüre ich die Erde unter meinen Füßen, Kraft, Verwurzelung? Fühlen sich meine Beine stabil an?
2. **Sexualzentrum:**
   - Was fühlt mein Sexualzentrum? Spüre ich Wellen, Kälte oder Wärme? Habe ich Lust darauf?
   - Die Auseinandersetzung mit dem Intimbereich kann die Intuition fördern.
3. **Brustkorb:**
   - Weitet sich der Brustkorb oder fließt der Atem fast nicht?
4. **Kopf:**
   - Wie fühlt sich mein Kopf an? Leicht und klar oder schwindlig, benebelt, gedrückt?

Diesen Test kannst du mit Orten, Menschen, Produkten und anderen Entscheidungen durchführen. In der Lernphase nimmt es etwas Zeit in Anspruch, aber Schritt für Schritt werden deine neuronalen Pfade effizienter und die richtigen Entscheidungen klappen blitzschnell.

Verantwortung des Empfängers

Nicht nur die Aufmerksamkeitsdisziplin des Behandlers spielt eine Rolle. Der Empfänger trägt Eigenverantwortung dafür, wie intensiv die Entspannung, die Erregung und die Selbstheilung sein werden.

1. **Entspannung und Aufmerksamkeit:**
   - Die Aufforderung „Entspannen Sie sich. Schalten Sie den Kopf ab" ist nicht effektiv und würde nur dazu führen, dass sich der Empfänger über sich selbst ärgert.
   - Sprich den Handlungsplan unmittelbar vor der Behandlung an: „Es ist unsere gemeinsame Aufgabe. Wenn du merkst, dass deine Aufmerksamkeit in den Alltag abrutscht, bringe sie zurück in die Berührung. Ich werde sie maximal interessant gestalten."
2. **Kommunikation:**
   - „Ich werde mein Bestes tun, um dich zu fühlen, aber ich bin kein Gott. Wenn sich etwas nicht gut anfühlt, sage mir sofort Bescheid, du musst es nicht dulden. Wenn etwas sehr schön ist, darfst du mir auch ein Zeichen geben, aber du musst nicht."

Umgang mit unerwünschten Gedanken und Gefühlen

Wenn dich ein Kunde oder eine Kundin ekelt und du merkst, du bist nicht heilig genug, um jetzt bedingungslos zu lieben, denke an etwas Gutes. Dein Körper wird etwas vom Kuschelhormon Oxytocin produzieren und deine Berührungen werden zärtlicher.

Zusammenfassung und nächste Schritte

Achtsamkeit und die Kunst der Berührung sind mächtige Werkzeuge für Heilung und Wohlbefinden. Sie erfordern jedoch Übung und Disziplin. Indem du regelmäßig Übungen zur Körperwahrnehmung und Achtsamkeit durchführst, wirst du in der Lage sein, eine tiefere Verbindung zu deinem eigenen Körper und zu denen, die du behandelst, herzustellen.

Wozu haben wir das alles geübt? Um die Energie in unsere Ziele der Behandlung zu lenken. Zuerst sollten wir sie aber definieren.

1.3 Bedürfnisse, Absichten, Intentionen

Bevor wir etwas tun, ist es wichtig zu verstehen, wozu wir es tun. Was soll die Massage der nehmenden und der gebenden Seite bringen? Was könnten die Bedürfnisse deines Gegenübers sein, die du erkennen und befriedigen möchtest?

Die Antwort bestimmt generell dein Engagement sowie die Instrumente, die dir nützlich sein können. Die Rahmenbedingungen in einer Beziehung sind etwas anders, als wenn Geld als Energieausgleich genommen wird. Aber fangen wir doch mit den Gemeinsamkeiten an.

Meine Umfragen der Gäste im Studio Tantra OM zeigten die folgenden Grundbedürfnisse:

Platz 1: Entspannung

Neun von zehn Kunden haben das Wort „Entspannung“ als Antwort auf meine Standardfrage „Warum bist du hier? Was kann ich für dich tun?“ gegeben. Nach einem stressigen Projekt, vor einem wichtigen Ereignis oder einfach zwischendurch im Alltag ist eine Tantra-Massage für Männer und Frauen eine gute Möglichkeit, dem Hamsterrad zu entfliehen.

Einer besseren Entspannung dienen die folgenden Mittel:

- **Ein sicherer Raum**, in dem vom Empfänger nichts gefordert und erwartet wird.
- **Warme Raumtemperatur** und idealerweise eine Heizunterlage sowie warmes Öl.
- Den meisten Frauen hilft ein **Augenverband**, sich besser zu entspannen. Bei den Männern ist es seltener der Fall, aber du kannst es ausprobieren.
- Die **gebende Person bleibt entspannt** und übernimmt das Gegenüber in diesem Zustand.
- **Schweigen**, außer etwas fühlt sich unschön an und muss dringend korrigiert werden.
- Eine **gekonnte sensorische Überflutung** lenkt sehr gut vom „Gedankenkaugummi" ab (siehe Body-to-Body- und Stereo-Techniken).
- Der **Hormonhaushalt wird „manipuliert"**, indem die Produktion der Gegenspieler von den Stresshormonen angekurbelt wird (Oxytocin, Testosteron, Dopamin).
- Bei einer Massage darf und sollte die **Kontrolle maximal abgegeben werden**. Das passive Empfangen kann sich am Anfang sogar „anstrengend" anfühlen, aber Übung macht den Meister. Es ist schön, mit der passiven Bewegung dem Körper zu zeigen, wo noch Tonus abzubauen wäre.

Die Griffe einer Ganzkörpermassage sind am Anfang flächig, langsam und schwer, dann nach Gefühl.

Je nach Stresslevel des Empfängers wird das Aufbauen der Erregung eventuell mehr Zeit benötigen. Das ist in Ordnung.

Ein Orgasmus ist genial für die Entspannung. Meine Kunden sahen danach fünf bis zehn Jahre jünger aus. Lachend habe ich vorgeschlagen, wir sollten für Werbezwecke Vorher-nachher-Fotos machen. Allerdings wird nicht jeder Mensch in jedem Moment leicht zum Orgasmus kommen. Wenn man Antidepressiva nimmt, sind die Chancen sehr gering. Eine verbissene Bemühung wird eher mehr Stress produzieren.

Es gab Kunden, die über mehrere Monate oder sogar Jahre wöchentlich zu Entspannungszwecken kamen. Scheint zu funktionieren? Doch leider nur kurzfristig. Gut für das Geschäft, nicht zielführend im Kontext einer Familie. Diese Stammgäste haben die Verantwortung für ihren Zustand an die Behandlerinnen abgegeben, statt zu üben, sich selbst zu regulieren. Deswegen schlage ich vor:

1. Dein Gegenüber in den Prozess des Loslassens involvieren. Lade ihn oder sie ein, der Berührung mit der Aufmerksamkeit zu folgen, statt „an die Steuererklärung“ zu denken. Ich sage ganz am Anfang: „Und wenn du merkst, dass die Gedanken in den Alltag abschweifen, bringe sie zurück in die Berührung und ich werde dafür sorgen, dass sie interessant genug ist.“
2. Betone, dass es wichtig ist, sich nach der Massage zumindest am gleichen Tag nicht mit den Stressfaktoren zu konfrontieren, damit der Körper sich an den neuen Zustand gewöhnen darf, die relevanten Drüsen Hormone produzieren und die anderen nicht. Die Körperhaltung ist gelassener, andere Muskeln sind aktiv.
3. Kläre die Person auf, deine Grenzen zu respektieren, damit das Miteinander wahrhaftig angenehm bleibt. Es gibt Kunden, die glauben, der Behandler sei ein Dienstleister. „Ich bezahle und der Mensch ist mein Sklave für diese Zeit.“ Deine Kompetenz wird viel höher eingeschätzt, wenn du einen respektvollen Umgang verlangst. Das gilt auch für Beziehungen. Einige Partner meinen: „Ich verdiene das Geld, ich bestelle die Musik“ oder „Ich bin Mann/Frau, ich habe das Sagen“ – einfach so. Gott bewahre, bei diesem Spiel zu fleißig mitzumachen, außer es ist wirklich als ein Spiel vereinbart. Der Respekt geht verloren und die Beziehung kann nicht zur gegenseitigen Kraftquelle werden. Du tust niemandem einen Gefallen, wenn du dich unterdrückst. Natürlich solltest du deine Grenzen wertschätzend mitteilen.

Platz 2: Die körperliche Nähe

Unsere angeblichen Vorfahren, die Affen, erforschen gerne stundenlang gegenseitig innerhalb ihrer Gruppe ihren Pelz auf der Suche nach Läusen. Ursprünglich haben diese Grooming-Einheiten dem Nervensystem der Teilnehmer etwas Urwichtiges kommuniziert: die Zusammengehörigkeit. Und sie war die Grundlage der höheren Überlebenschancen. Wie auch andere Glückshormone dient Oxytocin dem Zweck, uns für das evolutionär richtige Verhalten zu belohnen. Seine Produktion wird nach wie vor viel intensiver durch die Streicheleinheiten von wohlwollenden Mitmenschen angeregt als durch das Anschauen von Katzenbabys auf Instagram. Körperlich passen wir uns den gesellschaftlichen Trends nicht so schnell an. Leider baut der Anteil des Körperkontaktes im modernen Alltag drastisch ab. Dank der Veränderung der gesellschaftlichen Rolle der Frau, der Propaganda vom harten Sex, der Digitalisierung, den Corona-Jahren und so weiter. Das Ergebnis: logischerweise mehr Unruhe, weniger „Training“ für das Immunsystem und ein weniger souveräner Auftritt der Betroffenen, wodurch sich die Chancen auf die Nähe weiterhin reduzieren.

Eine „normale“ Massage integriert sehr wenig von den sanften, liebevollen, „oxytocin-intensiven“ Berührungen und läuft oft sehr mechanisch und zielorientiert ab. Die Menschen, die sich einsam fühlen, können zu den Diensten der Profikuschler, Lomi-Therapeuten oder Tantra-Therapeuten greifen.

Interessanterweise waren nicht alle Menschen, die mit dem Anliegen „Berührung spüren zu wollen“ kamen, single! Das heißt, sogar in einer Ehe kann ein Berührungsmangel entstehen. Wie geht es deiner Beziehung?

Im Rahmen dieses Buches reden wir nicht von der Angst, an gewissen Tabu-Zonen angefasst zu werden. Einzelne Zonen kann man eventuell in Ruhe lassen, bis sich das Thema selbst auflöst, oder doch zur qualifizierten psychotherapeutischen Hilfe greifen. Ich gehe in diesem Buch davon aus, dass dein Partner oder deine Partnerin die Berührung zulässt.

Einen intensiveren Kuschelausgleich ermöglichen:

- **Hingebungsvolle, „erforschende" Berührungen:** Schön, wenn die gebende Person die Augen zumacht und nur taktil interagiert.
- **Spielchen mit den Kopfhaaren oder der Kopfhaut.**
- **Großflächiger Körperkontakt:** Zärtliche Body-to-Body-Techniken.
- **Die Erlaubnis, den Körper der Partnerin bzw. des Partners an den vorher abgesprochenen Zonen zu berühren.** Ich habe es im Kontext der Arbeit sehr lange verboten, bevor ich selbst die Erfahrung gemacht habe, eine intensive Yoni-Massage zu bekommen. Es war mir so wichtig in diesem Moment, seinen Körper mit meiner Hand zu berühren!
- **Eine lange Umarmung nach dem Höhepunkt, gerne wieder Spielchen mit den Kopfhaaren.**

Die tiefe körperliche Nähe zusammen mit der richtigen Einstellung des Behandlers gibt dem Menschen das Gefühl der bedingungslosen Akzeptanz, unabhängig von seinem Aussehen, seiner Vorgeschichte, der Herkunft, der sexuellen Vorlieben und des Geschlechts.

Wenn Berührungsmangel gestillt wird, kann Traurigkeit hochkommen. Es ist in Ordnung. Bleibt im Kontakt, solange es notwendig ist. Hier wären Worte der Beruhigung fehl am Platz. Die Präsenz und das Mitgefühl geben der Person in diesem Moment mehr.

Körperliche Nähe unterstützt glückliche Beziehungen.

Mache dir bewusst, wo du den Körperkontakt überall einfließen lassen könntest: beim Reichen einer Teetasse, beim Aufwecken, beim Einschlafen, beim „Wie-war-dein-Tag"-Austauschen. Auch eine Kopfmassage oder Spiele mit den Haaren geben ein Gefühl der Verbundenheit. Nach und nach kommt ihr auf den Geschmack und entwickelt eure eigenen Kuschelrituale.

Die Tantriker umarmen sich gerne lang und ausführlich. Ganz entspannt, mit einem maximalen Körperkontakt, Herz zum Herz, Becken an Becken. Damit es gut im Gedächtnis bleibt, nehme ich den Begriff, den die Tantra-Meisterin Elisabeth Kastanakis ironisch nutzt: „Donald Duck" – wenn das Becken übertrieben nach hinten geschoben wird. Verbleibt in der Umarmung so lange, wie es sich richtig anfühlt, gerne einige Minuten. Auf Wunsch könnt ihr synchron atmen.

Die oben genannten Bedürfnisse nach Entspannung und körperlicher Nähe sind die beiden häufigsten Gründe, warum Menschen eine Tantra-Massage aufsuchen. Sie möchten dem Alltagsstress entfliehen und suchen nach einer tiefen körperlichen und emotionalen Verbindung. Diese Bedürfnisse können sowohl in professionellen Settings als auch in persönlichen Beziehungen befriedigt werden. Durch die Anwendung der beschriebenen Techniken und Prinzipien kann die Tantra-Massage zu einer wertvollen Praxis werden, die das Wohlbefinden und die Beziehungen der Beteiligten nachhaltig verbessert.

Abbildung 2. Verschmelzungsumarmung: maximaler Körperkontakt, Achtsamkeit und Entschleunigung.

Abbildung 3. Voller Körperkontakt am Rücken gibt das Gefühl der vollständigen Geborgenheit.

Auch die Berührung am Rücken fühlt sich besonders gemütlich an. Ein Fötus im Mutterleib hat mit dem Rücken Kontakt zur Gebärmutter. Diese Position wirkt sehr vertrauensbildend.

Platz 3: Verbesserung der Sexualität

Sowohl zur Auflösung von Blockaden nach traumatischen Erlebnissen als auch für die Arbeit an rein körperlichen Ursachen ist eine Tantra-Massage eine gute Idee, weil sie den kompletten Körper miteinbezieht. Du musst kein Urologe oder Gynäkologe sein, es geht innerhalb einer Beziehung. Im Grunde genommen sind die Voraussetzungen für Heilung Entspannung und Vertrauen.

Eine erfüllte Sexualität klappt nicht im „Kampf oder Flucht"-Modus. Wenn der Bär aus dem Wald kommt, sollte man sich evolutionär gesehen nicht weiter genüsslich fortpflanzen, sondern schnell die Sache abschließen und abhauen. Dann hat es sich mit dem Bären erledigt, der Mensch freut sich und hat sogar umso mehr Lust. Adrenalin hat eher eine positive Wirkung auf die Leidenschaft, wenn die Gefahr nur kurz andauert. Viele Menschen sind heute allerdings im Dauerstress, ob durch die wirklichen Herausforderungen, Nährstoffmangel oder Abwesenheit von Entspannungsstrategien. Auch die Sexualität an sich kann als Herausforderung gesehen werden.

Das Thema der Sexualität galt früher vollständig als Tabu, heute ist es zum Teil immer noch so. Man redet gerne darüber, wie sie sein soll. Über die Probleme redet man erst, wenn sich ein pharmazeutischer oder operativer Eingriff anbietet. Beckenbodentraining wird erst nach der Geburt oder nach einer Prostata-Entfernung angesprochen, nicht im Rahmen des Alltags für junge Menschen. Du musst funktionieren und keiner sagt, wie du es in den Griff bekommst.

Wir bekommen ein Idealbild vermittelt: Die Frau ist auf Knopfdruck feucht, der Mann hat sofort eine Erektion, wenn das Paar aufeinandertrifft, die Frau stöhnt beim Sex und findet ziemlich brutale Stöße geil, die Frau hat als Erste ihren Orgasmus, der Mann spritzt erst danach ab, viel und weit. Zusätzliche Königsdisziplinen sind das Squirten (die weibliche Ejakulation) und ein synchroner Orgasmus.

Es funktioniert wie Werbung. „Du bist nicht in Ordnung, wenn du es nicht hast, bleibe unglücklich, bis du es besorgst." So kommt es zu einer künstlichen Unzufriedenheit mit sich selbst und dem nicht perfekten Lieblingsmenschen.

Mal hat ein Jugendlicher eine Erektion gehabt, aber alle haben gelacht oder geschimpft. Mal muss man die Erregung in der Sauna unterdrücken. Mal war die Frau sauer, dass er immer nur das Eine will. Der Körper sieht, diese Reaktion ist nicht in Ordnung. Wir sind soziale Wesen. Die Meinung der Mitmenschen ist für uns wichtig und es ist normal. Wir passen uns an. Und dieser Mann hat jetzt keine Erektion, um Konflikte zu vermeiden. Oder die Frau hat eine Erregung zum Ehemann ihrer

Freundin gespürt und so was darf ein christlicher Mensch nicht fühlen. Rein körperlich musste die Person die Muskeln im Becken anspannen und so sind sie geblieben. Eine nachhaltige Lockerung der Verspannungen bringt wieder mehr Gelassenheit im Umgang mit der eigenen Lust.

Mal hat der Mann keine Erektion zum richtigen Zeitpunkt gehabt. Das kann passieren, aber die Partnerin war so frustriert, dass es zum eigenständigen Stressor wurde. Man fühlt sich nicht in Ordnung, schon bevor die Sache losgeht. Alle Verknüpfungen auf der sexuellen Basis sind sehr fest. Mit der Zeit baut die Erektion ohne Sex auch tatsächlich ab, weil die Intimmuskulatur des Mannes nicht mehr gebraucht wird und verkümmert.

Eine Tantra-Massage ist keine Performance-Bühne für den Kunden, sondern eine Behandlung. Mit all deinen „Problemen" bist du richtig. Du solltest niemanden mit einem Orgasmus wie im Kino beeindrucken, du darfst überhaupt still liegen oder bewusst laut und tief atmen, aber nur für deine eigene Sauerstoffversorgung. Du musst nicht schöner sein als alle Expartner deines Lieblingsmenschen. Das ist an sich schon ein sehr heilsames Setting.

Erstens stellen wir fest, dass im Raum nichts stört, und laden die Person ein, sofort zu sagen, wenn die Füße frieren, die Musik zu laut ist oder sonst etwas nicht passt. Diese Idee soll vermittelt: „Es geht um *dein* Wohlbefinden." Wir reden über den Ablauf und betonen, dass es um eine Übung geht. „Es soll nicht perfekt sein. Ich bin als dein Therapeut auch nicht enttäuscht, daher sollst du dir keinen Kopf machen. Es gibt kein Versagen in unserem Kontext."

Zweitens kann eine Massage die wichtigsten Körperstrukturen mobilisieren:

- Den Verlauf des Vagusnervs befreien (Nackenmassage, angeleitete tiefe Atmung, Massage der Zwischenrippenräume und des Zwerchfells, Bauchmassage).
- Hände und Füße wärmen und den Kreislauf normalisieren.
- Das Blut zum Becken fließen lassen: tiefe schiebende Griffe am Rücken zum Po, an den Oberschenkeln zum Becken, am Gesäß.

- Kreuzbein und Beckenboden intensiv massieren, um die relevanten Nerven und Muskeln zu unterstützen.
- Je nach dem Ziel entsprechend den Intimbereich stimulieren. (Dazu kommen wir im letzten Abschnitt dieses Buches. Auf jeden Fall soll es sich eher nach einem Spiel anfühlen als nach einem ernsten Geschehen.)

Eventuell gibt es eine Aufgabe für die nehmende Person. Zum Beispiel bei der vorzeitigen Ejakulation tief und langsam in den Bauch zu atmen und den Anus zu entspannen, wenn es sehr intensiv wird. Die Idee: „Du hast es ermöglicht, ich habe nur mitgestaltet. Du kannst es wiederholen, ohne von meiner Kunst abhängig zu sein." Beim guten Ablauf solltest du den Kunden unbedingt loben. Es war doch eine Zusammenarbeit! Wenn es der Partner oder die Partnerin ist, reicht eine sehr liebevolle Umarmung, ein Kuss oder sonst eine positive Bestärkung, damit sich das neue Muster besser verankert.

Es ist wichtig zu verstehen, dass die ultimative Verantwortung für die eigene Sexualität der Mensch selbst trägt. Ohne regelmäßige Übungen im Alltag bringt die ab und zu stattfindende Behandlung wenig!

Platz 4: Die Belohnung

Eine Tantra-Massage ist schon ein besonderes Ereignis. Entweder ist sie teuer oder überhaupt unbezahlbar. Es ist ein gutes Geschenk zur Verteidigung einer Doktorarbeit, zu einer Beförderung, einem Abschluss eines wichtigen Projektes, dem Geburtstag des Kindes (direkt nach der Entbindung ist es nicht so passend, aber wenn ein Baby schon ein Jahr alt ist, kann man ordentlich feiern). Es ist ein schöner Akt der Dankbarkeit.

In diesem Fall spielt das Setting eine sehr große Rolle: Duft, Kerzen, idealerweise Kaminfeuer, entspannende Musik, ein schön duftendes Bad davor, Feder, etc. Genieße deine Kreativität und Erotik, während du massierst.

Steigere und senke die Intensität nach Gefühl, zelebriere den Prozess. Die ultimative Belohnung kommt – aber noch nicht jetzt.

Nach dem Höhepunkt folgt eine ausgedehnte Kuscheleinheit mit vielen Worten der Dankbarkeit und Bewunderung. Direkt nach dem Orgasmus kommen sie tief ins Unbewusste und motivieren für die weiteren Begegnungen.

Wichtig! Nutze dieses Szenario lieber nicht zum Trösten, sonst verankerst du das Versagen mit einer Belohnung. Ein Kuschelausgleich-Format passt hier besser.

Zwischen den Zeilen: Bedingungslose Wertschätzung

Wie du verstehst, wird nicht alles in unserem Leben ausgesprochen. Meine Beobachtung oder, genauer gesagt, mein Gefühl ist, dass die Menschen die Wertschätzung sehr brauchen. Das war allerdings niemals die direkte Antwort auf die Frage: „Warum bist du hier? Was kann ich für dich tun?" Doch bin ich sicher, ich bilde es mir nicht ein.

Ja, zur Wertschätzung gehört die zeitlich ausgedehnte Achtsamkeit während der Massage. Dazu gehört die Berührung des ganzen Körpers, auch der Stellen, vor denen man sich eventuell schämt. Dazu gehört unsere Bereitschaft, die ausgesprochenen Bedürfnisse zu respektieren. Dazu gehören unser Dasein nach der Massage und das ehrliche Interesse, wie es der Person geht. Und noch obendrauf möchte ich den Respekt zur männlichen oder weiblichen Natur der Person betonen.

Insbesondere in Deutschland ist es heutzutage sehr unpopulär, darüber zu sprechen, dass es Unterschiede zwischen Männern und Frauen gibt. Alle Stereotypen sind zugleich hilfreich, um die Struktur in der Vielfalt der Welt zu finden, und gefährlich, wenn wir sie als eine ultimative Wahrheit nehmen und nicht mehr hinterfragen. Ich lade dich ein, diese alte tantrische Weisheit und meine persönlichen Beobachtungen auf dich wirken zu lassen, aber doch selbstständig zu entscheiden, was du damit machst.

Unterschiedliche Ansätze für Männer und Frauen

Männer: Bei Männern öffnet sich angeblich das Herzzentrum über das Sexualzentrum. In den Gesprächen mit Männern habe ich herausgefunden, dass die meisten sich mehr oder weniger bewusst danach sehnen, als Sexobjekt begehrt zu werden. Nicht als Beschützer oder Versorger, sondern als Vergnügungs-Besorger. Machen wir unseren Männern oft Komplimente dieser Art? Du kannst dem Mann sehr viel Kraft geben, indem du zeigst, wie du seine Sexualität wertschätzt – mit Worten und Taten.

Für eine Massage bedeutet das, dass die überwiegende Mehrheit der Männer sich freuen wird, wenn du direkt mit der Berührung am Lingam loslegst, ihn immer wieder zwischendurch miteinbeziehst und damit spielst wie mit einem guten Freund. Laut meiner Umfrage wirkt eine Happy-End-Massage, die zum größten Teil eine normale Wellness-Massage ist und erst die letzten 5–10 Minuten an den Genitalien stattfindet, auf Männer enttäuschend und „billig". Für den Mann fühlt es sich wie eine rücksichtslose Vernachlässigung an.

Für das Privatleben bedeutet es, dass es wahrscheinlich positiv ankommt, einfach so im Alltag ohne Vorwarnung eine Hand auf den Penis des Mannes zu legen, wenn er kocht, telefoniert, Auto fährt ... oder auch ganz gemütlich beim Einschlafen. Es soll sich weniger wie ein „Ich brauche jetzt Sex, besorg's mir sofort" anfühlen, sondern mehr wie ein „Hallo". Für Männer ist der Penis oft personifiziert, daher kannst du ihn separat begrüßen. Es ist lustig zu erfahren, wie der Partner sein bestes Stück nennt, bzw. selbst einen Namen zu geben und das ab und zu in der Kommunikation zu benutzen. „Und, freut sich [Name], mich heute zu sehen?"

Achte natürlich auf die Reaktion, auch ein Mann kann sexuelle Traumata haben, die ihm das Vergnügen verderben. Schlechte Erlebnisse und Unzufriedenheit mit dem Aussehen und Performen der Sexualorgane sind nicht selten bei Männern. Nach und nach wird der Mann durch eine freundliche Interaktion mit seinem Penis die möglichen alten Verletzungen loslassen und das Vertrauen zwischen euch wird wachsen.

Eine ganz besondere Intensität hat das Lingam-Verehren durch Oralsex. Aber dieses Thema ist ein separates Buch wert.

Frauen: Die Yoni der Frau ist drinnen, nicht draußen. Und das bestimmt ebenso den Umgang damit. Du musst meistens zuerst das Vertrauen der Frau aufbauen, damit sich die Berührung am Intimbereich für sie angenehm anfühlt und nicht zu weiteren Verspannungen im Beckenbereich führt. Wahrscheinlich sind in der Genetik der Frauen noch zu viele Erinnerungen von den Vergewaltigungen gespeichert. Deswegen sollte man zuerst das Gefühl der Sicherheit geben, respektvoll sein und die Frau als Person bewundern, um ihr Herz zu öffnen. In der Massage sollte man zuerst den ganzen Körper entspannen. Erst dann kommt man zur Vulva und danach zur Vagina.

Üblich bei einer Tantra-Massage ist es, förmlich eine Erlaubnis zu erfragen, die Yoni / den Lingam zu berühren. Mit den Männern haben wir meistens darüber geschmunzelt. Für eine Frau ist es ernst; und zwar in zwei Stufen: für die äußeren und die inneren Berührungen.

Selbstverständlich solltest du dich bitte nicht komplett auf diese Stereotypen verlassen. Sie sind nur ein Denkanstoß. Jeder Mensch ist individuell.

Bei homosexuellen und diversen Kunden sollte man einfach vorsichtig herausfinden, welche Massageart besser passt: genitalienzentriert oder nicht. Du kannst sanft nah am Intimbereich am Anfang vorbeigleiten und die Reaktionen des Körpers wahrnehmen.

Die berühmte Absichtslosigkeit des Tantra

Wahrscheinlich hast du in Bezug auf die Tantra-Massage schon den Begriff „Absichtslosigkeit der Berührung“ gehört. In der Perfektion bedeutet es, es geht ausschließlich um den Prozess der taktilen Kommunikation. Der Kopf denkt gar nicht.

Entspanne die Schultern, entspanne die Zunge, mache die Augen weich oder ganz zu, den Bauch locker und los geht es, schon hast du weniger Zwang, etwas zu beweisen und zu erreichen.

Wir können *aus dem Ego* massieren: „Ich weiß, was zu tun ist, und tue es." Einerseits steigt unser Dopamin[1], wenn wir merken, dass die Berührung gut ankommt. Wir fühlen uns motivierter. Zugleich fällt es runter und wir fühlen uns bitterlich enttäusch, wenn etwas nicht „nach dem Plan funktioniert". Und der Mensch ist keine Maschine – es wird etwas geben, das nicht perfekt ist.

Oder wir können *aus dem Zustand der Demut* massieren: „Ich bezeuge es, lasse es geschehen. Das Universum führt mich. Alles, was durch meine Berührung entsteht, hat einen höheren Sinn."

In vielen Kulturen wendet man sich vor der Körperarbeit an die Ahnen, alte Meister und andere Wesen. Ich habe das Gefühl, dass sie tatsächlich helfen. Und ich persönlich bin eine Befürworterin der geteilten Verantwortung: Behandler – Empfänger – Zufall/Gott/Universum.

Der Empfänger oder die Empfängerin wird durch die wahrgenommene Absichtslosigkeit ebenfalls vom Leistungsdruck zumindest zum Teil entlastet. Wir haben alle unsere Themen und Vorgeschichten, und die empfangende Person ist in der Regel tiefer mit ihren Prozessen konfrontiert.

Ich nehme zum Beispiel meine Schuldgefühle wahr, wenn ich bei der Berührung an meiner Yoni nicht nach zwei Minuten mit Multiorgasmen explodiere. Wenn ich merke, der Mann möchte mich jetzt zum Höhepunkt bringen, fühle ich mich blockiert. Ich kann der Erwartung nicht entsprechen. Je mehr ich mich bemühe, umso kleiner sind die Chancen. Kennst du das? Der Kontext einer entgeltlichen Massage ist für mich wesentlich einfacher – da habe ich bezahlt und muss nicht mehr „performen".

Bei einem Mann kann es Scham wegen einer Erektion (es kommt in der Gesellschaft nicht gut an, eine Frau zu belästigen) oder wegen keiner Erektion sein, wegen zu schnellem Kommen oder zu langem Brauchen, wegen eines kleineren und krummeren Penis als die der Pornodarsteller usw.

---

1 Dopamin fungiert als Neurotransmitter, das heißt als Botenstoff zwischen Nervenzellen. In seiner Wirkung vermag Dopamin die Vorfreude auf etwas auszulösen, motiviert und lässt zur Tat schreiten. So nimmt es Einfluss auf unsere Entscheidungen.

Bei einer Frau kann die Angst da sein, der Mann mache sie warm, nur um danach „zur Sache zu gehen", sie kann sich wegen des Aussehens ihrer Vulva schämen oder auch wegen der Befürchtung, es nicht so sinnlich wie im Porno zu erleben. Zu diesen „Klassikern" kommen mehrere individuelle Geschichten hinzu.

Für den Behandler ist es in diesem Moment sehr wichtig, einen maximal sicheren Raum zu schaffen. Die absichtslose, erforschende Art der Berührung kann sehr heilsam wirken.

Magie der Intentionen

In der tantrischen Fachsprache unterscheiden wir zwischen den Begriffen „Absicht" und „Intention", obwohl es im Hochdeutschen Synonyme sind. Im Kontext der Körperarbeit ist eine Absicht kurzfristig und eine Intention langfristig. „Ich will, dass mein Partner jetzt sofort einen Steifen kriegt" vs. „Ich wünsche meinem Mann eine bessere Potenz, damit wir noch viele unvergessliche Momente zusammen erleben".

Es ist üblich, die Intentionen in der Gegenwartsform und positiv zu formulieren. Energetisch ist es schon da und ich *sehe* es schon während der Behandlung. Das heißt, das oben genannte Vorhaben sollte am liebsten so formuliert werden: „Mein Mann ist gesund und voll Kraft, potent und lustvoll. Wir erleben viele schöne Momente der körperlichen Nähe zusammen. Bis der Tod uns trennt."

Mit welcher Zielsetzung investierst du deine Energie? Die Intentionen bei einer Tantra-Massage dürfen sowohl materiell als auch spirituell sein.

Sie können sich an die *gebende Person* richten. Zum Beispiel war mein Ziel, zu forschen und meine eigene Sexualität zu entfalten. Am Anfang hat mich die offen gezeigte menschliche Lust gestört. Durch das regelmäßige Massieren sehe ich sie als natürlich an und sie triggert mich nicht. Ich habe mir als Profi-Masseurin jede Woche ein Ziel gesetzt:

- Ich übe, meine Fehler als Lernprozess zu sehen.
- Ich übe die Absichtslosigkeit der Berührung.
- Ich übe die Entschleunigung.
- Ich übe es, entspannt zu bleiben und dieses Gefühl zu geben.

Mein Ziel war vom Anfang an, zu lernen, um zu unterrichten. Daher kommt das Wort *üben*. Ich wollte auch sehen, wo die kritischen Nuancen sind. Nur so kann ich das Know-how weitergeben.

Für dich kann relevant sein:

- Ich bin entschleunigt. Meine Berührung und mein Wesen sind langsam. Ich bin im Hier und Jetzt mit meiner Aufmerksamkeit.
- Ich bin empathisch. Ich spüre die Bedürfnisse des Gegenübers und erfülle sie.
- Ich bin emotional stark. Ich erschaffe meinen Zustand und übe Einfluss auf mein Umfeld aus.

Wenn du frisch nach der Ausbildung einen Tantra-Massage-Austausch für Übungszwecke machst, rate ich dir, die Intention auf dich selbst zu richten.

Du kannst die Intention auf die Gesundheit und den Erfolg *der nehmenden Person* legen, idealerweise mit Absprache. Z. B. kommt ein Mann zur Tantra-Massage, weil die Leidenschaft in seiner Ehe eingeschlafen ist und er die Berührung vermisst. Man kann ihm einen Sexy-Kick, mehr Selbstbewusstsein geben, sodass seine Partnerin ihn wieder als Mann erlebt. Diese Zielsetzung dürfte ich allerdings nicht haben, ohne seine Erlaubnis einzuholen. Habe ich es trotzdem gemacht, dem einen oder anderen eine glückliche Beziehung zu wünschen, habe ich diese Männer nie wieder im Studio gesehen. Ich hoffe, es hat funktioniert und der Mensch ist zufrieden.

- Meine Frau ist entspannt und ihr Körper regeneriert sich schneller.
- Der Hormonhaushalt meiner Partnerin ist intakt und sie geht mit Leichtigkeit durch die Wechseljahre.
- Die Eierstöcke und die Gebärmutter meiner Frau sind gesund. Ihre Schwangerschaft ist leicht und angenehm. Die Entbindung ist lustvoll. Das Kind ist gesund.
- Die Narben meiner Frau schmelzen unter meiner Hand. Ihre Vagina ist wieder jung, kraftvoll und lustvoll.

- Die Prostata meines Mannes ist gesund. (Es ist schön, dabei die Organe zu visualisieren.)
- Mein Mann spürt seinen Körper und die Selbstheilung läuft bei ihm mit Leichtigkeit ab.
- Die Schwellkörper und alle Blutgefäße meines Mannes sind elastisch und stabil und füllen sich komplett mit Blut auf, wenn wir Liebe machen.
- Mein Mann kontrolliert seine Ejakulation. Er beglückt mich so lange, wie die Situation es zulässt, und dann ist sein/unser gemeinsamer Höhepunkt umwerfend.

Wir wissen auch, dass es Wechselwirkungen zwischen dem Körper und dem Geist gibt. Wenn wir die Körperhaltung und den Hormonhaushalt verändern, kann der Mensch nachhaltig glücklicher und erfolgreicher werden.

- Der Körper meines Mannes produziert die richtige Menge von Testosteron. Er ist voller Energie. In der Arbeit gelingt ihm alles. Er kommt lustvoll nach Hause.

Hier wird es interessant. Willst du wirklich deinen Mann stark sehen? Oder hast du Angst, alle Frauen werden ihn attraktiv finden und er geht fremd oder sogar weg?

Wir können mit der Kraft unserer Gedanken nicht nur beflügeln. Das Bremsen geht auch hervorragend. Und es läuft nicht immer bewusst. Du kannst dich zugleich ärgern: „Warum ist mein Mann so ... weder Fisch noch Fleisch“, aber der Gedanke, ihn erfolgreich zu sehen, würde dir Panik machen. Es wäre interessant, mit einer qualifizierten psychologischen Unterstützung daran zu arbeiten.

Die Intentionen können auf eine Paarbeziehung gerichtet sein: mehr Nähe, Treue, Vertrauen und Bindung.

- Unsere Sexualität ist zärtlich und kreativ (die schöne Berührung entfaltet in den Menschen einen Gourmet).
- Ich bin mit Abstand die Beste für meinen Mann, er will nicht mal vergleichen.

- Lust und Nähe sind in unserem Alltag.
- Alle schlechten Erinnerungen verschwinden aus unserer Beziehung und an ihren Platz tritt die Liebe.

Es ist schön, die Intention nicht nur verbal für sich zu formulieren, sondern sie sich bildhaft vorzustellen, dann loszulassen und die Zeit zum Verwirklichen zu geben. Etwas Anatomiewissen ist dabei sehr vorteilhaft. Im beruflichen Kontext kann man es aussprechen, im privaten nicht unbedingt. Hauptsache, du bleibst wohlwollend.

Sollte dir der Begriff „Energiearbeit" zu esoterisch sein, können wir zur Erklärung die zwei wissenschaftlichen Theorien nutzen:

- **Pygmalion-Effekt** (Ich erwarte und dadurch erschaffe ich ein Verhalten.)
- **Placeboeffekt** (Ich erwarte und dadurch erschaffe ich eine körperliche Veränderung.)

Der Placeboeffekt bezeichnet die körperlichen Reaktionen, die durch Placebos ausgelöst werden. Er ist gut erforscht und wissenschaftlich nachgewiesen. Hochwertige wissenschaftliche Studien im Bereich der Therapie sind stets doppelblind. Das bedeutet, dass weder der Therapeut noch der Patient wissen, was tatsächlich verabreicht wird. Würden sie es wissen, wären die Ergebnisse verfälscht.

In der Praxis interessiert uns nicht, was genau zu welchem Anteil gewirkt hat, die Aktion oder der Glaube. Wir brauchen das Ergebnis. Daher machen wir Placebo zu unserem Freund.

Vor der Behandlung können wir die Ziele und sogar Mittel ansprechen. Es gibt Griffe, die positiv auf die Drüsen, Muskeln, Faszien und den Kreislauf wirken. Es gibt ungewöhnliche Techniken, die die Entspannung enorm fördern. Unmittelbar nach der Massage ist es gut, nach spürbaren Veränderungen zu fragen und ein paar „Hausaufgaben" mitzugeben. Je ernster der Prozess und unsere Kompetenz genommen werden, umso besser.

Sehr wichtig ist es, nicht zu massieren, wenn du ein Problem mit dem Menschen nicht gelöst hast und es dich beschäftigt. Sonst brennt sich dein Gedanke „Er ist ein Schwein" noch tiefer ein.

Zu dieser Sicherheit gehört auch ein beidseitiges Verständnis, dass jede Veränderung Zeit braucht.

Es gibt eine Legende von zwei Schwestern. Ein guter Mann wollte die jüngere Schwester heiraten, als die ältere noch nicht vergeben war. Zu jener Zeit war das jedoch undenkbar. Die jüngere wollte ihn darüber hinaus nicht heiraten und die ältere schon. Da sagte der Mann: „Ihr stellt zwei gleiche Töpfe mit Wasser auf das Feuer. Bei welcher das Wasser schneller kocht, diejenige wird meine Frau.“ Natürlich kochte das Wasser bei der jüngeren Schwester schneller, da sie gleichgültig dasaß, während die ältere immer den Deckel hochhob, um zu schauen, ob es schon so weit war. Ich möchte jetzt nicht über die Moral in Bezug auf die Rolle der Frau diskutieren, sondern zeigen, dass Ungeduld viel Dampf rauslässt.

1.4 Empathie und Intuition

Gelassenheit und die Freude am Erkunden sind unsere besten Freunde beim Massieren. Wenn du dir den Umgang mit verbalem und nonverbalem Feedback nicht vertraut machst, riskierst du, unkreativ zu sein.

Für ein unvergessliches Erlebnis sollten wir den Mut haben, neue Sachen auszuprobieren. Solange die Berührung langsam erfolgt, können wir so gut wie nichts falsch machen[2]. Dein Gegenüber hat ja Zeit, zu reagieren.

Noch schlimmer ist es, die Griffe zu selbstsicher abzuliefern, ohne Rücksicht zu nehmen. Zum Beispiel herrschte in Tantra Om oft eine Orgasmus-Erwartung vor. Gleichzeitig gab es eine Uhr und anschließende Termine. Wenn ich den Höhepunkt pünktlich erzwingen musste und darüber hinaus meine Hände und Schultern müde waren, habe ich die Griffe benutzt, die zwar als intensiv gelten, aber ein hohes Risiko der Überreizung mit sich bringen. Damit es schneller geht, bin ich natürlich auch etwas fester und schneller vorgegangen. Und ich bin

2 Gesundheitlich kritische Ausnahmen erwähne ich im Kapitel 3 „Sexuelle Anatomie“.

in die Falle getappt – *tun*, statt spüren. Bis das verbale Feedback kam: „Ich glaube, es wird heute nichts ..."

Im Privatleben ist auch wichtig, sich selbst, aber auch der Partnerin oder dem Partner klarzumachen, dass es um den Prozess geht, nicht um das Erfüllen der (evtl. eigenen) Orgasmus-Erwartungen. Und auch die Zeit so zu planen, dass sie für alles reicht.

Solltest du wirklich auf das Vorhandensein / die Intensität der Orgasmen beim Lieblingsmenschen hinarbeiten wollen, formuliere diese Intention als langfristig. Steck dir kleine Zwischenziele: Körpergefühl erwecken, Vertrauen aufbauen, erogene Zonen finden und schulen (die Nervenenden werden nach und nach empfindlicher für eine sanfte Berührung).

Es gibt leider keine *perfekten* Griffe. Und auch für jeden Griff gibt es einen endlosen Spielraum, was die Intensität und die Geschwindigkeit angeht. Jeder Mensch ist anders. Jede Situation ist anders. Wonach ist deinem Gegenüber gerade? Darüber könnt ihr euch verbal austauschen, du kannst es visuell einschätzen, was der Person guttut, oder es *intuitiv* spüren.

In erster Linie sollst du selbst geistig präsent sein, dich im Raum wohlfühlen und dich so wenig wie möglich durch alltägliche Gedanken ablenken lassen. Zunge locker, Kiefer locker, Bauch und Anus sind ganz entspannt, ein paar entschleunigte und tiefere Atemzüge – und schon bist du im Hier und Jetzt. Wie lange es bei dir dauert, ist sehr individuell. Es ist ratsam, diesen Zustand zu ankern[3].

---

3 Der Begriff „ankern" kommt aus dem NLP. Es handelt sich um eine Verknüpfung von Reiz und Reaktion. Warst du glücklich und hast dabei eine Melodie gehört? Die Melodie wird Glücksgefühle auslösen. Es kann aber auch ein Aroma, ein Ort, ein Ritual, ein Wort oder Satz, eine bestimmte Berührung sein. Ankern geht unbewusst, kann aber bewusst eingesetzt werden.

ÜBUNG 4

Daseinsanker

Zuerst erreichst du den Zustand des Daseins: im Urlaub, in einer Meditation, im Tanz, in der Sauna, im Wald, am Meer, im Whirlpool, nach dem Orgasmus oder sogar beim gelassenen Putzen und Kochen. Du nimmst die Welt um dich herum bewusst wahr – siehst die Umgebung, hörst die Geräusche, riechst die Düfte, spürst die Texturen, Temperaturen und den Wind auf deiner Haut.

Dann setzt du den Anker: Ziehe dich am Ohrläppchen, drücke auf einen bestimmten Punkt oder sage ein „Zauberwort“ mit der Intention, diesen herrlichen Zustand damit zu verknüpfen. Übe, im Alltag diesen Anker zu nutzen und die damit verbundenen Emotionen auszulösen. Manchmal braucht es einige Wiederholungen, bis eine stabile Verbindung entsteht. Mein gedanklicher Zauberspruch lautet „Hier und Jetzt“. Die Dauer der Wirkung ist ebenfalls Übungssache: Wiederhole es öfter und konzentriere dich darauf, den ruhigen Geist länger aufrechtzuerhalten. Aus meiner Erfahrung wird die Welt in dieser Zeit höchstwahrscheinlich nicht untergehen.

Es ist wichtig, nicht nur während einer Massage dein Gegenüber zu spüren, sondern auch im Alltag. Übe dies an jedem Menschen, dem du begegnest: Familie, Kollegen, Freunde oder sogar bei flüchtigen Begegnungen, zum Beispiel an der Käsetheke im Supermarkt.

Verbaler Austausch

Einerseits klingt verbaler Austausch am einfachsten, aber andererseits willst du dein Gegenüber doch die ganze Zeit mit Gesprächen aus der Entspannung reißen. Im schlimmsten Fall kann es auf die Erektion zurückschlagen. Schonend sind geschlossene Fragen, am liebsten die, die man mit Ja oder Nein beantworten kann. „Darf ich etwas fester? Tut es weh? Liegt dein Nacken bequem oder willst du dich anders hinlegen? Soll ich die Musik leiser machen? Frieren deine Füße?“ Das Gehirn und die Genitalien „kämpfen um die Ressourcen". Bei den Männern ist es offensichtlicher an der Erektion zu erkennen, bei den Frauen ist diese nicht so sichtbar, aber auch relevant.

Zweitens sagen die Menschen nicht immer die Wahrheit. Manchmal ist „Es geht mir gut, alles wunderbar" nur eine höfliche Antwort, um die zwischenmenschliche Beziehung nicht zu verletzen. Es klingt unpragmatisch, aber sonst gäbe es keine gefälschten Orgasmen. Apropos, nicht nur wir Frauen sündigen damit. Auch einige Männer haben es zugegeben, mal beim Sex damit getrickst zu haben. Bei einer Massage wäre eine Orgasmus-Lüge schwieriger, aber auch beim Ablauf sagen die Leute nicht immer die Wahrheit. „Das war eine furchtbare Massage, ich hätte sofort aufstehen und gehen sollen", erzählt ein Kunde von seiner Erfahrung. In der Tat bleibt er und sagt kein Wort, das eventuell die Behandlung verbessern könnte.

Ich spreche es meistens vor der Massage durch: „Wenn etwas unangenehm ist, wenn ich deine Wohlfühlschmerzgrenze verletze oder du ein dringendes Bedürfnis verspürst und du meinst, ich habe es nicht bemerkt, sagst du mir bitte sofort Bescheid, okay? Wenn Emotionen hochkommen, darfst du sie rücksichtsvoll ausleben. Ich bin für dich da."

Wenn ich intuitiv etwas spüre, aber mir nicht sicher bin, kann ich natürlich proaktiv fragen.

Um den Partner oder die Partnerin für die Rückmeldung zu ermutigen, sollen wir auch im Alltag zugleich ehrlich und wertschätzend sein, eigene Gefühle und Präferenzen mitteilen, respektvoll nach den Wünschen fragen und darüber nicht böse lachen.

Eine ganz besondere Kategorie Mensch sind diejenigen, die sich durch ein traumatisches Ereignis von den Körpergefühlen abspalten. Dann ist die Arbeit mit Feedback eine Übung an sich, damit sich die Person wieder das Körpergefühl aneignet. Wenn du direkt fragst: „Ist es gut?", sagen sie: „Ja, wunderbar", aber es wird sich leblos anfühlen. Wir spielen mit der Intensität und Geschwindigkeit der Berührung und fragen: *„Was fühlt sich besser an,* A oder B?" Als Option nehmen wir es offen als eine Schulung des Tastsinns an. Wir berühren relativ monoton und die Person muss anleiten: schneller oder langsamer, mehr Druck oder weniger. Wenn das Thema für dich relevant ist, erfahre mehr über OMing[4].

Es gibt lautere Genießer. Das Stöhnen während des körperlichen Miteinanders würde ich zum verbalen Feedback zählen. Geräusche des Vergnügens oder positives verbales Feedback sind natürlich sehr ermutigend für Anfänger und helfen ab und an einem erfahrenen Behandler, aus der Ablenkung zu kommen. Wir sind alle Menschen und die Aufmerksamkeitskontrolle klappt nicht jeden Tag gleich gut. Merkst du beim Empfangen, die Massage wird etwas automatisch, zeige, dass du lebst.

Es gibt aber auch stille Genießer. Sie tauchen tief ins Gefühl und geben wenig Aktion nach außen, obwohl sie sehr intensive Erlebnisse haben. Es ist wichtig, den Menschen so sein zu lassen, wie er ist. Für jemanden, der sonst sehr zurückhaltend ist, kann es anstrengend sein, stöhnen zu müssen. Mit solchen Menschen kannst du vereinbaren: „Nicht gemeckert ist gelobt genug", und auf die nicht-verbalen Signale achten.

Interessanterweise ist das Stöhnen nicht nur ein Produkt des Vergnügens, sondern auch ein Verstärker desselben.

ÜBUNG 5

Sinnliche Berührung

Berühre deinen eigenen Körper sehr zart und langsam, zuerst in Stille und dann mit einem genüsslichen „Mmmmm" oder „Ooooh". Welche Variante bereitet dir mehr Vergnügen? Lenkt es dich eher ab oder verstärkt es deine Lust? Beide Antworten sind legitim. Beobachte, wie sich das Erlebnis verändert, wenn du dir 10–15 Minuten für diese Übung gönnst. Schalte sinnliche Musik ein und genieße die Erfahrung!

---

4 „Orgasmische Meditation". 15 Minuten lang wird ausschließlich das obere linke Viertel der Klitoris gestreichelt. Das Einzige, was nach der Anleitung der Empfängerin geändert werden kann – wie schnell und wie tief die Berührung ist. Für einen Mann könnte es theoretisch auch gehen, aber meistens nutzt man diese Methode für die Frauen, die schwer zum Orgasmus kommen.

Nicht-verbale Merkmale

Die meiste Kommunikation in unserem Alltag läuft nonverbal ab. Wir machen es uns selten bewusst. Wir fühlen nur: die Atmosphäre ist in Ordnung oder nicht. Bei einer Massage ist es eine gute Hilfe, gewisse Merkmale strukturiert interpretieren zu können.

Der Körper kommuniziert sehr viel, aber das müssen wir erst mal bemerken. Dafür hilft das periphere Sehen oder, wie Robert Gantke es genannt hat, „die weichen Augen". Wir sehen alles im Blinkwinkel und de facto am einzelnen Objekt vorbei, bemerken aber sehr gut alle Bewegungen und Veränderungen. In der wilden Natur war es wichtig und in diesem Modus sollte man sich angeblich die meiste Zeit befinden. Du läufst durch den Wald, dir droht im Moment nichts, das parasympathische Nervensystem ist aktiv. Sobald sich irgendwo ein Zweig bewegt, kann es entweder eine Beute oder ein Raubtier sein, dann mobilisierst du das vegetative sympathische System, kämpfst oder fliehst, bzw. stellst dich tot.

Wie immer im Körper gibt es beim Blick Wechselwirkungen. Die Augen werden „weicher", wenn du entspannt bist, und gleichzeitig entspannst auch du dich, wenn du den Blick de-fokussierst.

Zum Teil ist unser Dauerstress auf das Starren in die Smartphones und Computer zurückzuführen. Verzichte auf diese Geräte zumindest eine Stunde vor der Massage. Denk darüber nach und wechsele den Blick-Modus bei jeder Gelegenheit. Auch Augentrainingsfachleute empfehlen, so oft wie möglich das periphere Sehen zu aktivieren, um die Gesundheit der Augen zu unterstützen.

Eine Brille stört angeblich das periphere Sehen, weil sie vorne flach ist. Teste, ob du dich ohne Brille beim Massieren involvierter fühlst!

ÜBUNG 6

Peripheres Sehen trainieren

Sollte es dir schwerfallen, vom fokussierten auf den unfokussierten Blick umzuschalten, kannst du dies bewusst trainieren. Strecke beide Arme vor deinem Gesicht aus, mache Fäuste und strecke die Daumen nach oben. Zunächst berühren sich deine Hände und du siehst beide Daumen gleichzeitig. Bewege nun langsam beide Arme zu den Seiten und folge dabei beiden Daumen mit deinem Blick. Wenn die Entfernung so groß ist, dass du sie kaum noch siehst, bewege die Daumen. Dein peripheres Sehen reagiert auf diese Bewegung. Bewege die Arme so weit auseinander, dass du beide Daumen noch im Blickwinkel behältst. Bleibe ein paar Atemzüge in dieser Position. Nimm die Hände herunter und nimm das volle Bild, den kompletten Raum, wahr. Es ist normal, wenn es beim ersten Mal nicht klappt. Wiederhole die Übung bei Bedarf, um alle Körpersignale im Blick zu behalten.

Wie teilt uns der Körper seinen Zustand mit?

Eine Erektion vom Penis oder der Klitoris bzw. die Feuchtigkeit der Yoni sind nicht das ultimative Merkmal einer gelungenen Berührung. Oft wird die taktile Interaktion sehr genossen, ohne dass die Schwellkörper anschwellen! Lasse dich nicht entmutigen und schaue auf die anderen Merkmale. Wenn die Erektion der Genitalien abrupt nachlässt, gibt es zwei Optionen. Die Berührung ist wirklich misslungen, hat wehgetan oder enttäuscht. Oder der Mensch hat generell Herausforderungen in der Sexualität und hat sich bemüht, einen guten Eindruck zu machen – der Kopf ist eingesprungen und die Ressourcen abgelenkt. Bleibe gelassen und wende dich großen, ausstreichenden Berührungen des Körpers zu.

Eine feuchte Vagina kann eine individuelle Besonderheit des lymphatischen Systems der Frau sein. Es ist **noch keine 100%-Garantie einer Erregung!**

Gänsehaut kann sowohl bedeuten, dass die Person friert, als auch den Genuss. Im ersten Fall ist sie die ganze Zeit da, im zweiten Fall kommt sie erst als eine Antwort auf das langsame weiche Streicheln oder eine zärtliche Anwendung der Fingernägel. Es ist wissenschaftlich noch nicht so gut erforscht, warum der Körper auf die sanften Berührungen mit der Piloerektion antwortet (Anspannung der kleinen Muskeln, die unsere Behaarung bewegen). Entweder kommt die Haut der Stimulation entgegen, es ist es hormonell gesteuert oder ein Kommunikationsmechanismus, der sich im Evolutionsprozess bewiesen hat. Wer mehr Spaß an der Berührung zeigt, wird mehr berührt – es ist auch heute so. Wahrscheinlich spielen all diese Faktoren eine Rolle.

Eine **Errektion der Brustwarzen** ist aus meiner Erfahrung ein zuverlässiges Merkmal, ob der Mensch diese Stelle als erogen wahrnimmt. Die Sensibilität entwickelt sich allerdings mit mehreren Massageeinheiten, daher würde ich die Brust auf keinen Fall vernachlässigen. Wichtig ist, mit den Milchdrüsen eventuell sehr vorsichtig umzugehen. Solltest du mit Druck experimentieren wollen, mache es sehr langsam und schaue auf die Reaktion.

Zucken kann bedeutet, dass es kitzelt, oder eine spontane körperliche Reaktion sein, die einem Mikroorgasmus nahekommt.

Etwas intensiver wäre das **Vibrieren**: Da löst sich eine tiefe Grundspannung, die Energieströme (Nervensignale/Blut/Lymphe) kommen mehr in Fluss. Bleibe maximal konstant dran. Es hilft, diese Vibration für eine Weile zu behalten. Ein Wechsel der Technik führt zum Verlust von diesem wertvollen Effekt.

Bei der Intimmassage kann die **Beckenposition** einen Hinweis geben. Bringt der Mensch sein Becken dir entgegen oder zieht er es weg? Einige Menschen bewegen ihr Becken ganz wild in der Lust. Ich dachte zuerst, es wäre eine Forderung für mehr, aber es muss nicht sein. Manchmal ist es nur eine spontane reflektorische Bewegung. Erforsche es.

Normalerweise reagiert der Körper auf Schmerz mit Abwehr: Der Muskel spannt sich an, die passive Bewegung stockt. Manchmal sind aber die Muskeln/Gelenke/Nerven so beschädigt, dass dieser Reflex nicht einspringt und du es nicht merkst. Dann hilft eine klare Ansage.

Die Kontaktfreude vom Intimbereich (Penis kommt der Hand entgegen, die Wände der Vagina spannen sich als Reaktion auf eine Stimulation an) wird in den meisten Fällen Lust bedeuten.

Selbstverständlich hilft es uns, auch **die Mimik und die Mikromimik** zu sehen. Dafür ist die Rückenlage vorteilhaft. Ich empfehle, den größten Teil der Massage auf dem Rücken zu machen. Es ist viel bequemer für den Nacken der empfangenden Person und das Gesicht kann auch viel erzählen.

Allerdings sehen Schmerz und Lust vom Gesichtsausdruck her oft identisch aus. Im Zweifelsfall kannst du nachfragen.

Ein Hindernis, die Mimik als Informationsquelle zu benutzen, wäre Botox. Da können sich gewisse mimische Muskeln nicht bewegen. Bei so einem Menschen habe ich das Gefühl, die Person lügt, da die Mimik und die Worte nicht übereinstimmen. Dann können wir uns auf das Gesicht nicht verlassen. Darüber hinaus kann die Botoxbehandlung[5] die sexuelle Empfindung reduzieren. Die Abwesenheit der Reaktion hat nichts mit der Qualität der Behandlung zu tun! Lasse dich nicht entmutigen!

Und auch ein neutrales Gesicht zeigt nicht immer den Ist-Zustand. Manche Emotionen sind schon sehr tief in dem Ausdruck eingefroren.

Es gibt Menschen, deren Mundwinkel nach unten gerichtet sind. Sie haben immer einen unzufriedenen Ausdruck. Für mich war es immer schwer, so eine Person zu behandeln. Ich hatte das Gefühl, ich mache alles falsch, sogar obwohl ich im Kopf wusste, dass es nur die Verspannung der Mundwinkelsenker (M. depressor anguli oris) ist.

Diese Menschen haben allerdings nicht umsonst diese Verspannung. Sie kann ein Zeichen von einem traumatischen Erlebnis oder „geerbt“ sein – in der Familie haben alle „so ein Gesicht gezogen“. Diese Personen brauchen während einer Massage extraviel Sicherheitsgefühl, Liebe und Zuwendung, damit sich ihr Zustand verändert. Erwarte nicht zu sehr, dass eine Behandlung diesen tiefgreifenden Schmerz

5 The interactions between botulinum-toxin-based facial treatments and embodied emotions. Michael B. Lewis *Scientific Reports*: 8, Article number: 14720.

heilt.

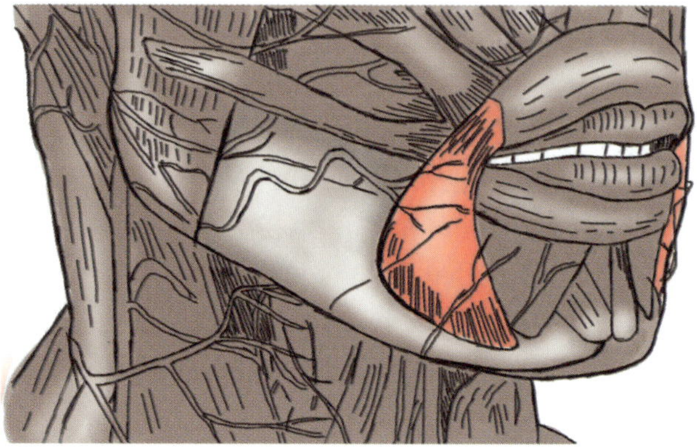

Abbildung 4. Mundwinkelsenker. Durch Verspannungen kommt es zu einem ständig unzufrieden aussehenden Gesicht.

Ich habe allerdings einmal so eine Metamorphose erleben dürfen. Wir hatten in Tantra Om einen jungen Kunden, der jede Woche zu unterschiedlichen Masseurinnen gegangen war. Eigentlich war er gut aussehend, aber hatte immer einen unzufriedenen Gesichtsausdruck. Es war sehr deprimierend, ihn zu behandeln, bis ich begriffen habe, dass ich die Stimmung dominieren kann (Thema des nächsten Abschnitts). Nach dem Orgasmus ist er im Sitzen einfach eingefroren und hat auf einen Punkt gestarrt. Da setzte ich mich hinter ihn, habe ihn an mich angelehnt, umarmt und einfach so einige Minuten verbracht, ohne ein Wort zu sagen, wie in der Abbildung 3 in Abschnitt 1.3 gezeigt. Zum Schluss hat er gelächelt. Zum ersten Mal habe ich ihn so gesehen. Er war unglaublich schön in diesem Moment.

Er ist noch einmal zur Behandlung gekommen. Es war ein anderer Mensch, er strahlte. Und ich habe etwas „ethisch Verbotenes" gemacht, die Intention ohne vorherige Absprache gesetzt, dass er die wahre Liebe findet. Und dann ist er verschwunden. Ich hoffe sehr, es hat geklappt. Leider habe ich keinen persönlichen Kontakt zu N. Melde dich bitte, wenn du das liest.

Ich muss zugeben, Dramen mit Tränen oder andere intensive Prozesse mit „negativen" Emotionen habe ich selten bezeugt. Allerdings sind sie normal. Bleibe einfach da und gib ein Gefühl der Sicherheit. Du musst nichts sagen. **In Extremfällen** wird empfohlen, Zitronenöl oder etwas Intensives zu riechen zu geben oder sogar eine Ohrfeige, aber nur, wenn die Retraumatisierung passiert, die Augen weiß werden und es zu Atemstörungen kommt. Hauptsache, keine Panik.

Die Behandlung kann ebenfalls ein paar Tage nachwirken. Die Person wird mit unangenehmen Gefühlen konfrontiert, aber das ist eine Reinigung. Es ist gut, das nach der Behandlung anzusprechen, bzw. in einer Beziehung sehr tolerant zu bleiben und eventuell zuzuhören. In diesem Kontext bist du nicht der Partner, sondern ein Therapeut. „Risikofaktoren“ sind sehr viel Zittern während oder nach der Massage sowie ein untypisch heftiger Orgasmus.

Die verspannten Mundwinkelsenker kommen (zumindest im deutschsprachigen Raum) sehr oft vor. Nimm es nicht persönlich. Eine der Techniken wäre, eine entspannte Hand auf das Gesicht zu legen, sodass dieser Muskel darunter ist, auch wenn es nur um eine Seite geht. Halte deine warme Hand einige Minuten drauf. Wenn Tränen ausbrechen, ist es in Ordnung. Es ist eine sehr emotional geladene Stelle.

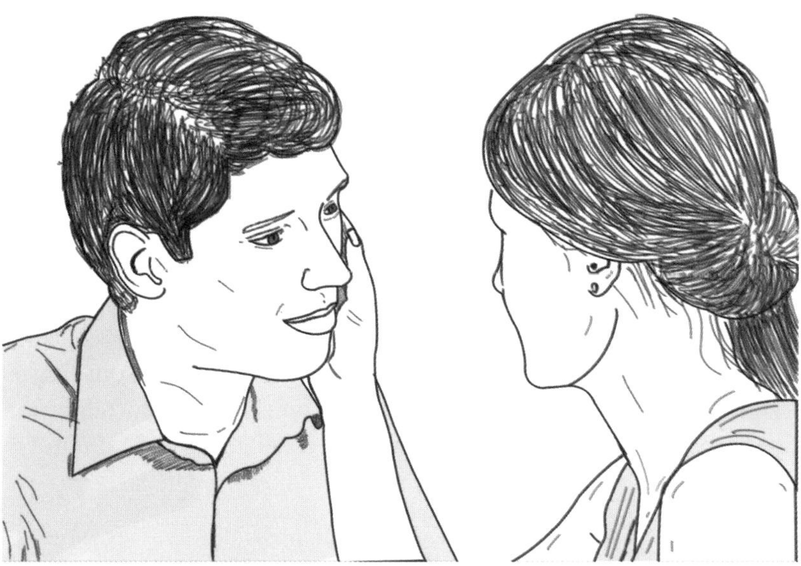

Abbildung 5. Einfaches Handauflegen löst im Körper Entspannung aus.

Einige Menschen, meistens die Männer, können schlecht ruhig liegen. Sie wollen auch aktiv berühren. Kann die Person nicht empfangen und will etwas zurückgeben? Geht es um die Gewohnheit, aktiv zu sein? Geht es um den Berührungsmangel? Geht es um die Angst vor Kontrollverlust? Du kannst eine Einladung aussprechen, sich auf das Empfangen zu fokussieren. Solltest du dich sehr gestört fühlen, achte auf dich und setze eventuell Grenzen. Sonst wirst du Stresshormone produzieren und die Massage vergiften. Ansonsten ist es gut, die Berührung zuzulassen, aber nur sehr begrenzt. Man kann dir eine Hand auf den unteren Rücken legen oder die Füße halten. Die Intensität der Behandlung kann sehr stark davon abhängig sein, ob die Berührung zugelassen wird oder nicht.

In einer Beziehung ist natürlich mehr zugelassen als im anständigen Massagestudio. Bloß wenn du merkst, es geht um **„nicht ruhig empfangen können, immer was tun müssen"**, ist es sehr wichtig, daran zu arbeiten. Für den Erfolg einer Familie ist es gut, zumindest einen Tag im Monat zu haben, an dem die Wünsche der Frau erfüllt werden (solange die Grenzen des Mannes damit nicht verletzt werden), und einen, an dem sich um den Mann gekümmert wird. So übt man es gezielt, auf sich zu achten und dann gezielt auf den Partner zu achten, statt einfach wie gewohnt zu funktionieren.

Die Atmung ist ein weiterer nonverbaler Hinweis. Wenn sie tief ist, zeigt es die Entspannung. Meistens fällt sie aus, wenn etwas unangenehm ist. Wenn ein Schmerzpunkt behandelt werden soll, kannst du den Menschen proaktiv bitten, tief und entspannt den Schmerz auszuatmen. In manchen Therapieverfahren wird die tiefe, schnelle Atmung empfohlen – je nach Situation.

Eine intensive Atmung ist oft ein Zeichen der hohen Erregung. Sollte das Ziel der Behandlung die Arbeit an der Verzögerung vom Orgasmus sein, ist es gut, die Stimulation zurückzunehmen. Ansonsten ist es besser, bei der gleichen Technik zu bleiben, mitzuatmen und den Orgasmus-Gnadenschuss zu schenken. Die Männer sagen, so lange wie sie die Berührung auskosten und weiter genießen wollen, atmen sie langsam. Die schnelle Atmung ist ein klarer Hinweis: Jetzt bitte fertig machen. Bei Frauen scheint es ähnlich zu sein, obwohl sie sich seltener mit der Orgasmuskontrolle beschäftigen.

Das kurze Ausbleiben der Atmung kurz vor dem Höhepunkt ist normal. Das ist meistens ein zuverlässiger Hinweis.

Sechster Sinn

Du kannst die körperlichen Reaktionen des Gegenübers über deinen Körper wahrnehmen. So funktioniert das Mitgefühl.

Dabei helfen uns die **Spiegelneurone**[6]. Darüber hinaus gibt es im Körper des Gegenübers ständig hormonelle chemische Reaktionen, die wir unbewusst wahrnehmen können. Und natürlich kann es sein, dass du für die feinen Energien empfindlich bist. Die Zellen schwingen, und diese Schwingungen können ein Feld erschaffen, das du spürst. Du musst nicht unbedingt analysieren, warum deine Intuition etwas meint. Meistens sollst du ihr einfach vertrauen.

Eine unwillkürliche Anpassung der Atmung, der Körperposition, des Gesichtsausdrucks ist ebenfalls ein wichtiger Mechanismus des Mitgefühls. Du kannst oft beobachten, wie Menschen in einem Raum eine ähnliche Körperhaltung einnehmen, aber nur, wenn die Leute sich sympathisch finden, also beachten.

Eine **Abgleichung der Hormonproduktion** erfolgt auch unbewusst. Langfristig gesehen passen sich angeblich die Menstruationszyklen der Frauen an. Kurzfristig gesehen kennen wir, dass sich Menschenmassen sowohl in einer gemeinsamen Euphorie als auch in unkontrollierter Panik befinden können. Die Wahrnehmung der Hormone kann man schlecht ein- und ausschalten. Das fremde Oxytocin der Kunden atmen logischerweise nicht nur die Hebammen[7] massiv ein, sondern auch die Kuscheltherapeuten und Masseure, die angenehme Streicheleinheiten schenken. Diese chemische Belohnung gibt uns die

---

6 Nervenzellen, die in unserem Gehirn das gleiche Aktivitätsmuster bei Beobachtung einer Handlung und der eigenen Handlung zeigen.

7 Oxytocin im Spiegel der Hebammentätigkeit. Claudia F. Plappert, Gabriele Kaiser, Joachim Graf & Harald Abele. In Hebammen Wissen 2, 51-54, 2021.

zusätzliche Zufriedenheit mit dem eigenen Job und die Motivation, ihn gut zu machen. Sowohl im Beruf als auch in der Beziehung entsteht eine gewisse zusätzliche Bindung von beiden Seiten; ggf. funktioniert das olfaktorische System!

Im Gegensatz dazu wirkt ein gestresster Mensch sehr unangenehm. Mich haben oft am Anfang die Kunden abgeschreckt und zum Schluss der Massage, als sie entspannt waren, waren sie für mich total liebeswert. Ein Mensch kann einen negativen Eindruck machen, nicht weil er generell eine schlechte Energie hat, sondern weil er aktuell „nach Stress riecht“. Es ist ebenso ein alter Mechanismus, vorgewarnt zu sein: „Hey, sein Körper produziert Stresshormone, entweder ist was los oder er hat was Böses vor! ‚Mobilisiere dich schnell, kämpfe, fliehe, friere ein, aber auf jeden Fall wäre es unpraktisch, gerade jetzt zu genießen“, schreit unser Körper.

Es ist also wichtig, nicht nur Mitgefühl zu haben, sondern auch unterscheiden zu können, was Reaktion ist und was von außen kommt. Schon wieder ist die geistige Präsenz dafür wichtig. Und es ist schlau, das Einsteigen in das Universum des anderen Menschen zu üben. Sowie auch die Einflussnahme und das kontrollierte Aussteigen.

Die Tantriker benutzen für die Verbindung eine Anpassung der Atmung, einen langen Kontakt oder eine lange Umarmung (für den Herzschlag) sowie eine Visualisierung des Kontaktes der Energiefelder. Darum geht es im Begrüßungsritual. Wenn ich merke, der Mensch braucht eine Eröffnungs-Zeremonie (s. Kapitel 2), nutze ich sie eher für die Einflussnahme als für die Verbindung. Grundidee: „Du kannst mir vertrauen. Der Raum ist sicher.“

Mein Körper hat genug Übung, um ziemlich schnell Kontakt aufzunehmen. Zum Beispiel war für mich die Raumtemperatur okay, bis der Kunde reinkommt und mir plötzlich kalt wird – ich mache die Infrarotheizung an. Allein habe ich die Musik genossen und in der Anwesenheit einer anderen Person wird sie mir plötzlich zu laut, ich drehe sie runter. Wenn ich merke, die Verbindung funktioniert einfach, spare ich die Zeit und gehe direkt zur Massage über. Wie viel du deine Interaktion ritualisierst, hängt nur von dir ab.

ÜBUNG 7

Emotionale Körperwahrnehmung

Emotionale Intelligenz entsteht über körperliche Intelligenz. Mitgefühl ist unmöglich, ohne sich selbst zu spüren. Übe, die Verbindung von Körper und Geist wahrzunehmen.

Setz dich vor einen Spiegel und denke an etwas, auf das du gar keine Lust hast. Was passiert mit deinem Körper? Welche Veränderungen sind sichtbar? Wie ist die Position deines Kopfes und deiner Schultern? Wie ist deine Atmung?

Entspanne dann alles, was sich durch die Emotion angespannt hat. Richte alles auf, was sich schwer anfühlte, bringe die Atmung in ihren natürlichen Fluss zurück und beobachte deinen inneren Zustand.

Mache das Gleiche für verschiedene Gefühle: Ärger, Trauer, Einsamkeit, Ungeduld, Verbissenheit, Geiz, Unehrlichkeit. Aber auch für Lust, Verliebtheit, Liebe, Bewunderung, Ekstase, Entspannung, Vertrauen, Ehrlichkeit.

Notiere dir gerne deine körperlichen Reaktionen, um deine Selbstreflexion zu unterstützen.

Gehe deinen Körper für jede Emotion von Kopf bis Fuß durch. Beobachte die Position, die gefühlte Wärme oder Kälte in den Körperteilen und die Atmung: wie schnell, wie tief und in welche Teile der Lunge.

Eine „Krücke" für Anfänger ist das bewusste Nachbilden der Körperposition eines anderen Menschen und die Frage an sich selbst, was sich im emotionalen Zustand verändert hat. Voraussetzung dafür ist, dass der Therapeut selbst körperlich und geistig neutral ist. In Bezug auf die Massage können wir so auch muskuläre Verspannungen und Schwächen vermuten.

ÜBUNG 8

Körperhaltung spiegeln

Stell dir vor, du behandelst eine Person mit einem krummen Rücken. Diese Haltung kann viele geistige und körperliche Ursachen haben. Auf jeden Fall ist die Aufrichtung der Wirbelsäule relevant für die Sexualität. Ganze Kraftlinien sind für die einzelnen Strukturen verantwortlich, aber alle Zusammenhänge auswendig zu lernen, wäre zu anstrengend.

Übernimm die Haltung deines Gegenübers, wie in Abbildung 6 gezeigt. Beobachte alle Veränderungen bei dir selbst, von Kopf bis Fuß. Was passiert mit deinen Augen, deinem Nacken, deinem Kiefer, deinem Brustkorb, deinem Bauch, deinen Oberschenkeln und Füßen?

Durch diese Beobachtungen kommst du darauf, welche Bereiche im Körper eine Entspannung oder Mobilisierung benötigen, damit die Person souverän durch die Gegend läuft und sich auch sexuell besser entfalten kann.

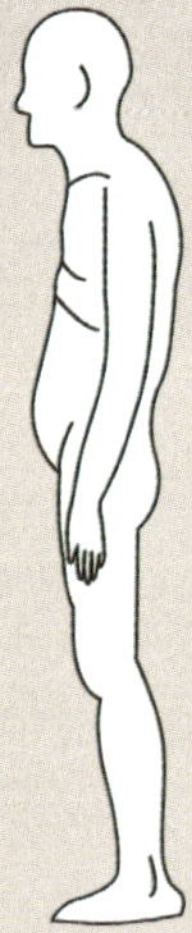

Abbildung 6. Wie fühlst du dich körperlich und geistig, wenn du diese Körperhaltung annimmst?

1.5 Emotionale Einflussnahme

Wir sind natürlich nicht nur die Empfänger, sondern auch die Sender der Ausstrahlung. Wenn zwei unterschiedliche Stimmungen aufeinandertreffen, übernimmt die bewusstere und stärkere Person die Führung. Bei einer Massage sollte es offensichtlich die gebende Seite sein. Wenn du keine Kontrolle hast, sondern auf Augenhöhe in den Austausch gehst, fühlst du dich sehr schnell aufgebraucht.

Sehr oft bringen die Empfänger Stress, Sorgen, Einsamkeit und Erschöpfung mit. Und aufstehen wollen sie gelöst und schwebend. Dafür zahlen sie auch, nicht für die Technik. Beziehungsweise auf der Ebene einer Partnerschaft ist es das ultimative Ziel, ein schönes Gefühl zu erschaffen.

Du kannst es dir als ein Feld vorstellen, wie eine Aura. **Wenn jemand in deine starke Aura kommt, passt sich sein Feld an und schwingt entsprechend.** Ansonsten wirst du mitgezogen. Meine Erfahrung zeigt, dass diese Visualisierung wirklich einen Unterschied im Hinblick auf deine Ausdauer macht.

Wenn es dir zu esoterisch klingt, gibt es noch zwei „bodenständigere" Faktoren: unser Verhalten und den Geruch. So oder anders, die Evidenz zählt, nicht die Theorie, die du dafür gebrauchst. Erinnere dich an die Situationen, in denen du Ruhe oder Panik ausgestrahlt hast und wie es auf die anderen gewirkt hat.

Spiegelneurone sind bestimmte Nervenzellen (Neuronen) im Gehirn, die aktiviert werden, wenn man eine Handlung durchführt, sie beobachtet oder auch nur über sie nachdenkt. Dank ihnen bewegen uns Filme so sehr. Wenn die Gesichtsaufnahmen nicht so gelungen sind, versuchen die Filmproduzenten, es mit Musik zu kompensieren. Wir haben dank der Spiegelneurone Mitgefühl für den Genuss, die stille Freude, aber auch für Ekel und Angst. Deswegen ist es für mich schwer, einem Menschen ins Gesicht zu schauen, wenn seine Mundwinkel nach unten zeigen, und gut gelaunt zu bleiben. Welche Beispiele aus dem Alltag fallen dir ein?

Den Begriff Pheromone nutzen wir meistens umgangssprachlich für die sexuelle Anziehungskraft (Aphrodisiakapheromone). Es ist allerdings ein Sammelbegriff für **chemosensorische Reize** – Duftstoffe, mit denen Artgenossen kommunizieren. Es gibt Releaser-Pheromone, die eine schnelle Verhaltensänderung bei Artgenossen auslösen. Zum Beispiel warnt ein verletzter Karpfen die anderen vor dem Raubtier. Das wären die sogenannten Alarmpheromone, mit denen ein moderner Mensch ständig konfrontiert wird. Insbesondere wenn man in einer Großstadt lebt, mit den öffentlichen Verkehrsmitteln fährt, in Supermärkten einkauft. Das Raubtier ist nicht da, aber das Nervensystem nimmt auch eine Klausur als Stressor wahr und warnt die ganze Umwelt, verbreitet ein Gefühl der Gefahr. Wenn du beim Massieren gestresst bist, produziert dein Körper ebenfalls Alarmpheromone.

Und es gibt Primer-Pheromone, die langfristig auf der physiologischen Ebene wirken. Als Beispiel wird gerne Gelée royale angeführt, durch das sich die Bienenkönigin entwickelt. Für uns Menschen sind die antidepressive, beruhigende Wirkung sowie das Ankurbeln der Produktion der Geschlechtshormone relevant.

Vielleicht gibt es auch weitere Signalsysteme. Wenn man sich entspannt, knurrt meistens der Bauch. Es ist mir hin und wieder passiert, dass mein Darm dem Darm des Klienten „geantwortet" hat.

Diese drei Komponenten (Energie, Verhalten und Botenstoffe) stehen im Zusammenhang und am besten greifst du parallel auf allen Ebenen ein, um Synergieeffekte zu erreichen. Wahrscheinlich ist gerade deswegen unser Verhalten erst dann glaubwürdig, wenn wir uns selbst glauben. Das lernt man in jeder Theaterschule. Erschaffe die Emotion zuerst bei dir und dann nimmst du das Publikum mit.

Die Aufrichtung des Körpers, Mimik und Mikromimik kannst du zusätzlich vor dem Spiegel erkunden, wie es Verkäufer und Trainer auch tun. Geruch ist sehr subtil und signalisiert über die Hormone, die wir aktuell produzieren, Stress, Ruhe, Lust, Unlust etc. Es gibt Tricks, ihre Produktion zu steuern, ggf. hast du alle „Baustoffe" und es gibt keine ernsthafte gesundheitliche Störung, bei der erst mal die Ursache gefunden und behandelt werden sollte. Die Schwingung können wir mit der Mentalkraft über eine Meditation / eine kurze Visualisierung verändern.

Wichtig zu verstehen ist, ob du die Emotionen / den Zustand des Gegenübers abdämpfen (z. B. bei Dauerstress) **oder Bedingungen erschaffen willst, um sie zuzulassen.** Im Westen sind wir es gewohnt, Emotionen als gut oder schlecht einzuordnen. Im chinesischen System U-Sin[8] sind unsere Zustände wie Jahreszeiten – alle wichtig. Wenn wir im Zyklus nicht weiterkommen, können wir körperlich krank werden und auch in unserer Entwicklung antriebslos sein. Ohne Wut zuzulassen, hast du nicht genug Energie für eine Veränderung, du duldest die unbefriedigende Situation weiter. Ohne Liebe feierst du die Erfolge nicht und fühlst keine Belohnung. Ohne Ruhe bist du nie zufrieden und willst immer mehr und mehr, wie im Märchen vom Fischer und seiner Frau. Irgendwann geht alles vorbei und ohne Traurigkeit kommst du nicht in die neue Runde. Ohne Angst suchst du nicht nach kreativen Lösungen.

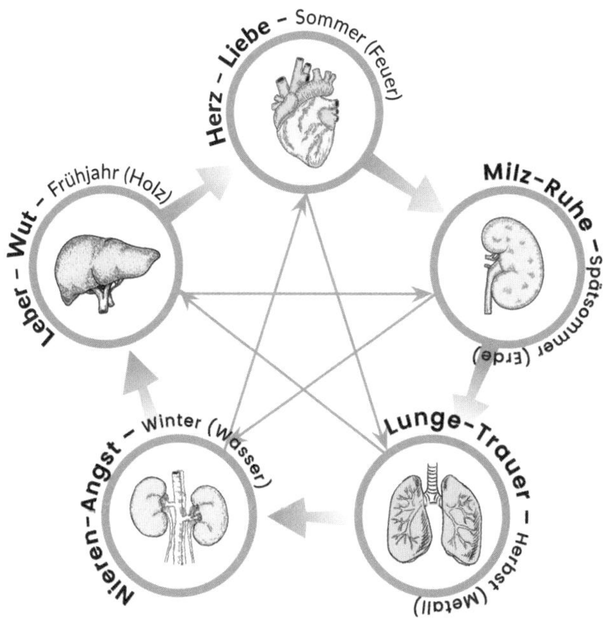

Abbildung 7. Das chinesische 5-Elemente-System. Natürlicher Kreislauf der Prozesse.

8 Die Theorie der fünf Wandlungsphasen ist eine der zentralen Grundlagen der Traditionellen Chinesischen Medizin.

Das bedeutet ebenfalls, wir dürfen und sollten unsere Emotionen rücksichtsvoll und dankbar zulassen. Sowohl im Alltag als auch direkt während der Behandlung. Gott bewahre, sie hinter einem Lächeln zu verstecken. Erstens macht es psychosomatisch krank. Zweitens wird meistens gespürt, dass *etwas* nicht in Ordnung ist. Drittens *stecken wir* mit der Heuchelei *an*.

Nehmen wir als Beispiel die männliche Lust beim Massieren, die für die Frau oft als Forderung empfunden wird. Die eigene Lust zu unterdrücken, führt zu Verspannungen im Beckenbereich und weniger fließenden Bewegungen. Es ist besser, ehrlich anzuerkennen: „Die Lust ist da, ich spüre diese Energie in mir, sie gehört mir und ich genieße sie sogar. Dieser Mensch muss damit nichts machen." Du trennst quasi die *eigene* Lust von der Empfängerin und gibst ihr dadurch ein größeres Sicherheitsgefühl.

Es ist auch für die anderen Gefühle wichtig! Wir trennen die Emotion von der Person und laden auch das Gegenüber ein, die Gefühle wahrzunehmen, anzueignen und nicht auf uns zu projizieren. In einer Beziehung ist es etwas schwerer, aber auch möglich. Der Genitalbereich ist bei den meisten Menschen emotional sehr geladen. Wenn es sich nicht während der Behandlung zeigt, kann es natürlich sein, dass da „nichts ist", oder viel wahrscheinlicher, dass die Verdrängung sehr gut gelingt. Eventuell sind Zeit zum Nachwirken, weitere Massageeinheiten oder zusätzliche körperorientierte Psychotherapie notwendig.

Übung: Schwamm für das Beckenbereich nach Wilhelm Reich:

https://youtu.be/OMiDO49XcW0

Die Achtung und Akzeptanz eigener Emotionen und der ehrliche Umgang damit sind etwas, das nicht alle Menschen haben. Es ist etwas Positives, das teilen zu können.

Algorithmus einer emotionalen Einflussnahme

Schritt 1. *Ressourcen sichern.*

Wie gesagt, das stärkere „Feld“ dominiert. Nimm die Vorbereitungsphase ernst. Es ist unsere Verantwortung, für das eigene Wohlbefinden zu sorgen, weil wir den Zustand weitergeben. Mache dir bewusst, welche Ressourcen du hast.

- Vor dem Massieren sollst du erholt und entspannt sein. Welche Möglichkeiten hast du dafür? Was macht dich glücklich? Falls du nicht bereit bist, es dir einfach so zu gönnen, tu es für deine Mitmenschen. Irgendwann wird es für dich selbstverständlich, dir selbst Gutes zu tun.
- Beim Massieren solltest du dich körperlich wohl fühlen. Sitze/stehe bequem, dein eigener Körper ist maximal entspannt, nichts tut weh. Wenn es für deine Knie besser ist, massiere auf der Liege. Wechsle die Position, wenn es nötig ist! Zwar langsam und elegant, aber du darfst nicht leiden. Sonst strahlst du eine Opfermentalität aus. Auch deine Erwartung für eine Gegenleistung wird unangemessen hoch.
- Achte für den Hormonhaushalt darauf, dass alle Drüsen gut funktionieren. Nackenübungen und Kopfmassagen verbessern nachhaltig den Zustand von der Hypophyse, dem Hypothalamus, der Zirbeldrüse und der Schilddrüse. Atemtechniken geben den Nebennieren mehr Energie. Die Intimgymnastik ermöglicht das optimale Funktionieren der Geschlechtsdrüsen. Dazu kommen die Ernährung, der Schlaf-Wach-Rhythmus und die Fähigkeit, sich Pausen zu gönnen. Nur außerhalb vom Stress kann sich unser Körper auf allen Ebenen regenerieren. Wenn alle Drüsen in der Lage sind, notwendige Hormone zu produzieren, ist es nur eine Frage kleiner Tricks, dass du die richtige Stimmung kreierst. Die Instrumente betrachten wir demnächst genauer.
- Du kannst jedes Gefühl im Voraus erschaffen, ankern, wie wir es im Abschnitt 1.4 mit dem „Hier und Jetzt“ geübt haben, und zum richtigen Zeitpunkt ins Leben rufen. Zum Beispiel kannst du dir ein paar ätherische Öle besorgen, um gewisse Zustände auszulösen.

- Die Persönlichkeit wirkt mit. Nicht umsonst streben Menschen es an, sich in der Anwesenheit außergewöhnlicher Persönlichkeiten wie des Dalai Lama zu befinden.

Was zeichnet dich als Mensch aus? **Jeder von uns hat seine/ihre Themen, die wir über die Berührung mitgeben können.** (Lass also auch dich nicht von jedem berühren!) Wenn es nach mir gehen würde, bräuchten sowohl Tantra-Masseure als auch Ehepartner regelmäßige professionelle Supervision[9], weil sie nicht nur für sich allein Verantwortung tragen. Welche Themen belasten dich generell? Wie geht es dir mit den Themen der Selbstakzeptanz, Sexualität, Fülle, des Wohlbefindens im eigenen Körper? Was kannst du dafür tun, dich selbst zu entfalten?

- Sichere dir ausreichende Kontrolle über die Situation. Lasse allerdings Raum für Spontaneität. Solange du dir bewusst bist, *was geschieht, soll geschehen,* dann bist du frei und unabhängig. Genau dafür ist es gut, zum Teil daran zu glauben, dass du nur ein Instrument bist, um etwas Größeres ins Leben zu rufen, die Demut also. Zugleich ist es manchmal notwendig und wohltuend für den Rezipienten, wenn die Grenzen klar und wertschätzend gesetzt werden.

Gott, gib mir die Gelassenheit, Dinge hinzunehmen, die ich nicht ändern kann, den Mut, Dinge zu ändern, die ich ändern kann, und die Weisheit, das eine vom anderen zu unterscheiden. Dieses Gelassenheitsgebet von Reinhold Niebuhr ist für Behandler wie ein Mantra.

Wenn ich mir zu viel vornehme und es nicht klappt, ärgere ich mich und gebe den Zustand des Ärgers weiter. Entscheide dich, die Gelassenheit zu wählen und zu teilen. Es hilft, so wenige kurzfristige Ziele wie möglich zu setzen. Nicht an einem Tag sind die Probleme entstanden, es wäre zu ambitioniert, zu erwarten, dass sie an einem Tag verschwinden.

---

9 Supervision (von engl. *supervision*, wörtlich „Über-Blick“ oder auch „Über-Sicht“) ist eine Form der beruflichen Beratung, die zur Reflexion eigenen Handelns anregen sowie Qualität professioneller Arbeit sichern und verbessern soll. Supervision kann psychotherapeutische Elemente enthalten, und die Grenze zur Psychotherapie ist schwer zu ziehen (Wikipedia).

- Übe die Einflussnahme im Alltag. Das gibt dir Sicherheit und Ermächtigung. Probiere es gerne mit allen acht Stimmungen entsprechend der Chakren, die im Schritt 3 erläutert sind.

Du hast wahrscheinlich schon geübt, den Zustand anderer Menschen bewusst zu spüren und zu verstehen, wie die Anwesenheit eines Menschen auf dich wirken kann. Logischerweise geht es allerdings auch in die andere Richtung: Du kannst die Führung übernehmen und die Laune um dich herum beeinflussen. Übe gerne im Kleinen: an Kollegen, Freunden und der Familie. Besonders leicht funktioniert es an den eigenen Kindern – sie sind sehr offen für den Einfluss. Ist der Elternteil innerlich gestresst, sieht man es direkt am Kind. Und andersherum. Wichtig ist nicht das, was wir zeigen, und sogar nicht das, was wir uns einreden, sondern das, was wir in uns tragen.

Schritt 2. Status quo einschätzen

Selbstverständlich kann ich nur das steuern, was ich erkennen und am besten auch benennen kann.

Welche Emotionen hat unser Gegenüber gerade? Wie intensiv sind sie? Was passt besser: eine unmittelbare Veränderung oder Mitgefühl? Ist das Gegenüber bereit zu interagieren oder bleibt es verschlossen?

Noch ein Mantra für die Behandler lautet: **„Ich bin in Ordnung, du bist in Ordnung."**

Wie mein Lehrer Robert Gantke zu uns gesagt hat: „Denke nicht in den Kategorien der Probleme, denke an die körperlichen und emotionalen Bedürfnisse."

Komme in den aktuellen Zustand deines Gegenübers. Wie fühlst du dich in der Anwesenheit dieser Person plötzlich? Die meisten von uns bekommen den Zustand mit, können aber nicht zwischen der eigenen Situation und dem äußeren Einfluss unterscheiden.

In der Partnerschaft kann es tragische Folgen haben, wenn du diese Zusammenhänge nicht erkennst. Du hast die Person gekränkt, ohne es zu bemerken. Sie redet aber nicht direkt davon, sondern vergiftet die

Atmosphäre, und du denkst: „Was für ein toxischer Mensch steht vor mir! Ich muss mich distanzieren." Es bildet sich eine Abwärtsspirale.

Andersherum funktioniert es auch. Du schenkst der Frau Blumen/ Zeit/Komplimente/Massagen, hilfst ihr, ein Problem[10] zu lösen. Und sie strahlt Freude aus und nimmt dich in diese Freude mit. Und du willst mehr machen. Auch eine Spirale, aber eine positive.

Die gute Nachricht: Du kannst meistens in die Spiralen eingreifen, sobald du das Muster erkannt hast.

Wenn du noch wenig Sicherheit hast, die Laune der Mitmenschen richtig einzuschätzen, kopiere die Körperposition und Atmung und beobachte, wie es dir geht. Nimm dir Zeit für das Mitgefühl. Das erschafft Vertrauen. „Ich sehe dich. Du und ich sind auf der gleichen Wellenlänge."

Gehe in die Tiefe des Bedürfnisses. Worum geht es wirklich? Möchte der Mensch sich als wertvoll erleben, einen sicheren Raum haben, um er selbst zu sein, sich wieder mit dem eigenen Körper anfreunden, Zeitgefühl verlieren? Meistens kommt eine Erkenntnis spontan.

Schritt 3. *Ziele setzen*

Ich habe es bei mir bemerkt, wenn ich beim Massieren keine klaren Ziele habe, werde ich schneller müde und schaue ständig auf die Uhr, was natürlich nicht Sinn der Sache ist. Wichtig ist zu verstehen, dass die berühmte tantrische „absichtslose Berührung" auch einem Ziel dienen darf und sollte – sie erschafft das Erlebnis hier und jetzt. Das öffnet jedes der Elemente, aber insbesondere Feuer (Liebe) und Erde (Ruhe).

Ein klarer Fokus von Anfang an hilft uns, motiviert zu bleiben und selbst zu verstehen sowie verstehen zu lassen, dass die Behandlung wirkt.

Wir können kurzfristige Ziele setzen: realistische, spezifische, erreichbare – damit der Empfänger mit seinem Vertrauen in uns zum Placeboeffekt beiträgt.

10 Buchempfehlung: 5 Sprachen der Liebe von Gary Chapman.

Wenn etwas nur langfristig angestrebt werden kann, sollten wir das kommunizieren, um Enttäuschungen zu vermeiden. Zum Beispiel: „Angeblich hat die Potenzschwäche mit den blutdrucksenkenden Medikamenten zu tun. Wir können mit dieser Hypothese arbeiten: Für deinen Bluthochdruck sind die Nackenverspannung, die Zwerchfellverspannung und der allgemeine Stress verantwortlich. Eine Serie aus Behandlungen und Übungen mit diesen Schwerpunkten kann dir helfen, nach der Absprache mit dem Arzt die Medikamente zu reduzieren und wieder ein intensiveres Sexleben zu haben."

Es gibt auch Ziele, die wir lieber nicht ansprechen. Es kommt auf die Situation an. Zum Beispiel die Akzeptanz des eigenen Körpers des Kunden und des Partners. Oder den Mangel an Mut. Wir streuen kein zusätzliches Salz in die offene Wunde.

Abbildung 8. Das chakrale System. Energiezentren und wichtige Facetten des menschlichen Lebens.

Wenn wir das Fünf-Elemente-System nehmen, ist unser Ziel, die aktuelle Phase zu begleiten und Energie für die Abwicklung zu geben. Welche Grundstimmung wird gerade gebraucht?

Einige von euch werden sofort erkennen, dass ich mich hier auf das chakrale System stütze. Es kann sein, dass du intuitiv fühlst, was richtig ist, oder „von unten nach oben" im Laufe der Session gehst. Unterstütze das Urvertrauen im Erstgespräch und öffne die Verbundenheit mit dem Universum zum Schluss. Dazwischen entstehen die weiteren Stimmungen, größer oder kleiner. Die Ordnung ist für Anfänger und Anfängerinnen. Mit der Übung kommt mehr Gespür. Es sind nur die Noten und jede Melodie wird einzigartig!

1a. **Entspannung und Gelassenheit.** Auch als „Erdung" bekannt. Um die Person aus dem Dauerstress-Hamsterrad zu holen und die Selbstregeneration des Körpers zu ermöglichen sowie einen frischeren Blickwinkel auf die Umstände zu bekommen. Besonders dann anwendbar, wenn die Stressoren äußerlich sind. Ebenfalls sehr wichtig bei der ersten professionellen Behandlung, schon in der Phase des Erstgesprächs.

1b. **Zufriedenheit und Selbstvertrauen.** Ebenfalls ein Anti-Stress-Zustand. Oftmals erschafft der Mensch sich die Probleme selbst. Zum Beispiel setzt er/sie sich sehr hohe Ziele und denkt nicht an die entsprechenden Ressourcen. Unterschätzt die Bedeutung der Geduld.

2. **Wechselwirkung zwischen Kreativität und Genuss.** Besonders wichtig in der Partnerschaft, wenn dich das aktuelle Sexleben nicht wirklich motiviert. Diese Stimmung ist eine nonverbale Einladung für den Partner bzw. die Partnerin, sich den Experimenten sanft nach und nach zu öffnen. Essenziell für Menschen mit kreativen Berufen sowie Klienten, die in der eigenen Beziehung die aktuelle Sexualität als langweilig empfinden.

3. **Mut und Kraft.** Will der Mensch abnehmen und mehr Sport machen, aber legt nicht los? Fällt es schwer, Grenzen zu setzen? Steht ein Projekt bevor, das wirklich eine neue Ebene bedeutet? Wird die Person im beruflichen Kontext befördert oder übergangen? Hauptsache, es geht um das Thema Veränderung. Wir erschaffen damit die

Rahmenbedingungen, um die schöpferische Wut zuzulassen, einen guten Motivationskick für eine Veränderung beizutragen.

4. **Liebe und Dankbarkeit.** Wenn der Kunde bzw. die Kundin etwas depressiv wirkt und die Einsamkeit erwähnt. Aus meiner Sicht ist es ebenfalls der beste Einstiegspunkt beim Burn-out. Diese Emotionen sollten bei einer professionellen Behandlung vom Objekt getrennt werden. Und es ist wichtig, zum Schluss der Behandlung aus dem Kontakt „auszusteigen". Beziehungsweise ist diese Grundstimmung die erste Wahl bei den längeren Beziehungen, wenn man merkt, wir rutschen ins Bruder-Schwester-Verhältnis.
5. **Ehrlichkeit.** Dissonanz zwischen dem, was der Mensch zu sagen versucht, und wie es sich anfühlt. Meistens belügen die Menschen sowohl den anderen als auch sich selbst. Aber so können sie nicht die für sie wirklich passende Entwicklungsrichtung finden.
6. **Klarheit und große Visionen.** Wenn wir den Menschen einladen, nicht nur hier und jetzt glücklich zu sein, sondern etwas Größeres zu kreieren und für die Schicksale der anderen Verantwortung zu übernehmen. Es kann um die Vergrößerung des Unternehmens, die Hochzeit oder Kinderwunsch gehen.
7. **Universelle Liebe, Unterstützung des Universums.** In besonders schweren Fällen des Verlustes und wirklich schlimmen Diagnosen haben wir als Behandler keinen Einfluss auf die Ereignisse. Wir können nur dem Glauben Kraft geben.

Der letzte Punkt passt ebenfalls am besten, wenn du nicht weißt, was gerade passt, oder wenn du bemerkst, dass die Person verschlossen wirkt und emotional nicht mitkommt.

Meistens wirst du spüren, was am besten passt. Es ist möglich, dass die gebrauchte Stimmung sich während der Massage verändert. Das muss aber nicht sein.

Bei der energetisch-emotionalen Einflussnahme solltest du nicht verbissen zwangsbeglücken, sondern die Grenzen der Person akzeptieren. Bereitschaft für eine Transformation unterscheidet sich von Mensch zu Mensch. Wenn du fühlst, dass gerade sehr wenig aufgenommen wird, ist es das Grundrecht dieser Person. Gib einfach die Liebe. Sie erschafft den Raum für alle positiven Veränderungen, Selbstheilung, Selbstakzeptanz, Fülle etc.

Bei der klassischen Lomi-Massage widmet man sich den Ahnen und den alten Meistern und singt vor der Behandlung: „Gib diesem Mann / dieser Frau das, was er/sie braucht." Eine Besonderheit dabei und auch eine Option für uns ist es, die eigene Stimmung als Kanal wahrzunehmen.

Schritt 4. *Die Stimmung bei sich erschaffen und ausbreiten*

Der Körper, der Geist und die Energie (wenn du magst) sind untrennbar, aber für uns Europäer ist es einfacher, uns vorzustellen, sie stehen miteinander in einer Wechselwirkung. Wir können auf einer Ebene eingreifen und die anderen zwei werden sich auch verändern. Schauen wir uns die Grundstimmungen an. Einige Techniken der Steuerung des eigenen emotionalen Zustandes sind dir sicherlich bekannt. Besonders berühmt sind die Atemtechniken. Eine Auffrischung schadet nie. Geh einfach einen Zustand nach dem anderen durch und erschaffe bei dir das entsprechende Gefühl. Es wird auch deine persönliche Entwicklung unterstützen. Auch wenn du nur ein Instrument als stimmig empfindest und für dich nutzen kannst, ist es ein schönes Ergebnis.

Bei der Massage gehst du nicht unbedingt ein Chakra nach dem anderen durch. Vertraue deiner Intuition, was gerade gebraucht wird. Erst am Anfang „der Karriere" ist die Struktur hilfreich.

Die passenden ätherische Öle sowie die Griffe erläutere ich im nächsten Kapitel. Übe erst mal die Zustände.

Entspannung und Gelassenheit

In professionellen Kreisen wird dafür auch der Begriff Erdung gebraucht. Meistens ist es das Erste, was du brauchst. Insbesondere wenn das die erste Tantra-Massage deines Klienten/Freundes ist, wenn ihr euch noch nicht vollständig vertraut. In einer Partnerschaft ist diese

Phase sehr bedeutsam, wenn die äußeren Herausforderungen intensiv sind. Dein Gegenüber kann eine sehr unangenehme Ausstrahlung dadurch bekommen. Das ist meistens nur der Stress. Hole die Ruhe in dich und ersetze damit die Sorgen.

Du kannst ein sehr dichte, großes Feld der Gelassenheit erschaffen und alle Stressfaktoren damit vertreiben.

Sehr gerne kannst du diese Technik auch für die ganze Familie nutzen, wenn sie nach einem komplizierten Tag nach Hause kommen. Zu Hause hat Stress nichts zu suchen.

Am liebsten solltest du das Gefühl der Entspannung in dir schon vor der Begegnung erschaffen. Das erste Chakra steht nicht umsonst sowohl für Sicherheit als auch für den Körper generell. Hier ist das Gefühl für den eigenen Körper sehr hilfreich – es lenkt vom chaotischen Alltag ab.

Spüre deine Füße. Du stehst sehr stabil. Dein Gewicht ist zwischen der Ferse, dem Großzehballen und dem Kleinzehballen[11] verteilt. Nach ein wenig Übung klappt es, auch die Füße und Hände mit Mentalkraft zu wärmen. Am Anfang sind auch die bodenständigeren Methoden gut. Auf jeden Fall tragen die warmen Hände und Füße zu der Entspannung bei.

Spüre deine Knie. Du bist aufgerichtet (ein Riese zieht dich am Scheitelpunkt hoch). Deine Schultern sind entspannt, dein Brustkorb ist offen, die Augen sind weich (der Blick ohne Fokus), der Anus ist entspannt. Es ist beinahe unmöglich, zugleich den Anus locker zu lassen und über Probleme nachzudenken, oder?

Die Atmung fließt „quadratisch", alle Phasen dauern gleich lang. Am besten atmest du in die unteren Teile der Lunge, sodass sich der Bauch leicht wölbt.

---

11 Ich vermute, diese Aufteilung lenkt in erster Linie die Aufmerksamkeit in die Präzision und erdet dich dadurch mehr.

ÜBUNG 9

Innere Ruhe und Sicherheit

Notiere deinen aktuellen inneren Zustand. Wie ruhig fühlst du dich auf einer Skala von eins bis zehn? Wie sicher bist du, dass in deinem Leben alles richtig laufen wird?

Atme gleichmäßig. Beginne mit einer Atemübung: Atme vier Sekunden ein, halte vier Sekunden, atme vier Sekunden aus, halte vier Sekunden. Wiederhole dies für drei Minuten. Mit mehr Übung kannst du die Dauer auf fünf Minuten und jede Phase auf acht Sekunden oder mehr verlängern. Ich integriere diese Atmung gerne in meine Spaziergänge.

Beobachte, welche Phase dein Körper überspringen oder beschleunigen möchte. Diese Phasen stehen für den Lebenszyklus: erschaffen – genießen – loslassen – leer bleiben, ausruhen. Meide das „leer bleiben" nicht! Jeder Bauer weiß, dass seinen Feldern die Ruhe guttut. So geht es auch uns Menschen.

Wie schätzt du jetzt deine Ruhe und Sicherheit ein? Vielleicht brauchst du etwas länger. Ankere diesen Zustand.

Noch eine Technik passt für meditierende Kolleginnen und Kollegen. Visualisiere die Ruhe im Auge des Sturms. Yogis stellen sich dabei die Kraft im Dammbereich, im Wurzelchakra, vor.

Einige Behandler in Lomi und Tantra singen zur Eröffnung der Zeremonie. Das Ritualisieren hilft der gebenden Seite, den Vagusnerv zu stimulieren und in den richtigen Zustand zu kommen. Die Vibration der Stimme kann zusätzlichen Einfluss haben. Stell dir vor, dass die Stimme aus dem Dammbereich kommt, bzw. so tief wie möglich entsteht.

Kennst du keine Mantras? Kein Problem. Singe oder summe in der Vorbereitungsphase allein etwas Schönes.

Zum Schluss der Behandlung ist wieder eine Erdung notwendig, bevor du den Kontakt beendest. Eventuell brauchst du sie auch zwischendurch, nachdem die Emotionen hochkamen, ausgelebt und nachgespürt wurden.

Zufriedenheit und Selbstvertrauen

Das Gefühl: „Ich bin richtig." Ja, unser Real-Selbst weicht von dem Ideal-Selbst ab (auch Soll-Selbst genannt). Bist du manchmal autoaggressiv, hast du das Gefühl, andere Menschen bewerten dich ständig? Dann lade ich dich ein, dieses Konzept ausführlicher zu betrachten.

Erst wenn man sich selbst annehmen kann, sind auch die Mitmenschen „in Ordnung". Und diese bedingungslose Akzeptanz hat eine sehr mächtige Heilungskraft.

Nimm dir keine zwanzig Dinge vor für den Tag der Behandlung. Die Zeit ist da. Mache jede Bewegung zweimal langsamer als gewöhnlich. Insbesondere Menschen aus Großstädten hetzen sich und brauchen dieses Gefühl. Es ist unwichtig, wie viele Kerzen im Raum brennen, es macht den Unterschied, wie liebevoll und präsent du sie anzündest. Es ist unwichtig, wie viele unterschiedliche Griffe du anwendest – länger bei einer einzelnen Technik zu bleiben, ist kein Verbrechen.

Alles, was während der Massage geschieht, ist so, wie es sein soll. Diese Einstellung breitest du aus. Erzwinge nicht den schnellstmöglichen Wechsel aus den „negativen" Emotionen (Wut, Traurigkeit, Angst) in die „positiven". Bleibe im Gefühl des Selbstvertrauens oder geh ins Mitgefühl. Ich habe schon ein paarmal mit den Kunden geweint, es war schön. Erwarte allerdings nicht, dass du unbedingt heftige Emotionen auslöst. Es darf passieren, muss aber nicht.

ÜBUNG 10

Ansprüche loslassen

Beobachte deinen Zustand. Wie hoch sind deine Ansprüche an dich selbst? Wie lang ist deine To-do-Liste? Wie viele Punkte möchtest du abhaken?

Beobachte deine Körperhaltung. Ein nach vorne geneigter Kopf ist ein Zeichen von Ungeduld, und Ungeduld ist die Mutter der Enttäuschung.

Stelle dich an eine Wand, sodass deine Fersen, Waden, dein Kreuzbein, Schultergürtel und Hinterkopf die Wand berühren. Öffne die Hände und drücke leicht die Handrückseiten an die Wand. Spüre die Kontaktstellen zum Boden und zur Wand und das Gefühl der Unterstützung, das dadurch entsteht. Richte den Blick weich nach vorne.

Positioniere dein Becken so, dass eine vertikale Linie vom Damm zum Boden verläuft. Entspanne den Bauch und atme langsam „in den Bauch"; er wird gleichmäßig rund wie ein Luftballon. Bei Bedarf lege die Hände auf die Bauchdecke. Die Atemzüge sind sehr langsam, und die Bewegung des Bauchs ist maximal fließend und gleichmäßig. Beobachte, wie du nach und nach die Eile loslässt.

Schätze erneut dein Festhalten an der To-do-Liste und deinem Ideal-Selbst ein. Ankere das Gefühl.

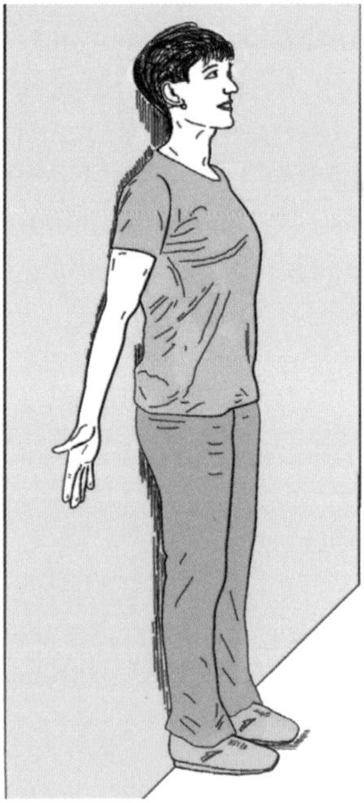

Abbildung 9. Eine Haltung zur schnellen Aufrichtung des Körpers und Stärkung des Selbstvertrauens.

Das Gefühl der Souveränität ist besonders wichtig vor Prüfungen, wichtigen Verhandlungen, Sportwettbewerben usw.

Genuss und Kreativität

Viele moderne Menschen sind in der Sexualität nur auf den Orgasmus fokussiert. Sie übersehen die alte Weisheit „Der Weg ist das Ziel".

Auch im privaten und beruflichen Alltag vergessen wir es oft. Für ein Buch ist es auch essenziell, den Prozess des Schreibens zu genießen! Sogar beim Abspülen des Geschirrs oder Aufräumen kannst du es üben. Wir werten oft den Haushalt ab, aber die richtige Fragestellung ist nicht, was du machst, sondern wie!

Möchtest du deinen Lieblingsmenschen zum Genießer bzw. zur Genießerin „erziehen"? Fange bei dir selbst an.

ÜBUNG 11

Aphrodisiakapheromone aktivieren

Hier geht es um die Produktion der Aphrodisiakapheromone. Bitte gehe ethisch korrekt mit diesem Wissen um.

Intimfitness-Übungen sind sowohl für Männer als auch für Frauen sehr hilfreich – sie verbessern die Durchblutung der Geschlechtsdrüsen und lenken Energie in die sexuellen Zentren. Teste dies, indem du in der Anwesenheit des anderen Geschlechts die Liebesmuskulatur im bequemen Tempo anspannst und entspannst.

Für Frauen ist es oft schwieriger, das Gefühl für die eigene Beckenboden- und Vaginalmuskulatur zu bekommen. Daher ist ein Online-Kurs empfehlenswert.

Zusätzlich können Frauen langsamen Tanz und langsame Berührungen des eigenen Körpers mit dem Fokus auf die angenehmen Empfindungen üben. Schalte langsame erotische Musik ein und los geht's!

Männer können Übungen wie Liegestütze, Kniebeugen oder Klimmzüge machen, wobei sie ihre volle Aufmerksamkeit auf die Aktivität der einzelnen Muskeln richten. Spüre, wie sich die Muskeln langsam anspannen, entspannen, warm werden und pulsieren. Der Testosterongeruch trägt zur Erregung deiner Partnerin bei. Joggen oder Boxen sind auch gut, aber nicht direkt vor einer Tantra-Massage, da Entschleunigung wichtig ist.

Männlichkeit und Weiblichkeit wirken polarisierend und übertragen sich nicht direkt. Die Zusammenhänge in der Heterosexualität sind bekannt, aber die Wirkung bei anderen sexuellen Orientierungen bedarf weiterer Forschung.

Nach deiner geschlechtsgerechten Aktivität bleibe zwei bis drei Minuten in der Shavasana und spüre nach. Dies ist wichtig für eine gesunde Entwicklung der Muskulatur und die Fähigkeit, mit dem Körper zu kommunizieren. Spüre den subtilen Fluss von Energie, Lymphe, Blut und Nervensignalen durch deinen ganzen Körper.

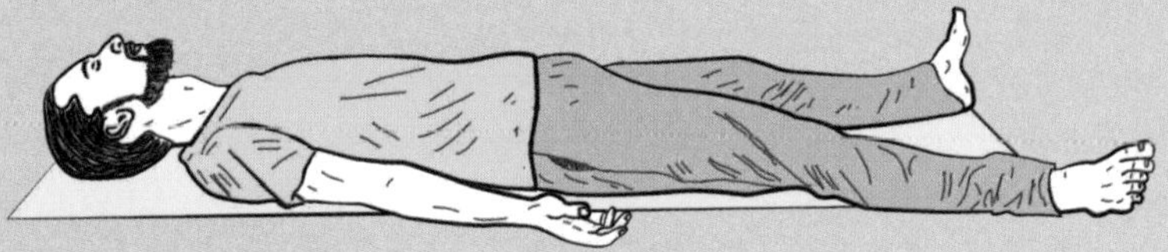

Abbildung 10. Shavasana. Die Totenhaltung. Nichts ist mehr wichtig. Nur nachspüren.

Gib dir genug Zeit zum Nachspüren, auch nach dem Orgasmus, renne nicht sofort unter die Dusche. So wirst du besser verstehen, wie viel diese Phase für dein Gegenüber ausmacht.

ÜBUNG 12

Verliebte Atmung

Die erregte, verliebte Atmung ist etwas schneller, oberflächlicher und konzentriert sich auf die oberen Teile der Lunge. Du kannst diese bewusst erzeugen. Lege die Hand auf dein Brustbein und experimentiere mit der Dauer der Ein- und Ausatmung sowie den Pausen.

Beobachte die Veränderung deines eigenen Zustandes und verankere ihn. Nutze diese Atemtechnik unmittelbar während der Massage.

Bleibe neugierig und genieße die Reaktionen während der Massage. Keine Angst! Wenn du langsam und leicht loslegst, kannst du nichts wirklich falsch machen. Wenn die Reaktion des Empfängers nicht immer „Wow“ ist, notiere für dich: Interessant, wieder was dazu gelernt, dann teste ich was anderes! Profitiere vom Mitgefühl des Genusses so lange, wie du magst – geteilte Freude ist doppelte Freude.

Mut und Kraft

Die Fähigkeit, Grenzen zu setzen, Nein zu sagen, eine eigene Meinung zu haben und zu äußern, die eigene Wut rechtzeitig und konstruktiv zuzulassen, ist eine seltene Eigenschaft heutzutage. Wir werden bequem und artig großgezogen.

Dadurch kann man in der Karriere stecken bleiben, in einer zerstörerischen Beziehung, in einer nicht wirklich komfortablen „Komfortzone“ also. So kommt man aber nicht weiter. Außerdem, wie Eve Eichenberger im Tantra-Yoga-Seminar es gesagt hat: „Wenn du kein *Nein* sagen kannst, ist auch dein *Ja* nichts wert.“

Es ist oft schwer, in der eigenen Partnerschaft für die Nonkonformität Begeisterung zu erzeugen, aber es ist unglaublich wichtig für die langfristige Anziehungskraft.

ÜBUNG 13

Atemtechniken für mehr Willenskraft

Der Wille sitzt im Körper im Solarplexus. Probiere diese zwei intensiven Atemübungen aus: Kapalabhati (Feueratem) und Agni Sara Dhauti (Bauchwaschgang). Achte auf akute Entzündungen der inneren Organe, Operationen in der Nähe des Zwerchfells, Risse im Zwerchfell und Schwangerschaft. Achte während der Übung auf dein Wohlbefinden, da sich versteckte Probleme zeigen können. Beginne mit kürzeren Zeiten, etwa drei Minuten, um drastische körperliche und emotionale Folgen zu vermeiden.

Übe Kapalabhati und Agni Sara Dhauti auf nüchternen Magen.

Kapalabhati: Kapalabhati besteht aus schnellen, aktiven Ausatmungen durch die Anspannung der Bauchdecke und passiven, unwillkürlichen Einatmungen. Übe Kapalabhati im Sitzen oder Stehen. Für Anfänger ist es empfehlenswert, im Sitzen zu beginnen, falls Schwindel auftritt. Atme anfangs etwas langsamer und höre bei Schwindel auf. Es ist hilfreich, einen Pranayama-Trainer zu konsultieren und ein paar Einzelstunden zu nehmen.

Agni Sara Dhauti: Agni Sara wird meistens im Stehen praktiziert. Da es ein Vakuum (Uddiyana Bandha) einbezieht, gibt es für Frauen zwei zusätzliche Einschränkungen: Regelblutung und Verhütungsspirale, da beides in die Gebärmutter gezogen werden kann. Auch bei einer Rektusdiastase ist diese Übung mit Vorsicht zu genießen.

Stelle deine Füße stabil hüftbreit und beuge die Knie leicht. Atme tief ein, beuge dich beim vollständigen Ausatmen nach vorne und stütze dich auf die Oberschenkel. Mache den Brustkorb groß, ohne einzuatmen, sodass dein Bauch flacher wird. Ziehe den Bauch ein und lasse ihn locker, ohne zu atmen. Dies ist eine intensivere Version der „Pumpe". Wenn du neue Luft brauchst, lasse zuerst den Bauch locker und atme dann ein.

Nach diesen intensiven Atemtechniken ist es wichtig, in der Shavasana nachzuspüren und eine halbe Stunde zu warten, bevor du Auto fährst.

Beide Übungen regen den Appetit enorm an, also besorge dir im Voraus etwas zu essen.

Beobachte deinen emotionalen Zustand. Wie viel würdest du jetzt wagen? Während des Massierens sind die beiden Atemtechniken unpraktisch, daher ist es besonders wichtig, den Zustand zu ankern.

Die Persönlichkeit des Behandlers spielt eine sehr große Rolle und dank diesen Übungen wirst du auch eine eigene Transformation erleben. Es kann sein, dass du zuerst ziemlich undiplomatisch Grenzen setzt, bis es sich einpendelt. Du kommst sozusagen in die Teenagerphase. Achte darauf. Das ist eine sehr wichtige Stufe deiner Entwicklung. Ebenso kann es bei deinem Partner bzw. deiner Partnerin vorkommen. Es ist wichtig, die Person aufzuklären, worum es geht, sie einzuladen, frecher zu werden, aber nicht zu viel auf die anderen zu projizieren. Das sind die eigenen Prozesse! Sie haben mit dem Menschen selbst zu tun und die Person wird an den richtigen Stellen getriggert, um sich zu transformieren. Es sollte mit Dankbarkeit empfangen werden.

Während der professionellen Behandlung ist es auch gut, Folgendes durchzusprechen: „Ihre Wut hat nichts mit mir zu tun! Sie war schon länger da und wir lassen sie wertschätzend zu!“

Liebe und Dankbarkeit

In der professionellen Tantra-Massage wird oft betont, man soll jeden Kunden *lieben* können, in ihm oder ihr das Göttliche sehen. Viele Schulen weisen den Übungspartner zu, egal, ob Sympathie besteht oder nicht.

In einer Beziehung ist es einfacher, aber nach einigen Jahren Ehe bedarf es den bewussten Fokus auf das Gute. Mich fasziniert das Thema der glücklichen langfristigen Beziehungen und ich frage immer, wenn ich solche Paare treffe, was ihr Geheimnis ist. Es ergeben sich zwei: Ehrlichkeit und der Glauben daran, dass der Ehepartner ein besonderer Mensch ist.

Ich lade dich ein, ein Blatt Papier zu nehmen und aufzuschreiben, was du an deinem Partner bzw. deiner Partnerin schätzt, welche schönen Erinnerungen du hast. „Füttere" die positiven Momente mit deiner Aufmerksamkeit. Gerne darfst du auch verbal nachträglich die Dankbarkeit äußern.

Sollte sich die Beziehung aktuell in einer Krise befinden, ist es gut, das Thema zuerst persönlich zu klären, ein therapeutisches Schreiben anzuwenden und auch körperlich die Blockaden loszulassen.

- Tanze mit besonderer Betonung der Fersen. Stoße sie in den Boden und befreie das Negative aus deinem Körper. Am besten machst du es auf der Erde und gerne mit Freunden, Freundinnen. Viele alte Kulturen schreiben dem Tanz therapeutische Elemente zu.
- Gehe boxen oder zerschlage altes Geschirr (aber bitte danach aufräumen).
- Schrei. Gerne auch mit anderen Menschen oder ins Kissen, um die Nachbarn nicht zu stören. Das Kissen soll man danach angeblich wegschmeißen.
- Weine mit der passenden Musik oder sogar geschnittenen Zwiebeln.

Nimm dir fünfzehn Minuten pro Technik bzw. so viel Zeit, dass die Emotion vergeht. Wenn wir etwas erlebt haben, bereitet sich unser Körper auf die Reaktion vor. Und falls wir nicht sofort reagieren durften, speichert sich die Spannung. Sie wird uns triggern, bis wir sie körperlich befreien.

ÜBUNG 14

Liebe und Dankbarkeit

Erzeuge proaktiv das Gefühl der Liebe und Dankbarkeit. Lege eine Hand auf dein Herz, so wie wir es schon am Anfang des Buches gemacht haben. Spüre die Dankbarkeit für dein Herz, dass es Tag und Nacht für dich schlägt. Sage gerne laut: „Danke, mein Herz, dass es dich gibt." Beobachte und ankere diesen Zustand.

In der professionellen Tantra-Massage ist es erlaubt, das Fehlen von Liebe für den Menschen zuzulassen. Oft dreht sich dieses Gefühl relativ bald um, besonders nachdem du den Menschen in die Entspannung bringst. Bringe die Person eventuell relativ zügig zum ersten Orgasmus, da Oxytocin die Aufgabe leichter macht.

Oft lieben wir uns selbst nicht und sind uns nicht oft genug dankbar. Betrifft das auch dich? Vielleicht lohnt es sich, ein Blatt Papier zu nehmen und aufzuschreiben, was du Gutes an dir hast.

Ehrlichkeit

Wertschätzende, gewaltfreie Ehrlichkeit natürlich. Sie macht das Leben viel einfacher. Sie unterstützt langfristige Beziehungen, privat und geschäftlich. Im Verhandlungskurs an der HHL mit Remingiusz Smolinski haben wir uns damit sehr intensiv auseinandergesetzt, zu kommunizieren, was wirklich wichtig ist. Jede Verhandlung ist multidimensional, es geht nicht allein um den Preis oder eine Frist. Je mehr Informationen wir bekommen und geben, umso besser können wir einen gemeinsamen Plan entwickeln.

Auch im Privatleben sündigen wir oft damit, am Anfang mit einer Werbekampagne zu starten: Wir hören etwas Uninteressantem zu, um gut zu wirken, imitieren die Lust rund um die Uhr, passen unsere Pläne zu stark an, erzählen über die Werte, die nicht wirklich stimmen. Keine Schuldgefühle, bitte! Oft geht es schon damit los, dass wir zu uns selbst nicht ehrlich sind. Wir versuchen dem Bild von außen zu entsprechen, das sich je nach Kultur drastisch unterscheidet.

„Wer bin *ich*? Was will *ich*?“, sind die zu klärenden Fragen, bevor wir in die strategische Planung des Lebens gehen.

Wir ermutigen den Klienten, sofort mitzuteilen, wenn etwas an der Behandlung oder Umgebung nicht stimmt, und bestätigen es auch mit unseren Handlungen: Du wirst nicht sauer, sondern dankst für den Hinweis – er/sie gibt dir die Möglichkeit, dich besser im Dschungel des menschlichen Wesens zu orientieren.

Auf der körperlichen Ebene geht es um das Kehlkopfchakra. Gähnen, Nackenübungen und Zungenfitness tun gut. Zugleich darfst du es üben, dein wahres Ich zu zeigen. Du wirst überrascht, dass das Leben schöner wird. Vielleicht wirst du dadurch ein paar „Freunde" enttäuschen – aber ob du solche brauchst?

Ich zum Beispiel habe materielle Wünsche. Und in Deutschland wird es sehr negativ gesehen, wenn die Frau vom Mann etwas Materielles erwartet. Sie soll ja unabhängig sein. Wenn ich meine Natur unterdrücke, bin ich ständig unzufrieden und strahle das aus. Es ist besser, zu sich selbst zu stehen und auch dem Freund klar zu kommunizieren: „Es ist mir wichtig, dass wir mit der ersten Klasse nach Paris fahren." Natürlich bist du mit dem richtigen Menschen auch in einer Scheune glücklich, wenn man aber auch die komfortablere Variante haben kann, warum nicht? Welche Wahrheit über dich, glaubst du, ist nicht besonders sozial akzeptiert?

Ganz gefährlich ist es, Sex zu dulden. Erzähle deinem Partner bzw. deiner Partnerin, wie du es gerne hättest, wie viel Vorspiel und in welcher Form dir guttut. Eine Massage ist eine gute Übung, weil es ganz klare Rollen gibt: die gebende und die nehmende Seite.

Klarheit und große Visionen

Erst wenn man Ehrlichkeit geübt hat, kann man die Zukunft planen und visualisieren. Diese Ebene anzustoßen, empfehle ich nur für die Stammkunden und langfristige Beziehungen und nur, wenn der Mensch sich selbst etwas wünscht.

Die Technik besteht darin, sich sehr klar Folgendes vorzustellen:

- Der Mensch ist schon gesund/schön. Da ist es sehr hilfreich, über etwas Anatomiewissen zu verfügen.
- Der Mensch hat schon die erwünschte Lebensphase erreicht.

Du massierst mit dem Gefühl, vor dir ist schon eine schwangere Frau (Fall: Kinderwunsch), schon eine Bestseller-Autorin, schon ein straffer gesunder Körper, schon ein erfolgreicher Geschäftsmann oder Manager.

In diesem Moment strahlst du sehr viel Respekt aus und projizierst deine Erwartungen. Wichtig ist, dass du diese Technik nicht anwendest, wenn der Mensch gerne in der Opferrolle ist und einen Krankheitsgewinn[12] hat, er wird sich energetisch wehren. Und nicht jeder Krankenpfleger *will* auf das Cover von Forbes. Da würde sich so ein Eingriff für ihn wie ein Angriff anfühlen.

Du kannst dir auch einfach den Menschen glücklich vorstellen, ohne materielle Voraussetzungen zu bestimmen. Das funktioniert auch mit den neuen Kunden sowie mit jedem, dem du im Alltag begegnest, Freunde, Kollegen, Schwiegermutter etc. In erster Linie fühlst du dich selbst besser, wenn du diese Technik regelmäßig anwendest.

Universelle Liebe, Unterstützung des Universums

Wenn mein Gegenüber sich nicht klar ist, was er oder sie will, in der Opferrolle steckt, ein großes Verlusterlebnis hat, wenn ich mich nicht zwingen kann, diesen Menschen zu lieben – in jeder hochkomplizierten Situation also –, kann ich zur universellen Liebe greifen.

Dann bete ich zu Gott oder einem Meister/Heiligen, dass er mich führt und diesem Menschen das gibt, was er braucht.

Auf der körperlichen Ebene ist es schön, die Kopfhaut zu entspannen, da habe ich weniger Zwang, alles zu begreifen und zu kontrollieren.

Interessanterweise erlebe ich diese Energie oft als ganz streng.

Ein Orgasmus wirkt ganz intensiv auf die Verschmelzung mit dem Universum. Daher ist es wichtig, Techniken anzuwenden, die den Orgasmus verstärken, und auch die Nachspürphase zu betonen.

---

12 Sobald ein Mensch die Rolle des Kranken einnimmt, kann er in der europäischen Kultur in der Regel davon ausgehen,
- von Alltagspflichten entbunden zu werden,
- Anteilnahme/Mitleid/Mitgefühl zu erfahren und/oder
- von seiner Umwelt schonend behandelt zu werden. (Quelle: Wikipedia)

Schritt 5. Die Veränderung bewusst machen und Aufgaben mitgeben

Nach der Massage vertiefen wir die Ergebnisse, indem wir unsere Mitmenschen sie verbalisieren lassen. Wir lenken noch mal die Aufmerksamkeit in die wichtige Sphäre und lassen den Menschen zusätzlich vom Placeboeffekt profitieren.

Du kannst einfach fragen: „Wie geht es dir?"; oder dich gezielt nach dem Thema erkundigen: „Wie geht es der Schulter? Wie gelassen fühlst du dich jetzt?" Wenn die Person es selbst laut sagt, ist es besser, als es „nur" als Antwort auf die Fragen zu hören.

Was kannst du tun, um dieses Gefühl in den Alltag mitzunehmen? Auch hier ist eine Frage besser als eine fertige Empfehlung. Das Gehirn der Person wird die Aufgabe bekommen und schon eine Lösung finden.

Du kannst die eine oder andere Übung mitgeben, ob eine Atemtechnik oder Bewusstsein über die relevante Fähigkeit, aber bitte nicht zu viele.

Zum Schluss sollte die energetische Verbindung durch deine Vorstellung getrennt werden. Ab jetzt ist der Mensch selbst für sich verantwortlich.

1.6 Körper des Behandlers

Für mich persönlich ist die Tantra-Massage Körperarbeit. Der Körper des Behandlers interagiert über die Wärme (nah an der Haut sein), Botenstoffe (z. B. Pheromone), das Mikrobiom[13], die Tiefe und Geschwindigkeit der Berührung, Hände sowie weitere Körperteile.

Unser Körper sollte im Idealfall entspannt, gesund, gefühlvoll und beweglich sein. Es ist wichtig, in diese Parameter nachhaltig zu investieren.

Auf jeden Fall gehen sie auch ineinander über: Im entspannten Körper ist jede Zelle besser versorgt, auch die Gelenke sind beweglicher und Faszien gleiten leichter aneinander, was für freiere Bewegungen sorgt. Die Nervenenden sind weniger eingeklemmt und wir haben mehr

13 Mikroorganismen auf der Haut werden ebenfalls geteilt, was sowohl das Immunsystem der Teilnehmer anregt als auch die verlorenen Stämme auffüllen kann.

Körpergefühl. Der gesunde Körper produziert genug Stoffe für eine Entspannung und löst mögliche schmerzhafte Entzündungen schneller auf.

Es gibt relativ viele Übungen in diesem Abschnitt und meine Aufgabe ist nicht, dich damit abzuschrecken. Auch wenn du nur die eine oder andere Technik mitnimmst, treten positive Veränderungen in dein Leben.

Entspannt

Die Tantriker begeistern für die körperliche Entspannung mit dem Motto: „Die Energie fließt besser." Egal, mit welchem Werbeslogan, du solltest es kaufen. Hier kommen noch ein paar Argumente.

Im entspannten Zustand sind wir nicht mehr auf ein (erfundenes oder echtes) Problem fokussiert. Wir sind also offener für die Aufnahme der Informationen von außen. Wir bemerken die feinen Reaktionen des Gegenübers, wir haben Mitgefühl und können schnell die Technik anpassen, bevor die Ansage kommt. Der weiche Körper kann die Probleme des Gegenübers *unverzerrt* zeigen.

In diesem Zusammenhang passt für uns das berühmte Zitat von Bruce Lee:

> ***„Leere deinen Verstand.***
> ***Sei gestaltlos, formlos wie Wasser. Du füllst Wasser in eine Tasse; es wird zur Tasse. Du füllst Wasser in eine Flasche; es wird zur Flasche. Du füllst es in eine Teekanne; es wird zur Teekanne. Jetzt kann Wasser fließen oder es kann zerschmettern. Sei Wasser, mein Freund."***

Du kannst auch bezeugen, dass deine entspannten Hände Texturen viel besser wahrnehmen. Schließe die Augen, berühre die Flächen um dich herum, während du etwas Grundspannung in den Händen hast. Dann lockere ganz bewusst die Unterarme, Handgelenke, Hände, Fingerglieder und Fingerkuppen.[14] Berühre die gleichen Gegenstände erneut. Die Nervenenden sind nicht mehr eingeklemmt und können wesentlich besser die Signale weitergeben.

---

14 Ein detailliertes Aufzählen hilft dir, dich vollständig zu entspannen.

Oft tendieren Masseure dazu, mehr mit den Händen zu machen als zu fühlen. Das ruiniert den eigenen Körper und senkt die Qualität der Massage.

https://www.youtube.com/watch?v=7Ey9uTF1LYM

Unnötige Schulterverspannungen kommen häufig vor, machen schnell müde, weil das Blut schlecht beim Gehirn ankommt. Sie blockieren die Übertragung der Nervensignale zu den Händen und zurück, also unsere Motorik und Sensorik. Sie nehmen den Bewegungen die natürliche Spiraldynamik weg. Sie wirken ebenfalls auf unseren emotionalen Zustand und dieser „steckt an". Lasse die Schultern so oft wie möglich im Alltag und natürlich während der Massage locker. Auch beim Sex ist es ein guter Tipp, um länger zu genießen.

Jeder Körper hat eigene Spannungsmuster, aber da alle Elemente des Körpers sowieso miteinander verbunden sind, mag ich die ganzheitlichen und schonenden Techniken am liebsten.

Nach der Entspannung können eventuell Schmerzen zu spüren sein, da die Nervensignale übertragen werden. In den meisten Fällen hat nicht die Übung die Schmerzen ausgelöst, sondern das Problem war über eine längere Zeit da, bloß ausgeblendet.

Auf jeden Fall ist es besser, die Techniken mit einer Fachperson zu erlernen, falls dein Budget das erlaubt.

1. **Yoga Nidra** und **progressive Muskelentspannung**. Du gehst mit der Aufmerksamkeit den Körper durch, nimmst den Status quo wahr, eventuell spannst du das Körperteil an und dann entspannst oder visualisierst du ein gesundes Organ. Sehr praktisch vor dem Einschlafen, dann unterstützt du auch die Reinigung und Regeneration des Körpers im tiefen Schlaf. Auch super als Power Nap tagsüber. Solche Trainings werden in Deutschland von manchen

Krankenkassen angeboten und können im Yoga-Unterricht miteinbezogen sein. Eine Audiodatei ist aus meiner Sicht auch gut genug. Es ist sehr schön, wenn diese Technik zumindest wöchentlich angewendet wird. Im Idealfall brauchst du mit der Zeit keine Audiodatei mehr und kannst die Aufmerksamkeit selbstständig lenken.

2. Das **Qi-Gong-Schütteln** wird nicht nur Verspannungen nach und nach auflösen, sondern auch schwache Strukturen mobilisieren – und zwar relativ ganzheitlich, weil die Vibration über den ganzen Körper geht. Allerdings hauptsächlich vertikal. Ohne es ins Bewusstsein zu holen, werden die Engpässe gefunden und nach und nach „repariert". Ich mag diese Technik morgens. Du kannst dir einen Qi-Gong-Lehrer suchen oder ein YouTube-Video aussuchen.
3. Das **Qi-Gong-Abklopfen** der Meridiane ist eine schöne Übung, um die Handgelenke locker zu lassen. Die Vibration geht tief in die Knochen und Organe und unterstützt die Entgiftung, Versorgung und Zusammenarbeit der Strukturen. Ich persönlich nehme es mit den Meridianen nicht so streng. Ich klopfe länger die Stellen ab, die es dem Gefühl nach brauchen. Zum Beispiel bei der Trauer sind es die Lungen und die Bronchien. Auf jeden Fall ist ein Qi-Gong-Trainer für den Anfang ratsam, und diese Leute haben meistens mehr als eine Ausbildung und können ein individualisiertes Programm vorschlagen. Darüber hinaus kennt der Trainer mögliche Kontraindikationen und wird kontrollieren, ob die Hände und Handgelenke optimal agieren, sodass die Vibration tief genug vordringt.
4. **Holistisches Pulsing** ist eine Massagetechnik aus Tibet. Das Prinzip ist das gleiche – die Vibration über den kompletten Körper ungehindert fließen zu lassen, bloß der Vektor kann geändert werden und dadurch kann der Behandler gut einschätzen, wo die Vibrationsübertragung funktioniert und wo es noch Bedarf gibt. Nach und nach werden die „Hindernisse" verspannt, mobilisiert oder aufgelöst und die Vibration setzt sich durch. Eine vollständige tibetische Massage ist natürlich von Vorteil, aber auch das sanfte horizontale Schütteln des Beckens oder des Kopfes, wo die Schwingung sich weit bis zu den Haar- und Fußspitzen ausbreitet, ist gut. Falls dein Bett nicht zu weich ist und nicht alles abdämpft, kannst du es vor

dem Einschlafen ausprobieren. Rechne damit, dass du direkt einschlafen kannst, mache es lieber, wenn die anschließenden Termine nicht drängen, denn der Körper verändert sich im Schlaf.

https://www.youtube.com/watch?v=qLZvXff06ZU&t=2s

5. Die Behandler sagen, die Hände wachsen aus dem Herz. Das hat nicht nur esoterische, sondern rein körperliche Hintergründe. Dehne die Brustmuskeln und die ganzen Kraftlinien der Arme.

   Dehne die Brustmuskulatur an der Wand:

   https://youtu.be/JA1s44JYC7w

   Kreise die Schultern nach hinten, ganz subtil und langsam:

   https://www.youtube.com/watch?v=Z85qpZ1MjnY

   Nutze Hilfsmittel unter dem Brustkorb in der Rückenlage:

   https://www.youtube.com/watch?v=0CLW2Pz8V2w

6. Für die Hände selbst ist es essenziell, die Handgelenke weich zu lassen – so wirkt die Berührung flächiger und entspannter. Sehr langsames und bewusstes Kreisen tut ihnen gut:

https://www.youtube.com/watch?v=9VtKdpSQIgQ

Manchmal hilft die gute Anspannung am besten, um eine tiefere Entspannung hervorzurufen. Schließe und öffne die Fäuste intensiv einhundert Mal und du wirst wissen, was ich meine:

https://www.youtube.com/watch?v=vKF0arjjCn4&t=5s

7. Unser Gesicht zeigt Emotionen – das wissen alle. Allerdings kann es sie auch in Form von Verspannungen speichern und sogar auslösen. Es ist nachgewiesen[15] und auch von mir getestet, dass eine myofasziale (Selbst-)Massage gewisser Strukturen die Grundstimmung verändert, sowohl kurzfristig als auch langfristig.

   Sowohl die sanften Streichelbewegungen an der Stirn, vertikal, horizontal und diagonal, als auch das tiefe Streichen und langsame Verschieben vom Gewebe von den Augenbrauen zum Haaransatz und sogar eine vorgestellte Selbstbehandlung lösen kreisende Gedanken nach und nach auf.

15 Correction of Psycho-Emotional Status Using Neuromuscular Relaxation of the Face. Dubinskaya, Anastasia D. PhD et al. The Journal of Nervous and Mental Disease 210(3): p. 179–185, March 2022.

https://www.youtube.com/watch?v=FSGDw7p9zVQ

Gefühlvoll

Wir können den Zustand des Klienten ablesen, indem wir die Aufmerksamkeit in den Menschen lenken und über den eigenen Körper alles wahrnehmen: die Schutzspannung, die Aufregung, die Lust, die Stille, die Kälte und Wärme.

Blende die „störenden" Informationen des Körpers im Alltag nicht aus, sonst werden sie lauter und nehmen die Form des Schmerzes an. Nimm immer wieder die Signale wahr.

1. Beobachte den Atem im Detail. Wie fließt die Luft über die Nasenlöcher rein? Ist sie warm oder kalt? Wie kommt sie tiefer? Wie öffnen sich der Brustkorb und das Zwerchfell?
2. Bei jeder körperlichen Einheit, ob Sport, Intimfitness, die oben aufgezählten Übungen: Bleibe bewusst im Körper. Manche Yoga-Lehrer sind da sehr gut in der detaillierten Anleitung. Sie geben Anfängern einen Leitfaden zu mehr Körpergefühl.
3. Massiere dich selbst und beobachte die Reaktionen. Gehe zu einer guten Massage. Zum Beispiel kann ich meine Kollegen und Kolleginnen empfehlen, die bei Robert Gantke gelernt haben. Das ist kein Tantra, sondern Lomi oder Faszienbehandlung. Es ist sehr praktisch, weil insbesondere die Damen oft ungerne fremde Menschen an ihren Intimbereich heranlassen. Und es geht um die Intensität der Berührung, die in der Gantke®-Akademie sehr fundiert beigebracht wird. Ich habe beobachtet, dass die Menschen, die regelmäßig gut massiert werden, automatisch die Fähigkeit zu berühren erwerben.
4. Probiere es aus, intuitiv zu tanzen. Schalte unterschiedlich intensive Musikstücke ein und lasse die Körperteile führen: Das rechte Knie geht vor, der linke Ellbogen, die Nasenspitze und so weiter.

Gesund

Hier hat jeder seine Baustellen. Es ist beinahe unmöglich, gut zu massieren, wenn wir leiden.

Das häufigste Problem von Tantra-Behandlern sind Schmerzen im unteren Rücken.

Es gibt zahlreiche Übungen, um den Rücken zu entlasten.

1. Am einfachsten ist es, im Liegen beide Knie zur Brust zu ziehen, sie zu umarmen und so drei Minuten zu bleiben. Lasse die Stellen, an denen mehr Dehnung zu spüren ist, nach und nach bewusst locker.
2. Es ist wichtig zu verstehen, dass unsere Wirbelsäule dreidimensional ist. Die sanfte Drehung im Liegen, die sogenannte Krokodilübung (Makarasana), ist eine passive Übung für den unteren und mittleren Rücken. Wenn es noch nicht möglich ist, beide Schultern auf dem Boden zu lassen, nimm dein Knie erst mal nicht so weit. Geduld ist eine Königsdisziplin, auch für Tantra.

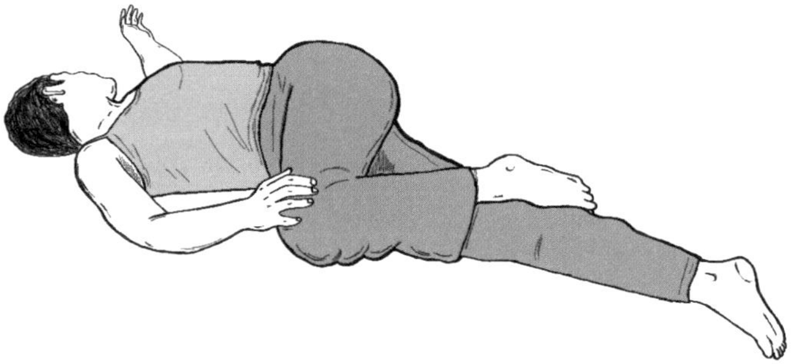

Abbildung 11. Ein Tantra-Masseur darf sich nicht den Luxus des versteiften Körpers leisten. Mache diese Drehung jeden Morgen.

3. Noch eine Option im Liegen ist, ein Knie zur Brust zu ziehen und zugleich das Becken zu kippen (Schambein zum Gesicht). Zwanzig Wiederholungen pro Seite. Du kannst den Unterschied selbst spüren, indem du die Bewegung zuerst einseitig ausführst und dann das Gefühl in den Hälften des unteren Rückens und Beckens vergleichst:

https://www.youtube.com/watch?v=X1XLEetaSUc

4. Auch im Sitzen auf dem Stuhl kannst du immer wieder zwischendurch die Wirbelsäule mobilisieren. Spüre die Füße auf dem Boden, die Sitzknochen auf dem Stuhl. Richte die Wirbelsäule auf (als ob ein Riese dich am Scheitelpunkt nach oben zieht). Dann kippe sehr sanft dein Becken nach vorne und hinten mit kleiner variierender Amplitude, beuge den Oberkörper seitlich, drehe dich sanft.

https://www.youtube.com/watch?v=cFJZg0FhDSw

Noch zwei wichtige Mitspieler der Rückengesundheit sind das Zwerchfell (eine Muskel-Sehnen-Platte, die die Brust- und die Bauchhöhle voneinander trennt) und die tiefe Bauchmuskulatur. Meistens ist ein Hohlkreuz ein Zeichen von Verspannungen im Zwerchfell.

5. Deinem Zwerchfell tut die Bauchatmung gut. Für die Ausatmung spannst du den Bauch nicht an, sondern lässt das Zwerchfell locker und lässt die Luft geräuschlos rausfließen:

https://www.youtube.com/watch?v=2ubm4_bR_vQ

Das ist eine super Übung vor dem Einschlafen. Die körperliche Entspannung beruhigt den Geist.

Auch „die Pumpe“ unterstützt die Mobilisierung dieser wichtigen Strukturen. In Rückenlage beugst du die Knie, atmest zuerst voll ein und dann die Hälfte der Luft aus – sehr wichtig, um die Lunge nicht zu verletzen – und machst langsam den Brustkorb groß und klein. Durch den Druckunterschied zieht sich der Bauch passiv ein und wölbt sich wieder, ohne dass du presst. Wenn du das Bedürfnis hast, machst du den Brustkorb klein, dann atmest du langsam ein.

https://www.youtube.com/watch?v=vwL51JcXPTY&t=289s

Eventuell kann eine Selbstmassage sinnvoll sein. Du berührst zwar nicht das Zwerchfell selbst, aber behandelst es indirekt, indem du die Finger unter die Rippen stellst, so tief greifst, wie dein Körper es zulässt, und den Druck beim Ein- und Ausatmen beobachtest:

https://www.youtube.com/watch?v=25Lp-Kguq64&t=33s

6. Für die Bauchmuskulatur habe ich gerne Feueratem (Kapalabhati) angewendet. Atme intensiv aus, indem du den Bauch bewusst einziehst, und atme passiv ein.
7. Ganz wichtig ist die Chemie unseres Körpers. Unser hormonelles System bewirkt die Botenstoffe, die dein Gegenüber einatmet. Daher sind die „Teilnehmer“ dieses Systems gesund zu halten, durch Ernährung, Einstellung und Bewegung:

- Geschlechtsdrüsen – durch Intimfitness;
- Nebennieren und Leber – durch Atemübungen, sie werden vom Zwerchfell „massiert“;
- Hypothalamus, Hypophyse und Schilddrüse – durch Nackenübungen.

8. Ich lege viel Wert auf die Gesundheit meiner Haut und die Bakterien, die darauf wohnen: Das ist ein Bestandteil meines Immunsystems, das durch viel Berührungsfläche regelmäßig zu üben hat. Die gesunde Haut fühlt sich gut an. Und eventuell teilen wir auch unsere „guten“ Bakterien. Die „guten“ sind diejenigen, die durch die Synergien mit unserem Körper profitieren. Wie Menschen, die dafür sorgen, dass ihr Planet im guten Zustand bleibt, einfach weil es ihr Zuhause ist. Ich schone meine natürliche Lipidschicht, den Schutz der Haut, und nutze Duschgel so selten wie möglich. Bei Bedarf nehme ich die Mittel von Sufreya mit Bacillus Subtilis DSM 33619, dem Heubakterium aus der Natur, das allerdings gezüchtet wurde, um modernere und sogar einige antibiotikaresistente Keime zu neutralisieren.

   Natürlich spielen für die Hautgesundheit auch der Hormonhaushalt (insbesondere bei Frauen) sowie das Funktionieren der weiteren Reinigungsorgane eine Rolle, z. B. Darm, Nieren, Lungen.

Beweglich

Im entspannten Körper leben die gelöste Bewegung und auch die geistige Flexibilität.

1. Im Lomi kommt die Berührung aus der Hüftbewegung und das macht laut meinen Kunden einen wirklichen Unterschied: Es ist viel intensiver! Während der Massage ist es nicht einfach, noch daran zu denken. Daher ist die Empfehlung, so viel wie möglich im Alltag zu tanzen. Kreise die Hüfte, kippe dein Becken und lasse daraus die Bewegung nach oben, zu den Händen fließen.

   Zuerst lohnt es sich, die Hüfte detailliert wahrzunehmen – das fehlt vielen Europäern, insbesondere den Männern.

https://www.youtube.com/watch?v=mBRJIE949yo

2. Im Yoga gibt es viele Wege zur Mobilisierung der Wirbelsäule. Ich nehme am liebsten Katze-Kuh, die man natürlich auch fragmentiert oder in 3-D machen kann. Das ist ebenfalls eine gute Vorbereitung auf ein umwerfendes Body-to-Body-Erlebnis.

Abbildung 12. Willige Katze – unwillige Katze. 😉

Ebenfalls schön im Body-to-Body-Erlebnis, Frau-zu-Mann: den Tanz der Liebesmuskeln auf seinem Körper spüren zu lassen, auf dem Bein oder Rücken oder je nach Kreativität. Diese Technik ist aus hygienischen Gründen eher in Partnerschaften zu empfehlen.

3. Die Hände und Finger können ebenfalls etwas Dehnung brauchen: Der Körper ist auch wie ein Musikinstrument.

https://www.youtube.com/watch?v=gtPcCfrRhdQ

4. Strecke dich genüsslich so oft wie möglich in alle Richtungen, gähne. Gönne dem Körper das, was er braucht – wie es die Tiere tun.

Abbildung 13. Gönne deinem Körper ein genüssliches Strecken.

Wie du bemerkt hast, bringen diese Übungen auch zusätzlichen Nutzen für deine Gesundheit und Sexualität, was mich persönlich fasziniert und meine Herangehensweise in allen Projekten definiert.

Alle Übungen solltest du sehr vorsichtig und achtsam in Hinblick auf die Reaktionen des eigenen Körpers machen. Lieber kommst du „zu langsam" voran, als dass du dir schadest. Versteckte Probleme können sich zeigen. Und ich werde nie müde zu betonen, dass die Körperwahrnehmung viel wert ist, ob wir uns selbst oder andere heilen wollen. Lieber machst du eine Übung achtsam als zehn mit einem Podcast nebenbei.

Es gibt selbstverständlich viel mehr gute Übungen. Ich habe in erster Linie in diesem Kapitel die Grundideen angedeutet, die dir lebenslang als Faden dienen werden.

Zusammenfassung des 1. Kapitels

- Während der Behandlung steht der Empfänger / die Empfängerin im Mittelpunkt.
- Dein Wohlbefinden spielt ebenfalls eine große Rolle und darf nicht geopfert werden.
- Körper, Geist und Seele stehen miteinander in einer Wechselwirkung. Massage ist hauptsächlich die Körperarbeit, die die anderen Ebenen mitzieht.
- Manchmal ist das Mitgefühl besonders heilsam und manchmal wird die Einflussnahme gebraucht.
- Das Ego steht der guten Behandlung im Weg. Wenn die Dinge nicht so laufen wie nach deinem perfekten Plan, ist es genau das, was gerade gebraucht wird. Sei Wasser, mein Freund.

KAPITEL 2

Der Ablauf einer Tantra-Massage

Bruce Lee erklärt die drei Stufen der Reifung in der Kampfkunst-Meisterschaft. Für die Massagekunst gelten sie meines Erachtens ebenso.

1. **Die Phase der Reinheit**, der ursprünglichen Unwissenheit über die Techniken. Du berührst, weil du gerne berührst. Ohne Gedanken daran, was richtig, was falsch ist. Du bist „unwissenschaftlich", aber zugleich bist du *du selbst*, sehr frei und ehrlich. Der einzige Unterschied zur Kampfkunst: Die Massageamateure trauen sich eher zu wenig als zu viel zu. Und daraus entsteht das Bedürfnis zu lernen.

2. **Die „mechanische" Phase:** Du erlernst die Theorie, Griffe, Techniken, aber verlierst das ursprüngliche Ich und das Gefühl der Freiheit. Du überlegst dir die Berührung im Vorfeld, denkst an den Plan, berechnest und analysierst. Du bist etwas „geistig gebunden". Diese Phase limitiert unsere Kreativität, aber zugleich ist sie sehr wichtig, um Reflexe aufzubauen und neue neuronale Netzwerke entstehen zu lassen. Du siehst noch nicht den wahren Sinn der Handlung, sondern folgst dem „richtigen" Ablauf, aber in dieser Zeit kommen die Samen der wahren Kunst in deinen Boden.

3. **Die Phase der Spontaneität.** Nach viel Erfahrung und Arbeit erkennst du, dass das Werk der Massage nichts Außergewöhnliches darstellt. Anstatt den Geist zu beanspruchen, passt du dich dem Gegenüber an. Du wirst formlos wie Wasser, das jeden Spalt findet. Es gibt nichts, was du zu tun beabsichtigst. Du lässt geschehen.

Ich vermute, die meisten meiner Leser und Leserinnen sind gerade in der zweiten Phase. Sie ist essenziell, um ein Meister zu werden. Daher ist der Wunsch nach Klarheit, Struktur und den Griffen in Ordnung, aber es ist nicht das endgültige Ziel.

Vielleicht wirst du dich ständig während der Behandlung fragen: „Was war da noch?"; „Oh nein! Ich habe XY vergessen! Wie hole ich es nach?" Das sind normale Gedanken, wenn du erst lernst. Klebe nicht zu fest daran. Erinnere dich an die „energetische Ansteckung" von deinem Zustand für die nehmende Person. Bezeuge deine Unsicherheit, erkenne das Muster: „Ja, ich bin schon aufgeregt!" Dann gehe sofort ins Gefühl des Gegenübers und tanke die Ruhe. Er oder sie weiß nicht, was kommen *muss*.

Jede Massage ist sehr individuell, es ist eine einzigartige Interaktion zwischen der gebenden Person, der nehmenden Person und dem Umfeld. **Als Behandler brauchen wir zugleich eine gründliche Vorbereitung und die Offenheit für die Spontaneität.** Wir benötigen die Akzeptanz der eigenen Verantwortung für die Situationen und zugleich die tiefe Gelassenheit. Mit zunehmender Erfahrung bekommst du nach und nach mehr Gefühl dafür, dass sich diese Parameter nicht widersprechen, sondern ergänzen.

Natürlich brauchst du jetzt ein „Gerüst" für deine Behandlung. Es gibt grob den Aufbau vor. Alles andere gestaltet sich kreativ.

- Vorbereitung
- Kontaktaufnahme
- Entspannung / Linderung der Schmerzen
- Erregung / Steigerung der Energiearbeit
- Höhepunkt /Ekstase/ intensive Emotionen
- Installation der neuen Programme: Sicherheit, Zärtlichkeit, Liebe
- Integration
- Auflösung des tiefen Kontaktes

2.1 Vorbereitung

Deine Stimmung nimmt für die Qualität der Behandlung die Schlüsselrolle ein. Daher soll alles, was du aufräumst und einkaufst, in erster Linie dir selbst Freude bringen. Stress ist für dich verboten und lieber legst du dich in die Badewanne, als dass du einen perfekt aussehenden Liegeplatz hast! Auf jeden Fall ist ein basisches Bad oder eine Dusche mit der Intention „Jetzt spüle ich alles Störende weg“ sehr zu empfehlen. In esoterischen Kreisen nimmt man gerne feines Salz als Peeling, um die Energie zu reinigen.

Als Kriterium der Güte einer Tantra-Massage gelten geistige Erleichterung und eine sichtbare körperliche Verjüngung des Empfängers.

Wir beachten die gesundheitlichen Aspekte und erschaffen einen sicheren Raum für die notwendige Veränderung. Diese entsteht nur, wenn der Behandelte gut „den Kopf abschalten“ kann. Dafür lohnt es sich, mehrere Sinnesreize zu benutzen, damit das Gehirn keine Kapazität für die Alltagsgedanken mehr hat. Der Anblick, die Düfte, die Texturen, die Musik oder natürliche Geräusche wie das Knistern eines Kamins holen euch beide in eine magischere Stimmung ab.

Energiearbeiter empfehlen nicht, intensive Sexualität-bezogene Erlebnisse im Schlafzimmer stattfinden zu lassen. Das störe die Atmosphäre der Ruhe, die man im Alltag für den tiefen Schlaf braucht. Entscheide dich für den Raum und gestalte ihn nicht alltäglich, zugleich gemütlich und großzügig, sodass die erste Reaktion des Partners ein positives Wow wird. Hier gibt es individuelle Nuancen. Eine Person wird den tanzenden Shiva und Räucherstäbchen toll finden, die andere frische Blumen und Pelz und die dritte sagt: „Tote Tiere und Blumen sind furchtbar, ich mag Minimalismus.“

Auf jeden Fall soll der Raum gut gelüftet und warm genug sein. Mein Geschmack wäre, Feuer zu haben, Kamin und/oder viele Kerzen aus Bienenwachs. Im Kerzenlicht sieht jeder Mensch schöner aus. Hauptsache, es gibt mehrere Flammen und nicht nur eine, die eine einseitige Schattierung geben würde. Sorge dafür, dass die Kerzen in Gläsern abgesichert sind. Ich liebe das warme Licht, nicht zu viel, aber auch nicht zu wenig, oder überhaupt Naturlicht – je nach Tageszeit. Eine Massage im absoluten Dunkel wirkt sich hingegen positiv auf die Zirbeldrüse aus und macht die Berührung sinnlicher. Eventuell kannst du einen Augenverband nehmen. Aus meiner Erfahrung wollen die Männer die Augen auflassen, aber Frauen können sich mit verbundenen Augen besser entspannen.

Zusatzinfo: Auf einer weichen Matratze fühlt sich eine Massage in der Bauchlage unangenehm an, die Wirbelsäule wird deformiert. Baue lieber ein Nest auf dem Boden auf oder massiere nur in der Rückenlage.

Ich lege auch viel Wert darauf, dass die Haut nur mit natürlichen Stoffen in Kontakt kommt.

Falls für die Massage relativ viel Öl benutzt wird, wird es wahrscheinlich durch die Auflage kommen. Daher wäre es schön, eine wasserfeste Schicht darunter zu organisieren. Bei den Ölflecken habe ich bei Tantra Om gelernt, etwas Spülmittel in die Waschmaschine zu geben. Streue auf die Flächen, die nicht in der Waschmaschine gewaschen werden können, Salz und etwas Spülmittel auf den Fleck, dann reibe es weg. Doch besser ist es, wertvolle Gegenstände abzudecken.

Ein Ölwärmer ist eine sehr gute Investition, beziehungsweise kannst du auch die Flasche auf die Heizung oder ins warme Wasser stellen.

Kontaktunterbrechung während der Massage ist nicht erwünscht. Platziere alles griffbereit.

Wenn du Musik auswählst, denk daran, dass sie dein Tempo beeinflussen wird. Entschleunigung funktioniert also einfacher mit einer sehr ruhigen Musik. Lieber ist es ein Stück für die komplette Massage, ohne Unterbrechungen. Generell wird es nicht empfohlen, Lieder mit erkennbaren Texten zu nehmen. Doch alles ist sehr individuell. Ich hatte Klienten, die gerne Rock-Balladen oder Mozart wollten, und es hat sehr schön funktioniert. Ich persönlich werde lieber ohne Musik massiert, so was wäre ebenso einen Versuch wert! Die Musik darf für den Empfänger nicht zu laut sein. Frag im Zweifelfall nach.

Beim **Duft** lege ich sehr viel Wert auf Natürlichkeit und würde ausschließlich ätherische Öle einer guten Qualität nehmen. Wenn das

Budget limitiert ist, nimm lieber ein natürliches günstiges Öl (Orange, Lavendel) als synthetisches Rosenöl oder Sandelholzaroma. Allergische Reaktionen auf wirklich gute Produkte gibt es sehr selten, aber natürlich solltest du dich informieren, ob so etwas bei deinem Partner / deiner Partnerin zutrifft.

Wenn du keinen Diffuser hast, kannst du einfach ein paar Tropfen auf deine Hände oder direkt ins Massageöl geben, das du lieber selber mischst. Kokos- und Mandelöl sind die beliebtesten Basisöle für Tantra-Massagen.

Die Aromen können sehr schnell und effektiv die Stimmung beeinflussen. Die Riechwahrnehmung geht direkt ins limbische System[16] über. Es gibt sowohl die individuellen Anker (starke Emotionen, die durch Ereignisse an den Duft gekoppelt wurden) als auch die allgemeinen Wirkungsmuster aus der Aromatherapie. Da eine Tantra-Massage ein sehr intensives Erlebnis ist, kannst du selbst ein Aroma zum Anker machen. Wenn dein Lieblingsmensch später „XY" riecht, wird er oder sie an die schönen Momente mit dir denken.

Im Abschnitt 1.5 haben wir die häufig erwünschten Zustände definiert. Für diese gibt es passende Musik und Aromen. Ich teile hier die Empfehlungen von Aroma Elite[17], einem Anbieter für ätherische Öle und Kosmetik, die ich für mich benutze.

In der wunderbaren Welt der ätherischen Öle gibt es eine Vielzahl von Düften, die unsere **Gelassenheit und unser Selbstvertrauen** stärken. Ätherisches Kamillenöl ist beispielsweise für seine beruhigenden Eigenschaften bekannt und hilft, innere Ruhe zu fördern. Ebenso haben Ylang-Ylang-Öl und Vetiveröl eine ausgleichende Wirkung auf unsere Emotionen und unterstützen das Gefühl von Zufriedenheit und innerem Frieden.

Ylang-Ylang ist ebenfalls ein **Aphrodisiakum**, das allerdings den Blutdruck senkt. Daher wird es insbesondere für Personen mit niedrigem

---

16 Eine Funktionseinheit des Gehirns, die der Verarbeitung von Emotionen und der Entstehung von Triebverhalten dient.

17 www.aroma-elite.de

Blutdruck mit anderen Ölen gemischt. Eine gute Kombination wäre Lavendel. Die erregendere Variante ist meiner Erfahrung nach Ylang-Ylang + Orange + Nelke.

Orangenöl hat eine **stimmungsaufhellende Wirkung** und erfrischt die Sinne. Dieses Öl gefällt fast allen und ist sehr günstig. Beziehungsweise kannst du echte warme Bio-Orangen in deine Behandlung integrieren. Bio – damit die Schale nicht beschichtet ist.

Bei Erschöpfung sind Zitrusaromen generell ein gutes Mittel.

Für den Fall einer „Retraumatisierung“ oder bei zu intensiven Emotionen, die schwer auszuhalten sind, ist es gut, ein Fläschchen Zitronenöl dazuhaben und dem Gegenüber zu riechen zu geben, damit er oder sie in die Realität zurückkommt.

Mut und Kraft werden durch ätherische Öle wie Zedernholz, Rosmarin und Ingwer aktiviert. Zedernholzöl hat eine erhebende und stärkende Wirkung, während Rosmarinöl energetisierend und stimulierend ist und uns zu mehr Mut und Selbstvertrauen anspornt. Ingweröl stärkt und regt an, um uns bei der Bewältigung neuer Herausforderungen zu unterstützen.

Verliebtheit und Lust werden durch ätherische Öle wie Patschuli, Ylang-Ylang und Vanille repräsentiert. Patschuliöl hat eine sinnliche und aphrodisierende Wirkung, während Ylang-Ylang-Öl exotisch und verlockend ist. Vanilleöl hat einen verführerischen Duft und wirkt entspannend, wodurch es die Sinnlichkeit und die Verbindung zu unseren Partnern unterstützen kann, da es die Oxytocinproduktion fördert. Vanille ist (erstaunlicherweise) bei Männern sehr beliebt. Angeblich erinnert es sie an den Duft der Muttermilch; und auch ein Geschäftsmann oder Manager in einer hohen Position braucht es, sich mal geborgen zu fühlen.

Für eine Yonimassage empfehle ich Rose und Jasmin. Jasminöl ist bekannt für seinen romantischen Duft und inspiriert die kreative Entfaltung. Die Rose unterstützt das Selbstwertgefühl, was vielen Frauen, insbesondere den hübscheren und klügeren, fehlt. Merkst du, dass deine Liebste sehr selbstkritisch ist – nimm den Rosenduft. Wichtig ist dabei die Dosierung. 1–2 Tropfen ergeben ein geniales Aroma. Zu viel riecht abstoßend.

Lavendelöl hat eine **beruhigende und ausgleichende Wirkung** auf die Stimmung und hilft, Klarheit über die eigenen Ziele zu erlangen. Eukalyptusöl hat eine reinigende und befreiende Wirkung auf den Geist und kann die Kommunikation unterstützen. Pfefferminzöl wirkt klärend und erfrischend. Es unterstützt uns dabei, unsere Gedanken und Gefühle klar auszudrücken. Es hilft auch gegen leichte Kopfschmerzen, wirkt aber etwas kühlend, was im Hochsommer gut ist, aber nicht im Winter.

Für Klarheit und große Visionen sind ätherische Öle wie Zitronenöl, Weihrauch und Bergamotte von Bedeutung. Zitronenöl wirkt erhellend und klärend auf den Geist, während Weihrauchöl spirituell und inspirierend ist, um uns bei der Verwirklichung unserer Ziele zu unterstützen. Bergamotteöl hat eine befreiende Wirkung und kann uns dabei helfen, Gedanken zu klären und unsere Visionen zu entwickeln.

Denke daran, dass jeder Mensch auf ätherische Öle individuell reagiert. Vor der Verwendung ist es wichtig, die Verträglichkeit zu testen und bei gesundheitlichen Bedenken einen Experten zu konsultieren. Mit dem richtigen Einsatz dieser ätherischen Öle können wir ein tiefes Gefühl von Glück, Erfüllung und harmonischer Entfaltung erreichen. Sie laden uns ein, das Leben in all seinen Facetten zu genießen und unser volles Potenzial zu entfalten.

Frische Luft ist auf jeden Fall unverzichtbar. Es geht nicht, im nicht gelüfteten Behandlungsraum eine „französische Dusche“ aus Aromen zu versprühen.

Unabhängig davon, ob du an energetische Reinigung glaubst oder nicht, kannst du gerne vor der Massage im Raum Palo Santo, Salbei oder Beifuß räuchern. Es gibt auf jeden Fall ein sehr schönes Gefühl der Leichtigkeit.

Wenn du eine authentische Atmosphäre einer Tantra-Massage erschaffen möchtest, kannst du zu Räucherstäbchen greifen und Mantras im Hintergrund spielen lassen. Eine Ritualisierung erweckt Neugierde und Vertrauen. Hauptsache, du verstehst die Bedeutung von jedem Schritt und kannst sie auch erklären.

Insbesondere bei Frauen kommt die Nutzung der untypischen zarten Texturen am Anfang der Massage gut an. Es können Federn, Pelz, Seide, ein Lungi aus Baumwolle sein. Eine Perlenkette darf sowohl am Anfang eine leichte Kühlung mitbringen als auch später in die Ölmassage integriert werden. Gereinigt wird sie mit Geschirrspülmittel.

Ein Lungi ist traditionell ein Wickelrock aus Südasien. Bei der Massage ist es ein Stoff, den beide Teilnehmer am Anfang anhaben und dessen Entschleierung zum Ritual gehört. Man öffnet sich einander mit dieser Geste, nimmt alle Masken ab und bleibt ganz „nackt“ – so, wie man ist. Am Anfang der Massage gehen die ersten Griffe über den Stoff. Die Kontaktaufnahme geht vorsichtig vor. Insbesondere in der Yoni-Massage ist es essenziell, um ein Gefühl der Sicherheit zu bieten.

Abbildung 14. Erste Griffe über das Tuch kommunizieren: Ich achte dich. Ich komme nur so schnell und so weit voran, wie du es zulässt.

Danach geht der Behandler zu den Füßen, setzt sich langsam und bequem hin und zieht das Tuch extrem langsam ab, sodass die Haut die sanfte Berührung auskosten kann. Die Kontaktfläche mit dem Körper soll maximal sein. Gut, wenn es auch zwischen die Beine fällt, daher nimm dir Zeit und mache den Zug nicht zu stramm. Im Idealfall ist ein Lungi aus Baumwolle, Bambus oder Seide und groß genug, um den ganzen Körper abzudecken. Wenn du aber nur ein normales Strandpareo hast, ist es auch in Ordnung. Die Fransen geben einen zusätzlichen sinnlichen Reiz, wenn der Stoff schwunglos abgezogen wird!

Pfauenfedern, Straußenfedern, eigene lange Haare, ein Dreitagebart (an den weniger sensiblen Stellen wie Rücken und Kreuzbein) lenken langsam die Aufmerksamkeit noch mehr in die Berührung. Sowohl in der Mono-Berührung können sie intensiv werden als auch im Stereo, wenn man zwei oder mehr Reize an den unterschiedlichen Körperteilen setzt. Alle Stereotechniken – und dazu zähle ich auch Body-to-Body, Vierhandmassagen oder mehr – sind gut zum Abschalten.

Seide wirkt kühlend, wenn du sie einfach über den Körper ziehst, und wärmend, wenn du die Hand / den Körper darüber hast. Auch Haare, Federn, Perlen usw. können über die Seide stimulieren, das gibt wieder ein anderes Gefühl. Besonders empfindlich sind für solche Stimulationen der Hals, die Innenseiten der Arme und der Beine. Bleibe also nicht einfach nur beim Rücken.

Du kannst Orangen in der Mikrowelle oder im heißen Wasser oder Öl aufwärmen und sie über den Körper rollen. Sei vorsichtig mit der Temperatur. An den zarteren Flächen kann es zu viel sein, aber für Rücken, Gesäß, Oberschenkel und Waden kann es eine wahre Wohltat sein. Zum Schluss kannst du sie dem Partner in die Hände legen, um einen Stereoreiz zu erschaffen und die Entspannung zu beschleunigen. In Tantra-Studios haben warme Orangen in den Händen einen zusätzlichen Nutzen: elegant die Berührungsfreude der Klienten zu neutralisieren.

Die Perlenkette für die Massage sollte aus natürlichen Perlen sein, aber gerne auch günstige Zuchtperlen. Gut ist auch, wenn sie nicht unbedingt perfekt rund sind. Überprüfe, ob es Spitzen gibt, was bei sehr günstiger Ware vorkommt, und schleife die Spitzen mit einer Nagelfeile ab. Es ist besser, wenn zwischen jeder Perle Knoten sind - so wird die Haut nicht eingezwickt. Auch ein Verschluss wäre gefährlich, entscheide dich daher für eine endlose Kette.

Zum Schluss der Massage nach der Ruhephase kannst du deinen Lieblingsmenschen mit Obst oder Schokolade aus der Hand füttern oder einen aromatischen Tee anbieten, damit du noch den Geschmacksinn abholst.

Solltest du eine Prostata-Massage planen, brauchst du noch ein Kondom und Gleitgel. Denke daran lieber im Vorfeld und lege sie griffbereit. Auch Papiertücher sollten sehr nah sein. Nach der Ejakulation zieht das basische Sperma auf der Haut ein. Noch angenehmer ist ein warmes feuchtes Tuch, um den Partner zu reinigen. Ein gutes Gerät dafür ist aber auch ein Luxus.

Eine der wichtigsten Aufgaben der Tantramassage ist, das Körpergefühl wiederherzustellen. Fast alle modernen Menschen sind zu „verkopft". Je besser du die Sinne ansprichst, umso tiefer ist die Wirkung der ganzen Massage. Denn der Geist des Empfängers macht das Wichtigste für die Heilung aus, nicht unsere Hände!

2.2 Kontaktaufnahme

Der Einstieg nimmt in der professionellen Tantra-Massage oft viel Zeit in Anspruch. Die Anbieter, die sich als seriös positionieren, bieten Massagen ab zwei Stunden an und nehmen sich wirklich Zeit für die Anamnese und Rituale.

Wir verfolgen dabei drei Ziele:

1. **Bedürfnisse klären, um die Hilfsmittel auszuwählen:** Du kannst die Bedürfnisse deines Gegenübers nicht nur im Gespräch ermitteln, sondern auch auf deine Intuition hören oder das Äußere des Kunden miteinbeziehen.
2. ***Zugang* bekommen:** mehr Offenheit für die verbale und nonverbale Kommunikation während der Behandlung; mehr Vertrauen

und dadurch mehr Entspannung auf der muskulären Ebene, damit wir tiefer ins Gewebe eingreifen können. Erinnerst du dich an den Film Avatar? So ungefähr kannst du es dir vorstellen. Wie viel Zeit du dafür wirklich brauchst und welche Mittel du dir aussuchst, entscheidest du in jedem Moment selbst.

3. **Den hohen Wert der Behandlung rüberbringen**, damit sie auch besser nachwirkt (Placeboeffekt). Die Atmosphäre einer wertvollen Behandlung wird dadurch geschaffen, dass du dich in dieser Phase auf keinen Fall hetzt, auch wenn die Zeit der Behandlung begrenzt ist. Eine Tantra-Massage ist Luxus, da geht es nicht darum, schnell viele Griffe abzuarbeiten.

Bevor du dem Gegenüber begegnest, bringst du dich in den richtigen Zustand: Feueratem für mehr Energie, falls du dich müde gefühlt hast, beziehungsweise langsame bewusste Atemzüge, um etwas runterzukommen.

Der allererste Schritt für den gelungenen Kontakt ist, selbst ins Hier und Jetzt zu kommen. Was nicht davor erledigt wurde – ist nicht mehr wichtig. Du gehst deinen Körper schnell durch, lässt die eigenen Spannungen los. Du „erdest dich“, spürst deine Füße und den Boden drunter. Du nimmst den eigenen Körper wahr und lässt alles locker, was sich unpassend angespannt anfühlt. Dann nimmst du den Raum wahr, fühlst die Temperatur, machst deinen Blick und das Gehör unfokussiert, um alles um dich herum zugleich zu registrieren. Jedes Signal ist von Bedeutung. Du wirst zum Werkzeug des Empfangens und Sendens mit möglichst minimalem Ego-Anteil.

Sobald dein Gegenüber erscheint, bringst du die Aufmerksamkeit in diese Person. Lass diese Begegnung einfach auf dich wirken. Wie fühlst du dich jetzt im Vergleich zu davor? Ist da Freude, Neugierde, eine leichte Erregung? Ist da Anspannung, Trauer, Müdigkeit? Passiert etwas mit deinem Körper? Sei dir bewusst: Was du jetzt plötzlich fühlst, gehört wahrscheinlich nicht dir selbst und es ist in Ordnung. Merkst du, du hast keine Lust auf die Behandlung, obwohl du vor fünf Minuten voll motiviert warst? Wahrscheinlich ist es die Erschöpfung des anderen, die dich jetzt mitnimmt und deren Ursachen du mit deiner Massage entziehen wirst.

Im professionellen Rahmen können es auch Projektionen sein: Erinnert dich der Mensch an jemanden, den du mochtest oder nicht mochtest? Visuell, vom Geruch, vom Gefühl her? Beobachte es und werte nicht. Lasse es los.

Dein Verstand wird eventuell die Situation mitanalysieren wollen. In der „mechanischen Phase" deines Werdeganges ist die visuelle Analyse sehr ratsam und mit der Erfahrung wird immer mehr intuitiv geschehen. Wie ist die Körperhaltung[18]? Was zeigen der Gesichtsausdruck und die Mikromimik? Wenn du wenig Theorie dazu hast, mache dir keine Sorgen. Das Mitgefühl, die Akzeptanz und Liebe sind schon an sich heilsam, auch wenn die Griffe nicht perfekt geübt sind und wenn das fundierte Anatomiewissen fehlt.

Es ist ratsam, die Körperhaltung und die Atmung des Menschen erst mal zu spiegeln, um besser zu spüren, was mit einem selbst dadurch passiert, und zweitens über die Ähnlichkeit mehr Vertrauen zu erzeugen. Sobald du den Zugang spürst, gehe wieder langsam in das Gefühl, die Position und die Atmung der Gelassenheit und der inneren Stille.

Wenn ihr euch nicht so gut kennt, **frage nach dem Grund und den Zielen** der Behandlung: „Warum bist du hier? Was wollen wir erreichen?" Lies dabei zwischen den Zeilen. Eventuell hilft dir die Liste der häufigsten Grundbedürfnisse und Ziele aus dem ersten Kapitel. Mit der Frage an sich zeigen wir Interesse am Menschen und seinen Prozessen.

Klassischerweise fängt man im Tantra mit dem ausgedehnten **Augenkontakt** an. Viele Menschen meiden Augenkontakt, daher gibt es genau den als Übung im tantrischen Begrüßungsritual. Üblich lauten die Worte: „Ich begrüße, achte und respektiere dich. Namaste (der Gott in mir begrüßt den Gott in dir)." Sie sollen wirklich vom Herzen kommen und nicht nur automatisch. Klingen sie zu komisch für dich? Übe sie vor dem Spiegel. Du legst deine Hand auf das Herz des Gegenübers und seine/ihre Hand drauf. Und umgekehrt genauso. Schaut euch ohne Unterbrechung in die Augen und atmet zusammen (die gebende Person passt sich in der Regel der nehmenden Person an). Du kannst auch im

18 Empfehlung zum Nachlesen/Lernen: Thomas Hanna, Green light reflex & Red light reflex.

Atemrhythmus deine Liebesmuskeln anspannen, um die Aufmerksamkeit in den Körper zu bringen / Energie zu tanken / mehr Pheromone zu produzieren. Auch deine Pupillen vergrößern sich etwas dabei und wirken viel magischer. Nimm dir genug Zeit, bis du merkst, dass die Pupillen des Gegenübers ebenso größer werden, sich seine Atmung verlangsamt und tiefer wird.

Die Augen sind der Spiegel der Seele und der Blickkontakt gibt tatsächlich den Zugang zum tiefen Inneren.

Abbildung 15. Kontakt von Herz zu Herz, Seele zu Seele.

Wenn man gestresst ist und viele kreisende Gedanken hat, limitiert das die Wirkung der Behandlung. Sprich diese Einladung aus: „Wenn du merkst, dass dein Geist am Alltag klebt, bringt es nichts, sich darüber zu ärgern. Lenke deine Aufmerksamkeit bewusst zurück in die Berührung."

Viele Massagekunden haben eine Hemmung, es auszusprechen, wenn etwas unangenehm ist oder wehtut. Der Behandler wisse es ja besser, bzw. wollen sie den Partner nicht verletzen. Leider steigern solche Momente den Cortisolspiegel, was wir auf keinen Fall beabsichtigen. Wohlfühlschmerz kann gut sein und sogar die Produktion der Glückshormone Endorphine (endogene Morphine) auslösen. Zu starker Schmerz ist Stress für den Körper, außer es geht um Dearmouring oder weitere Programme, die eher nicht erotisch, sondern rein therapeutisch sind. Es ist sinnvoll, auch hier die Erlaubnis zur offenen Kommunikation im Vorfeld auszusprechen: „Wenn sich etwas unangenehm anfühlt und du glaubst, ich habe es nicht bemerkt, gib mir bitte unverzüglich Bescheid.“ In der Gantke®-Akademie haben wir für die Kommunikation die Skala genutzt, auf der 100 % die Grenze vom Wohlfühlschmerz bedeuten und alles drüber schon zu viel ist. Die Schule der Vektormassage und Somatik nimmt die Skala von 1 bis 10, auf der 5 noch in Ordnung ist. Das könnt ihr auch absprechen.

Ich arbeite gerne mit der passiven Bewegung, die ich in meiner Lomi-Lomi-Ausbildung gelernt habe. Daher spreche ich es gerne an, dass ich während der Massage den Körper des Empfängers bewegen werde und keine Hilfe dabei brauche. „Du übst loszulassen. Das ist für moderne Menschen nicht einfach, aber es kommt mit der Zeit.“

Einige Körperstellen sind „typisch“ emotional geladen: Leber mit der Wut, Nieren mit der Angst, Lungen mit der Trauer. Manchmal kann die Berührung individuelle Muster aufdecken. Sage dem Empfänger, es ist in Ordnung und gut, wenn Emotionen hochkommen. Sie dürfen gefühlt und wertschätzend gezeigt oder ausgesprochen werden. Du verstehst, sie haben mit dir persönlich meistens nichts zu tun und gehören zur Heilung. „Wenn es unerträglich wird, sage mir Bescheid, was du fühlst, atme tief in deinen Bauch und wenn du weinen oder schreien musst, fühl dich frei. Wenn du zu viel Aggression spürst, nimm sie wahr, aber attackiere mich bitte nicht.“

Manchmal spaltet sich die Person so stark von der eigenen Wahrnehmung des Körpers und den Emotionen ab, dass der Geist alle Signale erfolgreich ausblendet. Diese Klienten sind die schwierigsten und brauchen mehrere Schritte zur „Lebendigkeit“. Sie sind aber auch in Ordnung. Und damit sie sich durch diese Anleitung nicht (schon wieder in ihrem Leben) unter Druck gesetzt fühlen, füge den Satz hinzu: „Wenn du nichts spürst, ist es auch in Ordnung.“

Lade den Empfänger ein, sich bequem hinzulegen. Normalerweise fängt man in der Bauchlage an. Einige Kolleginnen dehnen die Zeit in der Bauchlage maximal aus, um die Lust des Kunden zu „neutralisieren“. Er kann nicht gucken oder es aktiv versuchen, die Frau zu berühren. Diese Position ist allerdings nicht bequem für den Nacken und die Fußgelenke. Der Behandelte kann die Füße an die Kante der Matratze/Liege hinlegen. Man kann auch zwei kleine Kissen oder zwei Rollen nehmen. Eine Rolle wäre zu kurz, um die Beine breit zu positionieren, damit der Zugang zu den inneren Seiten der Oberschenkel und dem Intimbereich gut ist. Ein Kissen unter die Brust kann den Nacken gut entlasten; probiert es gemeinsam aus. Auf jeden Fall ist es besser, zu erlauben, die Position zu wechseln, falls die Bauchlage unbequem ist.

Wenn du dir nicht wünschst, während des Massierens berührt zu werden, darfst du es gerne sagen. Es kommt besser rüber als passiv-aggressives Schweigen. Geilheit macht ziemlich unempathisch. Das können wir nicht ändern. Daher ist es besser, die Klarheit verbal zu schenken. Du kannst es liebevoll formulieren: „Ich bitte dich, zu üben passiv zu bleiben und komplett ins Gefühl zu gehen, ohne dich bewegen zu müssen. Es kann am Anfang ungewohnt sein, nur zu empfangen, aber es ist eine wertvolle Erfahrung. Wenn es kurz vor dem Orgasmus ganz unerträglich wird, darfst du deine Hände ruhig auf meine Füße bzw. eine Hand auf mein Kreuzbein legen.“ Diese Verbindung kann im Moment des Höhepunktes sehr wichtig sein. Das weiß ich aus meiner eigenen Erfahrung, eine Yoni-Massage zu bekommen.

Man fängt oft die eigentliche Massage mit dem Handauflegen an. Lege beide Hände auf die Füße (Fersen kannst du in der Rückenlage von unten greifen) mit der Intention, den Menschen „zu erden“, die Energie aus dem Kopf zu lenken. Auch die Positionierung einer Hand auf der „dritten Lunge“ (zwischen den Schulterblättern) ist sehr beruhigend. Der Fötus berührt die Mutter die ganze Zeit mit dieser Stelle und Halt daran gibt das Gefühl der Geborgenheit wie im Mutterleib. Sehr beliebt bei Tantrikern ist die Haltung Herz und Kreuzbein mit der Intention, die sexuelle Energie mit der Liebe zu verbinden (s. Abbildung 13). Etwas anspruchsvoller ist das Handauflegen auf die Nieren, falls wir das Gefühl haben, die Person hat Ängste, ein Burn-out (Nebennierenerschöpfung) oder organische Probleme mit Wassereinlagerungen. Dann passt du deine Atmung an, ohne etwas beeinflussen zu wollen, und beobachtest die Dynamik deiner eigenen Emotionen. Wenn die Verbindung gut geklappt hat, spüren wir in uns das, was im Gegenüber vor sich geht. Schon in diesem Moment können „negative“[19] Emotionen hochkommen, nimm sie wahr, bis sie von alleine erlöschen. Es kann einige Minuten dauern. Atme mit und sei da, ohne dich von deinem Alltag ablenken zu lassen.

Im Vordergrund steht nicht nur der Empfänger, sondern die energetische Kombination aus euch zwei (in seltenen Fällen mehr). Ihr geht zusammen durch Höhen und Tiefen. Und es ist eine große Kunst, nicht die eigene Meinung einfließen zu lassen, insbesondere beim Partner bzw. der Partnerin. In der Psychotherapie ist es nicht umsonst verboten, mit dem privaten Umfeld zu arbeiten. In der Tantra-Massage bist du sogar als Ehepartner im Moment der Behandlung nicht ganz du als Person, sondern ein Werkzeug der Heilung, angedockt an die empfangende Person und weniger ans eigene Ego. Erst in der Phase der Installation neuer Programme darfst du zum Wohle eurer Familie und mit Respekt zum freien Willen des Menschen Nähe, Optimismus und gemeinsame Stärke projizieren.

2.3 Entspannung

Jeder hat gehört, Stress sei die Ursache vieler gesundheitlicher und sexueller Probleme. Damit meint man umgangssprachlich natürlich den bösen Dauerstress. Ich würde sagen, die Abwesenheit von Entspannung ist schuld. Denn gerade in den Entspannungsphasen regenerieren wir uns. Fokussiere dich lieber darauf, was du erreichen willst, als darauf, was du zu vermeiden hast. Wie beim Skifahren – die Route folgt dem Blick.

Unser Körper ist unglaublich schlau. Seine Ressourcen sind limitiert und werden daher in die priorisierten Projekte des Moments investiert. Die Evolution hat die Vielfalt der Abläufe im Körper in zwei Ka-

19 In der Tat sind sie sehr wichtig, um Schwung für die Entwicklung zu geben, siehe das U-Sin-Konzept im Abschnitt 5 von Kapitel 1.

tegorien gruppiert und miteinander verknüpft, um schnell umschalten zu können.

- Generell überleben im Fall von der Gefahr/Jagd (Sympathikus);
- Ein langes, glückliches und genussvolles Dasein führen und eventuell das Leben weitergeben – in der restlichen Zeit (Parasympathikus).

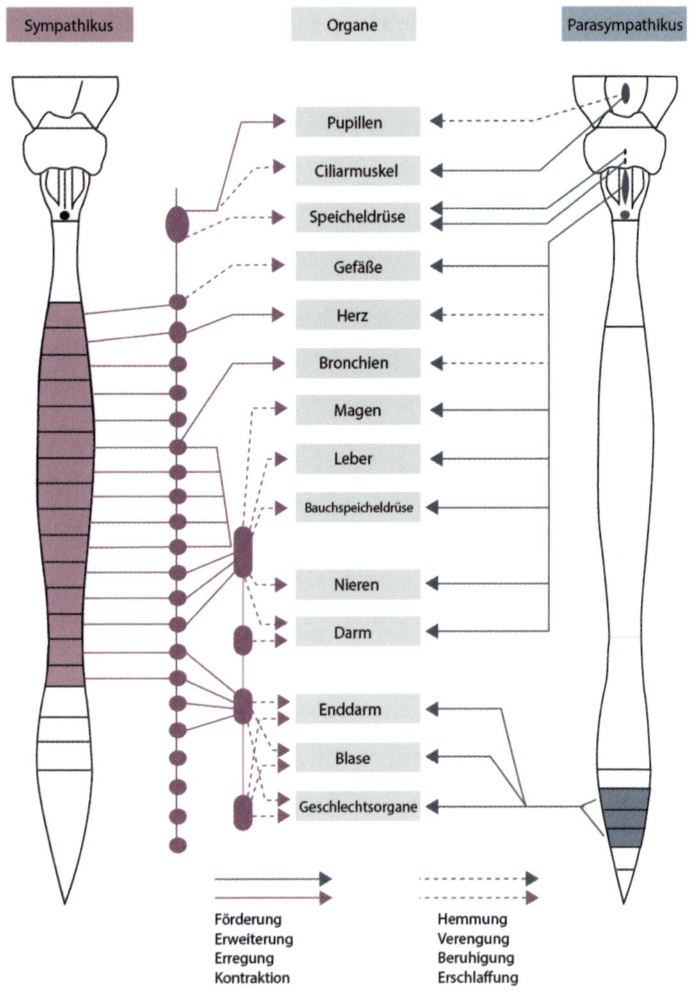

Abbildung 16. Das autonome Nervensystem. Sympathikus und Parasympathikus agieren überwiegend als Gegenspieler.

Für uns als Behandler ist es relevant, Folgendes zu verstehen:

Entspannung sollte ein Normalzustand sein und die Mobilisation der Kräfte kurzfristiger Ausnahmezustand. Sonst hat unser Körper keine Programme, um ein langes, glückliches Leben zu sichern.

- Der Körper priorisiert die Sicherheit zum Zweck von Genuss und langfristiger Selbstheilung. Das hat unseren Vorfahren die Überlebenschancen erhöht. Daher spielt ein „sicherer Raum“ für die Behandlung eine primäre Rolle, um gesundheitliche Effekte zu ermöglichen.
- Eine Massage, insbesondere eine erotische, ist eins der besten ganzheitlichen Mittel, den Normalzustand wiederherzustellen. Ein Orgasmus ist wie ein Reset-Knopf. Diesen bewerten wir nicht als Ja oder Nein (bestanden / nicht bestanden), sondern an der Tiefe der Prozesse.
- Es kommt zur guten Durchblutung des Intimbereiches (mehr Gefühl und Erregung), wenn der Parasympathikus aktiv ist. Sie kann sowohl Mittel als auch Zweck sein. Der Vagusnerv steuert die Prozesse in den inneren Organen und sammelt Informationen von ihnen, um den Körper einheitlich zu verwalten. Die Qualität der Erregung bestimmt die Intensität des Orgasmus.

Der Mensch wird elektrisch, chemisch und angeblich magnetisch gesteuert. Wir greifen auf allen drei Ebenen ein. Magnetisch und teilweise chemisch über unseren eigenen Zustand. Chemisch über das Ankurbeln der Produktion gewisser Hormone, die mit Cortisol konkurrieren. Elektrisch über den Einfluss auf den Vagusnerv.

Manchmal ist der Mensch so erschöpft, dass er bei der Entspannung sofort einschläft. Es ist normal und auf keinen Fall eine Abwertung deiner Mühe. Der Körper hat den Schlaf gerade am meisten gebraucht. Mache bitte einfach weiter. Die Massage funktioniert weiterhin.

Im Zustand der Nebennierenerschöpfung (Adrenal Fatigue Syndrome) sowie bei einer gestörten Funktionsweise des Vagusnervs ist weder die vollständige Entspannung noch eine gute Erregung im Rahmen einer einzelnen Behandlung möglich. Es ist ebenfalls wichtig zu verstehen, dass es nicht ausschließlich an deiner Qualifikation oder Attraktivität liegt. Unser Körper hat mehrere Mechanismen, die sich ergänzen und absichern. Damit man Symptome hat, müssen mehrere Strukturen nach und nach kaputtgehen. Es dauert lange, bis die Funktionen ausfallen, und es dauert ebenfalls lange, diese herzustellen. Und natürlich ist Prävention am besten. Man bedarf sowohl regelmäßiger Kuscheleinheiten als auch eigener Techniken der Stresslinderung, Ernährungsumstellung und Nahrungsergänzungsmittel, die man gemeinsam mit dem Heilpraktiker des Vertrauens oder selbst[20] findet. Du sollst weder dir selbst noch deinem Gegenüber noch mehr Stress machen, falls seine Entspannung und Erregung deinen Vorstellungen nicht entspricht! Denke langfristig, egal, ob in der Partnerschaft oder im Beruf.

Im Fall einer erektilen Dysfunktion, der vorzeitigen Ejakulation oder der Orgasmusstörung ist die Entspannung durch zärtliche absichtslose Streicheleinheiten langfristig sehr wohltuend. Sie helfen, Kontrolle loszulassen, aus dem Sympathikus in den Parasympathikus umzuschalten.

Die Tantriker benutzen dafür ein Wortspiel: Kein OrgasMUSS, sondern ein OrgasmKANN, für Mann und Frau. Die empfangende Person ist in Ordnung und die gebende Person auch, egal, was passiert und nicht passiert.

Es gibt Fälle, bei denen die Psychotherapie notwendig ist, bzw. wesentlich schneller helfen kann. Sollte es nicht deine Kompetenz sein, stelle dich über dein Ego des Körperarbeiters / des Partners und überweise den Menschen an die entsprechende Fachperson, die die Ursache für die Angst vor Kontrollverlust in der Geschichte der Person findet und entzieht.

Es gibt keine wirklich klaren Grenzen zwischen den Phasen der Behandlung. Sie gehen ineinander über. Während der Kontakt aufgebaut wird, bauen sich langsam Vertrauen sowie geistige und körperliche Entspannung auf. Allerdings ist der Übergang von der Entspannung zur Erregung viel heikler. Ich möchte an dieser Stelle wieder auf die Behauptung zurückgreifen, dass die optimale Vorgehensweise bei Mann und Frau in der Regel unterschiedlich ist.

---

20 Buchempfehlung. Uschi Eichinger. Der Burnout Irrtum.

Wann solltest du den Intimbereich berühren?

Klassisch gehört die Frage „Darf ich deinen Lingam / deine Yoni berühren?“ zum ritualisierten Standardablauf einer Tantra-Massage. In der Realität ist es wirklich essenziell, wenn ein Mann eine Frau massiert, mit der er keine feste Beziehung führt, sowie wenn wir uns vom Bauchgefühl her nicht sicher sind, ob die Person bereit ist. Ansonsten spürst du ein klares Ja oder Nein, wenn du achtsam bist.

Möglicherweise ist das notwendige Vertrauen für eine Intimmassage anerzogen und hat mit unseren gesellschaftlichen Rollen des Mannes und der Frau der letzten Jahrhunderte zu tun. Wenn die Frau ihre Sexualität außerhalb der Ehe auslebt und Gott bewahre noch ein Kind bekommt – dann wird ihr Leben nicht leicht. Es steckt in unseren weiblichen Genen tief drin und verursacht unbewusste körperliche Reaktionen: Verspannungen, Produktion der Stresshormone. Auch wenn die „neue Gesellschaft“ viel über die sexuelle Befreiung der Frau redet, haben die jahrhundertealten Muster mehr Macht.

Der Mann in der gleichen Situation sei ein Held, egal, in welcher Religion. Für einen typischen Mann gehört Sex zu den besten Entspannungs- und Ermächtigungsmitteln der Welt.

Wir Frauen blühen dafür auf, wenn wir uns wertgeschätzt fühlen: ein liebes Wort, ein Blumenstrauß, eine reparierte Balkontür oder eine absichtslose Massage. Es kann sein, dass auch guter Sex der Frau diese Empfindung gibt, aber dazu gehört unbedingt diese Emotion: „Er war achtsam. Er hat zuerst mich befriedigt und erst dann selbst den Höhepunkt erlebt.“

Für die meisten Männer ist eine egoistische Frau im Bett bei Weitem kein Abturner. Die wichtigeren Parameter sind die Häufigkeit und Tiefe des körperlichen Erlebnisses. Emotional fühlt sich der Mann stärker, wenn er sich als sexuell begehrt erlebt. Dadurch wird er auch großzügiger – emotional und materiell –, das habe ich mehrmals beobachtet. Bloß nicht immer an die gleiche Person, die ihn beschenkt hat. Auch wir Frauen sündigen damit, zu bekommen und zu geben mit unterschiedlichen Menschen. Mit dieser Diskrepanz kann man auch körperlich arbeiten; das das behandeln wir in dem Teil „Installation neuer Programme“.

Auch Traumata, die in Beziehungen entstehen, sind beim Mann oft mit der Sexualität verbunden und bei der Frau mit der Wertschätzung und Sicherheit. Die wollen wir auflösen und dafür sind unterschiedliche Mittel brauchbar.

Jetzt ist für uns nur wichtig, dass wir in der Tantra-Massage ausschließlich *geben* und die Gesundheit und das geistige Wohlbefinden der empfangenden Person für uns die Priorität ist.

Und in der Regel wird es für einen Mann sehr gut sein, wenn du in der Phase des Runterfahrens immer wieder seinen Intimbereich „nebenbei" berührst. Auch eine entspannte Hand am Lingam für einige Minuten wird schon ganz am Anfang herzlich willkommen. Eventuell hängt es auch damit zusammen, dass die männlichen Genitalien draußen sind und generell im Alltag vom Besitzer mehr Aufmerksamkeit bekommen. Eine Frau kann es stressen, wenn die intime Berührung oder sogar eine zu offene Position der Beine *zu früh* stattfindet.

Das Geschlecht im Pass hat nicht immer die optimale Aussagekraft. Sex als Sex hat Wert für die Menschen mit dem höheren Testosteron-Spiegel, und Sex als Nähe mit dem niedrigeren. Das betrifft auch die Grundstimmung der Massage. Also, eine dominante Frau kann eventuell auch die Erregung als Mittel zur Entspannung wahrnehmen. Eine weitere Ausnahme machen die Männer, die sexuelle Gewalt erlebt und sich dadurch verschlossen haben.

Ich lade dich auf keinen Fall zum Schubladendenken ein. Nimm diese Aussagen als Nahrung für deine Denkprozesse, aber verlasse dich mehr auf dein Bauchgefühl im Hier und Jetzt. Denke auf keinen Fall: „Was mir guttut, tut unbedingt auch dem anderen gut"; und passe auf, die eigene Geilheit nicht automatisch der anderen Person zuzuschreiben, egal, ob du massierst oder empfängst.

Hormoncocktail

Die Körperarbeit regt die Produktion der Botenstoffe im Körper an, wenn die „Baumaterialien" dafür und die Drüsen sowie deren Steuerungszentren vorhanden sind und einigermaßen funktionieren. Jede

Aktivität ist für unseren Körper eine Übung, die auch im späteren Lebensverlauf mehr Leichtigkeit bedeutet.

Stress an sich kann man nicht vermeiden. „Es ist nicht der Stress, der uns umbringt, sondern unsere Reaktion darauf", meinte Hans Selye. Das berühmte Stresshormon Cortisol mobilisiert uns. Eine eindeutig wichtige Sache im Leben. Dank des Cortisols wachst du morgens fit auf, kommst mit den Herausforderungen klar, passt dich den Veränderungen an. Doch wir moderne Menschen setzen uns eine längere To-do-Liste, als die Nebennierenrinde mit Leichtigkeit versorgen könnte. Wir nehmen Kaffein und andere Stimulatoren, wir setzen uns unter Druck, lassen den Körper noch mehr Cortisol produzieren, um *alles* zu schaffen. Zuerst nimmt die erhöhte Cortisolausschüttung einfach die Ressourcen aus den anderen Bereichen weg und mindert die Gelegenheit, sich ordentlich zu regenerieren sowie die gesunde Sexualität auszuleben. Im schlimmsten Fall kommt es langfristig zur Erschöpfung der Nebennieren und man kann sich nicht mehr für etwas motivieren.

Um die dauerhafte Produktion der Stresshormone zu pausieren, können wir den Körper auf deren Gegenspieler ablenken – den sogenannten Glückshormonen und Geschlechtshormonen.

In erster Linie ist es im Kontext der Berührung das **Oxytocin** – das Hormon der Zusammengehörigkeit. Du bist nicht allein, du hast mich. Das sind zum einen die zärtlichen, ziemlich unerotischen Berührungen im Mutter-Stil, egal, ob für einen Mann oder eine Frau.

- Es kann einfach eine Verschmelzungsumarmung sein.
- Die entspannte flache Hand streichelt den Rücken, die Schulter, die Arme.
- Körperkontakt und die Finger einer entspannten Hand streicheln langsam den Körper, den Nacken, die Kopfhaut, spielen mit den Haaren. Man spürt deine wärmende Atmung auf der Haut.

Zum anderen sorgt die liebevolle Stimulation der Brustwarzen (auch beim Mann), der Vagina und der Gebärmutter ebenfalls für die Oxytocinausschüttung.

Abbildung 17. Du übermittelst das Gefühl der Nähe und Zärtlichkeit.

Hier findest du ein Video zum Thema Stimulation der Brustwarzen:

https://youtu.be/ESiWl95Iyps

Die Gebärmutter kannst du ebenfalls ganz anständig von außen stimulieren, indem du an der Bauchdecke leichten Druck und Vibrationen auslöst. Zum besseren Verständnis hilft dir dieses Video:

https://youtu.be/JiBtvLed2kI

Oxytocinproduktion-stimulierende Techniken interessieren uns innerhalb einer Beziehung auch, weil sie die Bindung verstärken und dadurch deine Partnerschaft unterstützen. Angeblich stimuliert dieses Hormon auch das Beschützer-Verhalten.[21]

21 Carsten K. W. De Dreu u. a.: The Neuropeptide Oxytocin Regulates Parochial Altruism in Intergroup Conflict Among Humans.

Das Wort Endorphine bedeutet eigentlich „endogene Morphine“ – Schmerzbetäuber. Darauf wirken wir mit etwas tieferer Arbeit mit den Triggerpunkten und Faszien (Hauptsache, innerhalb der Wohlfühlschmerzgrenze, damit wir die Produktion von Cortisol und Adrenalin nicht zu stark ankurbeln). In eine erotische Massage kann auch ein Klaps auf den Po einfließen, falls die Person es mag. Nebenbei wird dadurch die Durchblutung vom Intimbereich verbessert. Die Richtung des Klapses darf die Wirbelsäule dabei nicht belasten.

Wie du den perfekten Klaps auf den Po verpasst, lernst du hier:

https://youtu.be/iRssu_ZrrXQ

Dopamin – Neuromediator der Motivation. In erster Linie steigt die Konzentration von Dopamin im Körper der massierenden Person: durch die Möglichkeit, den Körper taktil zu erforschen, darüber zu lernen und eventuell Probleme zu lösen. Neue Techniken zu erfinden und nicht nur nach dem Skript zu gehen, tut ebenfalls gut und damit „stecken wir an“. Aus der Empfängerperspektive sind es neue Texturen (kalte Perlenkette auf dem heißen Körper, Eis oder warmes Obst), unerwarteter Wechsel zwischen langsam und schnell, oberflächlich und tief.

Eine weitere Regel der Dopamin-Produktion besagt: Die Erwartung des Wunders ist wichtiger als das Wunder selbst. Dazu gehört ultralangsames Vorankommen in die Richtung vom Intimbereich. Zum Beispiel hältst du einige Sekunden die Fersen des Gegenübers. Dann gleiten die Hände an den Innenseiten der Beine, Finger zusammen, Kuppen in die Richtung der Körpermitte sehr langsam, ein Millimeter pro Sekunde oder langsamer in die Richtung vom Intimbereich. So langsam, dass der Körper leicht zu vibrieren anfängt. Die Geschwindigkeit bleibt konstant. Bremse die Ungeduld. Koste diese „Qual“ aus. Nur relativ kurz und oberflächlich berührst du die Stellen, die schon warten. Nicht darum geht es jetzt. Und dann gleitest du etwas schneller mit den Fingerspitzen an den Außenseiten der Beine zurück zu den Füßen. Sehr dezentes Body-to-Body-Erlebnis. Wenn die Brustwarze nur nebenbei den Körper berührt oder deine Atmung nah, aber nicht zu nah kommt, erschafft das ebenfalls Vorfreude und verändert die Biochemie in die Richtung eines mächtigeren Höhepunktes.

Wenn dein Lieblingsmensch gerade etwas motivationslos ist, gehört der Einfluss auf Dopamin zum Pflichtprogramm. Unter anderem hilft dafür die Bewegung, zum Beispiel ein Spaziergang statt eines Sofa-Netflix-Abends. Die Vorfreude erweckenden Nachrichten im Laufe des Tages geben mehr Antrieb. Ein entspannendes, aromatisches Bad vor der erotischen Massage hat ebenfalls die „Nebenwirkung", die Goldgräberstimmung zu erzeugen.

Auch eine alltägliche Fußmassage kann erotisch-vielversprechende Elemente enthalten, wo wir die Zehen wie einen Lingam behandeln oder zwischen die Zehen wie in eine Yoni gleiten. In Videoform siehst du es hier:

https://www.youtube.com/watch?v=dI45g3qs8WM&t=1s

Ein Anfänger glaubt wahrscheinlich, in der Massage sollte absolut jede Berührung bombastisch sein. Doch unser Körper braucht Pausen in der Dopaminproduktion, dann werden auch die Portionen größer und der Wow-Effekt stärker.

Pornosüchtige greifen als Ergänzung zur Psychotherapie oft zur Tantra-Massage. Es ist keine einfache Aufgabe und ich weiß nicht genau, wie man dabei mit dem Dopamin umgehen soll – eher reduzieren oder stimulieren. Verbinde dich am liebsten zuerst mit dem Psychotherapeuten, der den Fall behandelt.

Die **Serotoninproduktion** kurbelst du über die Verbesserung des Zustandes vom Magen-Darm-Trakt an, wo es auch zum größeren Teil produziert wird. Darauf hast du Einfluss über die Stimulation vom Vagusnerv

Darüber hinaus hilft eine unmittelbare Bauchmassage. In diesem Video zeigt Beatrix Zimdahl eine sanfte Intervention, für die du keine extra Kenntnisse über die viszeralen Organe brauchst. Am einfachsten ist es, die Bauchdecke im Uhrzeigersinn zu streicheln. Die Richtung hat eine wichtige Bedeutung: So verläuft der Dickdarm und wir stimulieren seine Peristaltik.

https://www.youtube.com/watch?v=5RaQA0imRww&t=91s

Und natürlich ist die Aktivierung der Produktion der **Geschlechtshormone** ein wichtiges Mittel, um die Ressourcen von der Cortisolproduktion temporär auf seinen Antagonisten DHEA abzulenken, in das Verjüngungshormon und die Vorstufe der Geschlechtshormone. Für die Frau geht das, indem du einen sicheren Raum erschaffst und die allgemeine Wertschätzung zeigst, für den Mann über die sexuelle Begierde. Die verbale Bestätigung wirkt in der Kombination mit dem Körperkontakt noch besser.

Darüber hinaus reintegrieren wir die Sexualität mit der verbesserten Durchblutung des Beckens, also der Eierstöcke und der Gebärmutter, der Hoden und der Prostata. Du hast bestimmt schon bemerkt, wie schnell ein gutes Sexleben den Körper strafft. Unter anderem hängen die Wassereinlagerungen mit dem hohen Cortisol zusammen. Darüber hinaus bauen sich die Muskeln bei Dauerstress ab und das Fettgewebe auf, und das stoppst du, indem du dem Körper zeigst: es geht nicht nur ums Überleben. Im Fall der objektiven Gefahr wird es nicht wirken, aber wenn die Probleme nur im Kopf sind, lässt sich der Zustand manipulieren. Bleibe dran, auch wenn es Monate dauert.

Die Wirkungen von DHEA an sich sind u. a. folgende: Prohormon für weitere Sexualhormone, Verbesserung der Immunabwehr, Erhöhung der Stresstoleranz, Regulation des Körpergewichts, positive Stimmungslage. Das Verhältnis von Cortisol zu DHEA wird als Maß für den Alterungsprozess angesehen. Gute Sexualität macht jung, dazu kennt sicher jeder von uns genug Beispiele.

Unser Körper ist sehr schlau; er gibt das, was wir brauchen. Unsere Aufgabe ist nur, klar zu kommunizieren und die Verantwortung zu übernehmen sowie eventuell die Mittel zur Verfügung zu stellen.

Abbildung 18. Warum Sex und Stress auf der chemischen Ebene konkurrieren.

Auch Somatotropin, das Hormon des Wachstums und des schnelleren Stoffwechsels, wird nur mithilfe der Schilddrüsenhormone und Geschlechtshormone in den Zellen verstoffwechselt. Den Zustand der Schilddrüse und der Strukturen im Kopf verbesserst du mit einer Nackenmassage – so werden die entsprechenden Areale besser durchblutet und gereinigt.

Respektiere die normalen zirkadianen Rhythmen. Morgens massierst du eher mobilisierend, abends beruhigend.

Alles ist gut in Maßen und im Gleichgewicht. Ein Zuviel von gewissen Hormonen kann manische Zustände hervorrufen.

Eine Kontraindikation für Massagen sind seriöse psychische Störungen. Der hormonelle Stoffwechsel ist hierbei anders und eine Überproduktion kann die psychische Labilität erhöhen. Hole dir ärztlichen Rat ein. Außerdem gibt es gesundheitliche Probleme, die Massagen allein nicht lösen können. Doch du kannst damit gut die Therapie ergänzen und ganzheitlich die Ursachen angehen.

Der Vagusnerv

Hier kommen wir zur Struktur, die als wichtigster Nerv der Entspannung gilt. Der Vagusnerv steuert nicht nur die Funktionen der inneren Organe, sondern sammelt die Informationen von ihnen und verteilt sie an die betroffenen Systeme. Deshalb sind zum Beispiel entspannende Atemtechniken so wirkungsvoll.

Auf seine intakte Signalweiterleitung wirken zum einen die Neurotransmitter. Einige davon haben wir uns gerade genauer angeschaut. Zum anderen verläuft der Nerv zwischen den Muskelfasern, Bindegewebe, lymphatischem Gewebe, den Blutgefäßen etc. Falsche Körperhaltung, Wassereinlagerung, verklebtes Bindegewebe, schlechte Funktion der Blutgefäße und die Nerven können schlechter die Informationen weiterleiten, was die oben genannten Probleme in der Form einer Abwärtsspirale zur Folge hat.

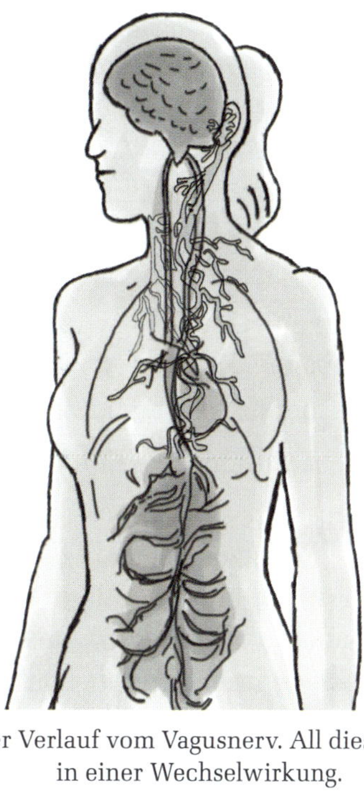

Abbildung 19. Der Verlauf vom Vagusnerv. All diese Strukturen stehen in einer Wechselwirkung.

Du kannst dem Verlauf vom Vagusnerv mit Berührungen folgen. Wenn die naheliegenden Strukturen die Spannung loslassen, werden sich die Signale der Ruhe weiter ausbreiten. Ein gutes Merkmal ist Knurren im Bauch, Gähnen, Entschleunigung der Atmung und mehr Beweglichkeit des Brustkorbes und des Bauchs dabei.

Um mit dem Vagusnerv zu interagieren, kannst du während der Massage die folgenden Strukturen sanft und liebevoll stimulieren:

- **Die Ohrmuschel und der Ohrenkanal.** Mir gefallen die Wortspiele auf Deutsch: „die ohrogene Zone", „Ohrgasmus", „amore = am Ohre". Flüstere schöne Sachen ins Ohr, nicht unbedingt im sexuellen Kontext. „Ich fühle mich so sicher mit dir" – du verstärkst im Partner die Lust, stärker und erfolgreicher zu werden, aber auch dich zu beschützen und zu versorgen. „Du bist so schön" – du verstärkst ihre Akzeptanz des eigenen Körpers und somit die Lust auf körperliche Nähe mit viel Hingabe.
- **Der Nacken und der Hals.** Der Vagusnerv läuft durch die Musculi Scaleni, deren Verspannung oft durch die Kompensation der Aufgaben des Kopfwenders entsteht. Passive Drehung des Kopfes, vorsichtige Massage der Muskelansätze – am Nacken sollst du maximal behutsam sein. Ermutige den Menschen zu stöhnen. Stöhnen, Singen und Summen aktivieren die Entspannung. Auch wenn man sich am Anfang dabei komisch vorkommt, wird es mit der Zeit viel Spaß bringen.
- **Die Brustmitte** (z. B. Hand auf dem Herzen) sowie die Techniken, die den rigiden Brustkorb mobilisieren.
- **Das Zwerchfell.** Massage unter den Rippen und Ermutigung zur „Bauchatmung".
- **Die Bauchorgane.** Das Handauflegen auf die Bauchspeicheldrüse, den Magen, die Nieren und die Leber wirkt ebenfalls heilsam und bedarf keines besonderen Anatomiewissens. Allerdings können dabei Emotionen hochkommen, die du auszuhalten hast.
- **Die Prostata** wird kaum als Teil der Kette erwähnt, allerdings erlaube ich mir die Hypothese, dass sie zum „Team" gehört.

- **Das Vaginalgewölbe.** Vaginalorgasmus und Gebärmutterorgasmus haben angeblich mit dem Vagusnerv zu tun, der Klitoralorgasmus nicht. Es kann genau die Ursache dafür sein, dass die ersten zwei sich sehr „sättigend" anfühlen und die Frau danach eine Weile sehr weiblich wird und nicht besonders geschäftlich aktiv sein will. Die klitorale Stimulation gibt diesen Effekt nicht.

Auch die Lockerung der Gesichtsstrukturen wie die Stirn, die Augenbrauen, die Kaumuskulatur des Empfängers kann sehr erfolgreich die Entspannung fördern, genauso wie es bei dir war.

2.4 Erregung

Auch schön für die Entspannung sind Stereo-Techniken: gleichzeitige Berührung an vielen Körperstellen, die eine Mehrhandmassage imitiert.

Wichtig ist es, den Körper als Ganzes zu sehen. Alles hängt irgendwie mit allem zusammen. Wenn du dir schon Zeit für eine Ganzkörpermassage nimmst, berühre tatsächlich alles. Esoterisch ausgedrückt könnte man sagen: damit die Energie frei fließt und sich nirgendwo staut. Bodenständiger ausgedrückt: damit der sensorische Cortex Informationen aus dem kompletten Körper bekommt und ihn als eine ganzheitliche Gestalt wahrnimmt.

Hauptsächlich aus diesem Grund halte ich die Tantra-Massage für die wahre Königin der Massagen. Es geht um eine nicht-ausweichende Interaktion mit dem Intimbereich. Er wird im Alltag genug ausgegrenzt und ausgebeutet. Dann soll er bei der Massage nicht auch noch eine Körperstelle sein, die als „nicht in Ordnung" gilt.

Jeder Quadratmillimeter des Körpers sollte sich angesprochen fühlen. Auch wenn die Schwerpunkte woanders lagen und die Zeit nur für einen oberflächlichen Durchgang ausreicht. Die einzelnen Zehen, die Stellen dazwischen, die Finger, die Kopfhaut, die Vorderseiten der

Unterschenkel – all das gehört zum Körper. Hier darf nur eine sehr zarte Berührung sein: an den Kniekehlen, den Armbeugen, den Achselhöhlen, den Dornfortsätzen der Wirbelsäule etc. Eine Ausnahme bilden offene Wunden. Allerdings braucht die Fläche drumherum unbedingt den taktilen Reiz. So ermöglichst du eine schnellere Heilung.

Wenn wir mit Schmerzen arbeiten, ist es wichtig zu wissen, dass die Ursache selten da liegt, wo es wehtut. Eine punktuelle Einflussnahme auf die „Problemstelle" bringt nur eine kurzfristige Entlastung. Oft ist da die Theorie der myofaszialen Leitbahnen von Thomas Myers hilfreich.

Die Aufrichtung des Körpers ist ebenfalls zu beachten. Es gibt zwei Vorgehensweisen:

1) in die verkürzten Faszien hinein zu streichen und sie etwas zu „bügeln",

2) die Struktur-Antagonisten zugleich durch das Kneten der Muskeln zu mobilisieren und deren fasziale Verklebungen von den Nachbarstrukturen aufzulösen.

Beide Theorien haben gute Argumente, und wenn du beides tust, werden sicher Synergien entstehen.

Die Faszienbehandlung nach Gantke® bringt es auf den Punkt, dass der Verlauf vom Bindegewebe komplex und dreidimensional ist. Daher hilft es, aus der Hüfte zu tanzen, wenn du damit arbeitest. Dafür gab es sogar den Innovationspreis des deutschen Wellnessverbands.

Video zur Hüftbewegung während der Massage:

https://youtu.be/S9NGBdPfzFs

Im Rahmen eines Buchs ist es sehr schwer, die einzelnen Techniken weiterzugeben. Am besten spürst du sie am eigenen Leib. Ich habe beobachtet, dass sich die Qualität der Berührungen von Menschen, die oft schön massiert werden, verbessert. Diese Lernprozesse laufen unbewusst, aber sehr effektiv ab.

Jede Sache, wenn sie ihren Höhepunkt erreicht, kommt zu ihrem Gegenteil. Ich weiß nicht, ob ich das Zitat von Lao Tzu richtig auf Deutsch übersetze, aber diese Regel funktioniert für unseren Körper auf jeden Fall. Das betrifft auch die Entspannung und die Aktivierung der Erregung.

Es ist sehr individuell, wie viel Zeit man dafür braucht, um nach Stress zu regenerieren und für die schönste Nebensache der Welt animiert zu werden. In Filmen sehen wir, wie der Hauptcharakter „den Drachen tötet“ und sofort die Prinzessin küsst. Ein anderer Mensch braucht eine gute Nacht zum Durchschlafen, um am nächsten Morgen sexuell fit zu sein. Manchmal sind Monate notwendig. Auf jeden Fall ist eine intensive Erregung erst nach einer vollständigen, tiefen Entspannung möglich.

Und für einen echt krassen Orgasmus, dem der tiefste Grad der geistigen und körperlichen Ruhe sowie der muskulären Entspannung folgt, ist eine langsam und kunstvoll aufgebaute Erregung das A und O.

Die Dramaturgie der Massage ist immer ein individuelles Meisterwerk.

In Einzelfällen, insbesondere bei Männern, ist ein erster Mini-Orgasmus eine gute Idee, um das Sympathikus-Parasympathikus-Pendel in Schwung zu bringen.

Im Rahmen einer Beziehung ist es ganz normal, die Phasen der Entspannung und Erregung in zwei Einheiten zu trennen, zwischen denen eventuell eine Nacht liegt. Eine Massage soll nicht unbedingt mit Sex fest verankert werden.

Es ist nicht leicht mit Worten zu beschreiben, wie sich eine entspannende Berührung von einer erregenden unterscheidet. Es ist viel einfacher, es erleben zu lassen. Aus meiner Sicht spielt der geistige Zustand des Einflussnehmers eine entscheidende Rolle.

Hier kommen ins Spiel:

- eine erforschende Berührung, Suche nach den erogenen Zonen, auch wenn du schon glaubst, alle zu kennen, also Suche als Prozess;

- Spiele mit den erogenen Zonen, der Fokus der Aufmerksamkeit liegt auf der Reaktion;
- der oberflächlichere Kontakt – an der Hautoberschicht mit Fingerspitzen, Nagelspitzen, Haarspitzen, Brustwarzen etc.;
- eine schnellere Abwechslung zwischen den Techniken und Körperteilen;
- Berührungen, die an den Geschlechtsverkehr erinnern (z. B. einen Finger mit der Hand umschließen und die Vagina am Penis imitieren – rein-raus, Kontraktionen, Wellen);
- erkundende Berührungen am Intimbereich, Interaktion mit den magischen Punkten.

Höchstwahrscheinlich wirst du die gelungene Erregung auch an dir spüren können. Es ist ratsam, unterscheiden zu können, welche Emotion dir gehört und welche nur Empathie ist.

In der Entspannungsphase ist der Modus der emotionalen Einflussnahme wichtiger (richte dich selbst und gib das Gefühl weiter). Jetzt geht die Aufmerksamkeit mehr in die Wahrnehmung der Reaktionen des Gegenübers. Menschen kommen ähnlich runter, und der Pfad zur Ekstase ist immer individuell. Auch bei der gleichen Person, von Mal zu Mal.

Wenn du allerdings etwas entdeckst, darfst du deine Freude mit einem *Mmmm* zeigen und die Wirkung verstärken.

Auf die Erregung wirken alle Sinnesorgane. Den Geruchsinn können wir mit ätherischen Ölen beeinflussen. Viel mächtiger geht es mit unserem eigenen Körpergeruch. Unter der Bedingung, die Chemie stimmt. Das sollte in einer Beziehung hoffentlich der Fall sein.

Zugleich hat unser Körpergeruch mit unserer Gesundheit und dem Funktionieren des lymphatischen und des hormonellen Systems zu tun sowie mit unserer Ernährung und dem Hautmikrobiom. Darüber hinaus ist es bei der Frau die Phase vom Zyklus und überhaupt seine Anwesenheit[22] (u. a. keine Antibabypille). Beim Mann ist die körperli-

22 G.Miller et. Al „Ovulatory cycle effects on tip earnings by lap dancers: economic evidence for human estrus?“, https://www.unm.edu/~gfmiller/cycle_effects_on_tips.pdf.

che Aktivität bedeutend. Am besten ist es, wenn er richtig zum Schwitzen kommt. Angeblich hat man früher den Schweiß der Gladiatoren gesammelt und als Aphrodisiakum verkauft.

Es gibt einige Experimente, die nachweisen, dass Androsterone bei Frauen die Stimmungslage verbessern, sogar wenn sie einfach versprüht werden oder als Schweiß auf einem anonymen T-Shirt vorkommen. Wenn sich das Paar gut riechen kann, ist es gar nicht schlimm, wenn der Raum während der Yoni-Massage etwas wärmer ist, als es für den Mann bequem wäre. (Die Frauen brauchen im Allgemeinen etwas mehr Wärme, und dann liegt sie noch passiv und er bewegt sich und schwitzt.)

Bei Frauen geht es ebenfalls in erster Linie um den frischen Schweiß und vor allem um die Kopuline, die in der gesunden Vagina produziert werden. Etwas Behaarung an den interessanten Stellen und den Achselhöhlen unterstützt die Wirkung der Pheromone. Der Tanz deiner Liebesmuskulatur während der Massage unterstützt die Produktion der Pheromone. Im Privatleben ist es gut, die Quelle der Pheromone nah am Gesicht des Gegenübers zu haben. Im professionellen Rahmen kann es grenzüberschreitende Reaktionen auslösen.

Falls die Frau den Mann massiert, kann sie sich schön auf ihn hinsetzen: auf die Wade, das Gesäß, das Knie oder den Oberschenkel, sogar auf die Brust – und mit dem Beckenboden und der Vagina „zwinkern“; das gibt zusätzlich einen sehr interessanten taktilen Reiz.

In der Regel sind die visuellen Stimuli für den Mann sehr wichtig, um erregt zu werden. Es gibt auch Männer, die nur dann vollständig erregt werden können, wenn sie die Frau anfassen. Entscheide für dich selbst, was für dich in Ordnung ist, und setze die Grenze maximal klar und früh.

Achtung! Geilheit kann dein Gegenüber sehr unempathisch machen. Er wird an deiner „offensichtlichen“ Anspannung nicht bemerken, dass sein Verhalten[23] nicht in Ordnung ist. Er wird es nicht „selbst verstehen“. Nicht weil er ein schlechter Mensch ist, sondern weil die

23 Apropos, manchmal werden auch die Frauen übergriffig.

elektrochemische Zusammensetzung in seinem Körper dafür im Moment nicht geeignet ist. Warte nicht ab. Sofort, wenn es unangenehm wird, unterbrichst du die Aktion. Je länger du wartest, Nein zu sagen und den unangenehmen Umgang duldest, umso mehr eskaliert deine Wut und umso unangenehmer wird die Auseinandersetzung. Wenn du die ganze Zeit bis zum Ende etwas aushältst, was dich nervt, riskierst du, selbst starke psychosomatische Probleme zu bekommen und mit den Stressbotenstoffen die Atmosphäre zu vergiften. Wenn du massiert wirst, sage sofort laut und klar genug, dass die unzulässige Handlung aufhört. Steh gegebenenfalls auf und verlasse den Raum, ohne zu diskutieren.

Wenn du die gebende Seite bist und die nehmende Seite deine Grenzen überschreitet, unterbrich die Behandlung, richte deine Schultern auf, atme tief ein und aus, um souveräner zu werden. Du machst eine Pause, damit er sieht, dass du es ernst meinst[24]. Dann legst du seine Hand weg bzw. sagst maximal kurz und klar, etwas „männlich“, also auf Augenhöhe: „Das stört mich gerade. (Pause) Liege bitte ruhig. (Pause) Schließe die Augen und gehe ins Gefühl.“ Oder etwas diplomatischer: „Fokussiere dich bitte auf das Empfangen.“

Es gibt Klienten, die meinen, wenn sie bezahlt haben, haben *sie* die Macht zu bestimmen, was zu tun ist. Ergreife die Machtposition selbst. Bezahlt wird für deine Kompetenz. Auch im Familienleben tendiert ein Mann dazu, sich als Versorger als wichtiger zu empfinden als die Partnerin. Diese Tendenz gibt es in vielen Kulturen und sie war die Ursache vom Feminismus. Die wahre Gleichberechtigung liegt nicht in der halbierten Stromrechnung, sondern im wahrgenommenen Selbstwert. Auch wenn sich die Frau dominieren lässt, sollte klar sein, dass sie die Macht hat, es zu erlauben, solange es ihr Spaß macht. Nicht länger!

Apropos, die Bezahlung. Diese bestimmt der Behandler bzw. die Behandlerin nach dem Prinzip „Bei dieser Summe fühle ich mich wertgeschätzt und motiviert, aber nicht gekauft und verpflichtet zu gefallen“. Dein Wohlfühlpreis bestimmt die Kreativität, die du dir erlaubst.

---

24 Um die Kommunikation mit Männern in heiklen Situationen besser zu verstehen, ist das Buch „Das Arroganz-Prinzip“ von Peter Modler sehr empfehlenswert.

Andererseits kommuniziert der Preis deinen Wert als Fachperson. Auch in der Beziehung ist ein Energieausgleich essenziell. Die Form ist individuell und soll unbedingt klar kommuniziert werden.

Die wahrhaftig erregende Berührung ist sehr verspielt und setzt viel Dopamin bei beiden frei.

Ein Wechselspiel zwischen Höhen und Tiefen, Berührung sehr nah an den Genitalien und dann doch weg, Fokus auf den Lustpunkten und den Ausflügen, Versprechen und ein Vorgehen nach dem Motto „Nein, doch noch nicht jetzt" bedienen sich den gleichen psychologischen Mitteln wie Casino. Mal wirst du unerträglich langsam, mal berührst du die erogene Zone und gleitest weiter und oder bleibst doch länger. Am liebsten hast du selbst keinen Plan. Gerade die Unvorhersehbarkeit macht es spannend.

Die stimmige Verknüpfung der Elemente kommt dank der Berührung ohne Ecken und Kanten und der ständig tanzenden Bewegung der Hüfte. Wechsele gerne die Position, aber deine Hände oder zumindest eine Hand sind ununterbrochen im Kontakt mit dem Körper. Solltest du mehr Öl brauchen, ist ein anderes Körperteil unbedingt stellvertretend am Körper anwesend.

Die Fingerkuppen/Nagelspitzen gehen an die Oberfläche der Haut, gerne auch an die Venuslippen, den Hodensack, Schaft und sogar an die Eichel (ultrazart). Wenn du jetzt plötzlich Gänsehaut siehst, machst du alles richtig. Besonders atemberaubend wirkt allerdings diese Art der Berührung nach einer kräftigeren Stimulation der gleichen Stelle (der Intimbereich ist eine Ausnahme, dazu kommen wir im Kapitel 4). Insbesondere nach dem Schmerz ist eine sanfte oberflächliche Berührung so gut!

Body-to-Body wirkt unglaublich erregend, sowohl taktil als auch für die Phantasie. Auch ein Mann kann die Frau auf diese Art massieren, falls sie ein Paar sind oder das vorher abgesprochen wird. Hier sind schlangenartige Bewegungen des Körpers mit sporadischem Kontakt sehr schön. Die Beweglichkeit der Hüfte und der Wirbelsäule lassen mehr Raum für den horizontalen Tanz. Sehr oberflächlicher Kontakt, wo die Brustwarzen, das Gesicht, die Oberschenkelinnenseiten, die Pobacken, der Bauch, die Genitalien nur die Berührung andeuten, brauchen nicht viel Öl, bzw. ist zähes Sesamöl auch in Ordnung. Wenn wir den Körper am Körper richtig gleiten lassen wollen, ist Kokosfett super. Von Nuru-Gel bin ich kein Fan, weil es schnell austrocknet, man ständig Wasser zugeben muss und es sehr kühlend ist.

Körperlich gesehen sicherst du die Erregung, wenn du eine sehr gute Durchblutung und Übertragung der Nervensignale im Becken ermöglichst. Hier reiben wir mächtig am Kreuzbein, kneten die Pobacken wie Pizzateig, schieben das Blut in den Oberschenkeln vom Knie zur Körpermitte – wir sammeln die Ressourcen am künftigen Tatort.

Gott bewahre dich, stürmisch und zielgerichtet am Intimbereich zu starten. Egal, ob beim Mann oder der Frau, darf sich die Erregung nach und nach aufbauen. In der Regel wirkt die Vorgeschichte sehr eindeutig auf die Qualität vom Orgasmus. Erforsche wie ein Blinder, der das erste Mal die Genitalien in der Hand hat und sehr vorsichtig ist. Friere auf den Punkten ein und spüre die Pulsation, spiele grammweise mit dem Druck. Gleite strukturübergreifend und fließend. Wenn du merkst, die Erregung steigt, die Person tief einatmet, eventuell sogar eine Vibration in der Tiefe des Körpers abläuft, bleibe eine Weile dran und werde „gemein“. Weiche in die Nachbarstellen aus: Bauch, Brust, Oberkörperseiten, Oberschenkelinnenseiten für ein bis zwei Minuten und komme zurück. Die Vibration und die spontanen Bewegungen sind es eindeutig wert, länger ausgelebt zu werden, andererseits löst sich da viel Spannung, unter anderem des psychosomatischen Ursprungs. Dies kann zu Stimmungsschwankungen im Laufe des Tages oder sogar einige Tage später führen.

Es gibt Menschen, die Spannungswellen nicht mögen. Das wirst du spüren und natürlich ist es kein Verbrechen, „geradeaus“ Richtung Höhepunkt aufzusteigen.

Ich persönlich empfehle drei bis vier „Wellen“. Erst wenn du merkst, dass „das Blut kocht“, darfst du zur sicheren „Killertechnik“ greifen und dranbleiben.

2.5 Höhepunkt

In der „Dramaturgie“ einer Tantra-Massage sollte es am besten einen Mittelpunkt geben – emotional und körperlich.

1) **Explosiver Orgasmus**, nach dem eine tiefe Ruhe eintritt. Er wirkt wie ein Reset-Knopf für den Computer. Wir schalten „alle hängenden Programme“, also den inneren Dialog, aus und befreien damit viel Kapazität. Wir lösen eine Kontraktion mehrerer Muskelfasern aus, damit sie sich danach tief entspannen und sich einige wieder normal vollständig an- und entspannen können. Die meisten Frauen können auch Multiorgasmen haben. Mit der Technik „Edging“ kannst du beim Mann versuchen, die Ejakulation einige Male zu unterbrechen. Wenn es fast so weit ist, drücke auf die Eichel. Das Ejakulat wird versuchen, durch die Harnröhre zu kommen, und fließt danach zurück. Die Stimulation darf weitergehen.

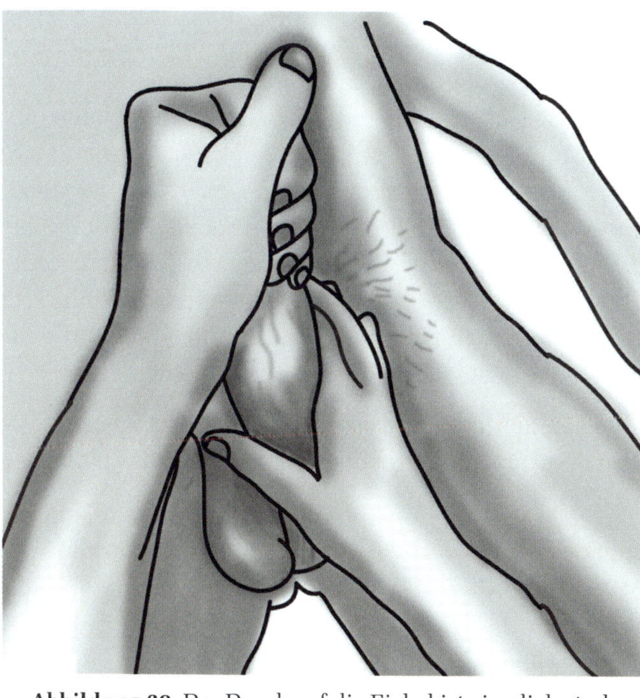

Abbildung 20. Der Druck auf die Eichel ist ziemlich stark.

2) **Maximale Erregung (sexuelle Energie) ohne Entladung.** Sie wird später mit großen Ausstreichungen über den Körper verteilt. Diese Form ist sehr beliebt bei Menschen, die intensiv mit Dao und Tantra unterwegs sind. Eventuell gibt es einen trockenen Orgasmus – ohne Ejakulation. Diese Fähigkeit kann der Mann erlernen und es gibt Massagetechniken, die es gut anleiten können. Angeblich spart der Körper damit wertvolle Stoffe und Energie, die sonst „für die nächste Generation" abgegeben werden würden: Zink, Magnesium, Kalium, Enzyme, Aminosäuren etc. Das sind die Stoffe, die auch unser Immunsystem, Nervensystem, Herz etc. gebrauchen könnten. Und ich habe viele Menschen getroffen, die von einer besseren Gesundheit berichten, seitdem sie ihren Erguss vom Höhepunkt trennen. Auf jeden Fall bin ich dagegen, fünfmal am Tag den Samen zu verschwenden. Wichtig ist allerdings, dass der Mensch nicht komplett auf das klassische „Abspritzen" verzichtet. Die regelmäßige Reinigung ist für die Prostata, Speicher und Leiter wichtig. Diese Meinung vertreten Urologen in Russland und ich schließe mich an. Leider habe ich Kunden, die zu mir zu RIMbuilding kommen, weil sie mit der Technik der trockenen Orgasmen fanatisch geworden sind und mit der Zeit Probleme mit der Vorsteherdrüse bekommen haben.

3) **Gipfel des inneren Konfliktes**, eventuell mit einem emotionalen Ausbruch. Unser Intimbereich ist psychosomatisch stark geladen. Viel Aufmerksamkeit auf der körperlichen Ebene kann sie ins Licht holen. Es kann sowohl im Prozess der Behandlung passieren als auch danach. Es ist in Ordnung, keine Panik! Sollte es in der Behandlung stattfinden, bleibe da, behalte den Körperkontakt, folge der Emotion und erlebe sie mit. Dann fange an, tiefer und entspannter zu atmen, lockere deinen Körper und lasse den Menschen bis zum Schluss Emotionen aufbauen. Bis nichts mehr da bleibt. Hier hilft eine liebevolle Umarmung und in krasseren Fällen fester Halt. Wenn du siehst, die Augen werden weiß und der Mensch verliert die Kontrolle komplett, mische dich durch Einsatz der intensiven körperlichen Empfindungen ein. Das kann Schmerz, starkes Aroma, z. B Zitrone, oder ein lautes Geräusch sein, zum Beispiel

Klatschen mit den Händen. Du kannst laut den Namen des Menschen rufen, sehr ruhig und laut sprechen: „Ich bin XY, du bist jetzt in XZ, die Gefahr ist nicht da." In extremen Fällen ist professionelle Hilfe eines Psychotherapeuten notwendig. Auf jeden Fall, wenn Emotionen hochkommen, ist das übliche abwertende Murmeln „Sei doch nicht traurig, alles ist doch gut" keine Lösung. Damit kehrt man nur das Problem zurück unter den Teppich.

Je nach deiner Kompetenz, vorheriger Absprache und dem Gefühl, was jetzt richtig ist, kannst du das Geschehen in eine der Richtungen steuern, aber ohne Verbissenheit. Es wird so viel aufgenommen und verarbeitet, wie der Mensch gerade kann. Das Ego ist der schlechteste Ratgeber.

Nach wie vor halten die meisten Menschen einen Orgasmus für eine *notwendige* Konsequenz der Berührung am Intimbereich. Er wird zum Ziel und seine Abwesenheit zur Enttäuschung beider Seiten. Unsere Kultur hat vielen Menschen den Gedanken aufgezwungen: „Ohne Orgasmus bist du nicht in Ordnung." Wie ohne gute Noten in der Schule. Das Gefühl „Nun soll es den Orgasmus geben" ist ein großer Lustkiller, für Frauen und auch Männer. Die nehmende Seite kommt in den Leistungsmodus: „Jetzt darf ich nicht versagen." Man hört auf, einfach entspannt zu empfangen und zu genießen.

Die schnellen und offensichtlich orgasmusorientierten Techniken können auch körperlich sehr schnell zu einer Überreizung führen – die Stellen werden für eine Weile schmerzhaft oder taub. Achte darauf, nicht länger als zwei Minuten dranzubleiben.

Wie ein Raubtier seiner Beute erst auf den weichen Pfoten nahekommt, damit nur ein finaler Sprung nötig ist, solltest du bei den weichen Techniken so lange bleiben, bis du merkst, der Höhepunkt ist maximal nah. Visuell werden der Penis oder die Klitoris sehr intensiv durchblutet, werden größer und heißer. In diesem Moment wäre die Reibung an der nackten Eichel der Klitoris oder des Penis sogar unangenehm. Stimuliere sie nun über die Vorhaut oder verlege die Aufmerksamkeit auf den Schaft bei einer beschnittenen Person. Manchmal kann der beschnittene Mensch doch eine intensive

Stimulation haben, aber eher selten. Du kannst es im Nachgespräch klären. Für den Moment des Höhepunktes eignen sich jegliche Gespräche schlecht. Eine gute Idee ist, dich mit der Hand führen zu lassen, falls mehr Stimulation nötig ist.

Viele Menschen brauchen es im Moment des Höhepunktes, aktiv berühren zu können. Falls für dich nicht mehr geht, lasse die Person zumindest deine Füße oder dein Kreuzbein halten. Es „erdet“ und ermutigt zum Kontrollverlust.

Das Thema Kontrolle hat oft mit Orgasmusschwierigkeiten zu tun. Auf jeden Fall soll der Behandler signalisieren: Du bist im sicheren Raum, ich bin bei dir, ich werte dich nicht, die Umgebung ist weich, falls spontane Bewegungen vorkommen, die laute Stimme ist in Ordnung.

Ein Orgasmus ist ein Reflex und häufig hat die Person sich schon auf ein bestimmtes Ritual bei der Selbstliebe konditioniert. Es geht meistens um die klassischen Berührungen, die die Menschen selbst benutzen: Kreisen oder Reiben an der Klitoris, selbstbewusstes „Stoßen“ mit den Fingern in der Vagina zum Beispiel auf den G- oder A-Punkt, hoch-runter am Penis. In der typischen Vagina geht es um die Dehnung, kaum um die Reibung – im Gegensatz zu einem typischen Penis. Wende nicht sofort die maximale Geschwindigkeit an. Etwas mehr Druck und etwas schnellere Bewegungen als davor können ausreichen. Fühle die Mitfreude und zeige sie. Unterstütze die empfangene Person mit einer tiefen, intensiven, gerne lauteren Atmung. Du kannst gerne gleichzeitig mit der Stimulation warm oder kühl auf die stimulierte Fläche atmen. Einige Menschen werden sich sehr stark über die Stereo-Stimulation freuen; sie hilft ebenfalls, die Kontrolle zu verlieren: Spiele mit den Brustwarzen, dem Anfassen an der Brust oder am Po, Berührungen am Anus. Gerne kannst du einen Finger leicht in den ersten Schließmuskel einführen, falls es keine Tabuzone ist. Auch die Stereo-Stimulation mögen nicht alle. Die Empathie ist hier das einzig gute Mittel, um *richtig* zu handeln.

Eine Imitation des Penisringes mit einer Hand kann bei einer allgemeinen Erektionsschwäche hilfreich sein, um den Höhepunkt zu erzeugen. Ein enger Ring an der Wurzel vom Schaft stoppt den Blutabfluss, übernimmt also die Aufgabe der Beckenbodenmuskulatur, die aktuell wahrscheinlich noch zu schwach ist. Leider darfst du es maximal zwei bis drei Minuten anwenden

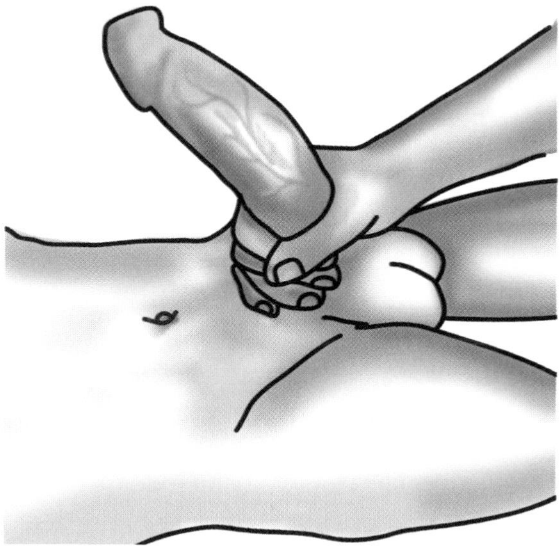

Abbildung 21. So erzeugst du einen Blutstau um eine künstliche Erektion. Der Druck ist echt stark.

Stelle dir nicht die Aufgabe, in einer Behandlung Wunder zu zeigen. Viel wichtiger ist die langfristige Perspektive.

Sobald du dich als Behandler bei dem Gedanken „Wann endlich?“ ertappst, verlierst du den natürlichen Flow. Es ist an der Zeit, die eigene Aufmerksamkeit in eine andere Aufgabe umzulenken. Den Kunden oder Partner unter Druck zu setzen, ist nicht unser Ziel. Gehe einen oder zwei Schritte zurück, in die Phase „Entspannung“ oder „Erregung“, und lasse das geschehen, was gerade stimmig ist.

Hat die nehmende Person sich gestresst und sich bemüht, der Erwartung zu entsprechen? Die Erektion[25] geht dramatisch zurück, das Ge-

25 Ich nutze einfach dieses Wort für die erhöhte Durchblutung der Schwellkörper, bei Mann und Frau.

sicht wirkt konzentriert, die Atmung wird flach. Komme zurück in die *Entspannung* als Aufgabe. Nutze eine ruhige Stimme, zärtliche Berührung, Körperkontakt und spiele mit dem Vagusnerv. Eventuell kannst du eine verbale Bestätigung geben. Es kann sein, dass jetzt plötzlich die Erregung wieder sichtbar wird und die zweite Chance kommt. Ansonsten kannst du Oxytocin mit den anderen Mitteln aufbauen (das werden wir für die neuronale Plastizität brauchen) und dann in den nächsten „Abschnitt“ gehen.

Ist es noch nicht „zu spät“? Weiche zurück in die spielerische Erregungsphase aus: Bewege mehr Blut zum Becken, spiele mit den Brustwarzen oder anderen entdeckten Zauberpunkten. Hauptsache, du selbst genießt den Prozess.

Wenn der Orgasmus stattfindet, bleibe ca. acht Sekunden bei der absolut gleichen Technik, ohne die Eichel/Perle unbedeckt zu berühren. Beim Mann kann man zusätzlich das Sperma kräftig rausdrücken, quasi die gierigen Kontraktionen der Vagina nachmachen, die sie reinziehen. Bis auf den letzten Tropfen. Dann imitiere mit der Hand das Nachpulsieren, als wäre der Orgasmus gemeinsam. Senke nach und nach das Tempo und die Intensität. Bleibe im Kontakt. Der Finger bleibt still in der Vagina, falls er da war, eine Hand liegt auf dem Venushügel bzw. auf dem Penis. Einige Kolleginnen benutzen zum Abwischen vom Ejakulat warme feuchte Tücher und lassen dann eins auf dem Penis liegen. Das gibt das Gefühl „nicht sofort verlassen zu sein“. In der Natur würde der Mensch ja nach dem Orgasmus etwas im Kontakt bleiben. Die Temperatur des Wassers ist da immer eine heikle Sache, aber im Spa-Zubehör gibt es gute Geräte für warme feuchte Tücher.

Warme Atmung auf die intimen Stellen etwas nach dem Orgasmus sowie sehr sanfte Streicheleinheiten können sogar eine Wiederholung des Erlebnisses auslösen. Falls es für die Person zu viel wird, gibt sie meistens ein klares Zeichen.

2.6 Installation und Integration neuer Programme

Während des Orgasmus schaltet das menschliche Gehirn angeblich auf die Theta-Wellen um. Diese weisen wir auch kurz vor dem Einschlafen und Aufwachen, bei der Hypnose und tiefer Meditation auf. Auch die großen Mengen an Oxytocin helfen, schneller neue neuronale Netzwerke zu bilden und eventuell alte, ineffektive aufzulösen (weshalb ich generell viel Körperkontakt und Streicheleinheiten im Alltag empfehlen würde).

Dieser Zustand gibt einen guten Zugang zum Unterbewusstsein. Alles, was wir sagen und zu spüren geben, prägt sich sehr tief ein. Es gibt dem Menschen eine Basis für die spätere Selbstwahrnehmung und Handlung.

Erinnerst du dich noch an die Grundbedürfnisse der Empfänger? Entspannung, Nähe, bedingungslose Wertschätzung, (sexuelle) Gesundheit, Belohnung.

Diese gibst du deutlich zu spüren, wenn du nach dem Orgasmus beim Menschen bleibst, ihn langsam streichelst, liebevoll lächelst, dich neben ihr oder ihm hinlegst und mit den Haaren spielst. **Das bedeutet: „Du bist in Ordnung. Du bist liebenswert. Du bist nicht allein. Dein Leben ist wertvoll."** Das Berühren bestimmter Körperteile kann nonverbal ein Lob aussprechen. Zum Beispiel die Schultern und Oberarme, das Gesicht, die Brust und die Taille tragen eine Bedeutung der Stärke, Sinnlichkeit, Eleganz, Sportlichkeit etc.

Wenn du jetzt **eine Bestätigung ins Ohr flüsterst**, hat dein Kompliment eine Wirkung hoch hundert. Je nach Situation kann das ein „Schön, dass ich dich (wieder) massieren durfte" bis hin zu einem „Ich liebe dich" sein. Denkbar sind ebenfalls „Wie schön ist es, dass wir zusammen sind", „Du bist die schönste Frau der Welt", „Ich schätze jede Sekunde, die wir zusammen sind". Die Versuchung, in diesem Moment das Verhalten der Person zu lenken, ist groß und, solange es dem beidseitigen Wohle dient, aus meiner Sicht auch gut. Unterstütze das, was dir schon gefällt und du verstärken möchtest. „Danke, dass du dich für mich entschieden hast"; „Danke, dass du für mich immer da bist" (oder für etwas Konkretes); „Ich fühle mich so sicher mit dir". Angeblich kannst du die wichtigen Botschaften auch ohne Worte ausstrahlen, aber dazu gebe ich keine Garantien.

Der Placeboeffekt ist logischerweise auch stärker. Wenn der Orgasmus intensiv war, ist es nicht verkehrt, die Person zu loben: „Wow! Das war aber heftig! Gesunder Hengst!", oder: „Heiße Frau bist du! Wow!" Wenn ihr an der vorzeitigen Ejakulation arbeitet und der Mann gut durchgehalten hat: „Du kannst aber, wenn du willst!" Bei einer Erektionsschwäche: „Du bist toll steif geblieben/geworden." Wenn das Thema „Kopf abschalten" war: „Du hast einige Zeit wirklich losgelassen und geschwebt – ich habe es bemerkt." Beim Kinderwunsch: „Du wirst sicher schöne und zugleich intelligente Kinder haben." Und so weiter, je nach Situation.

Bleibe in der Phase der liebevollen Streicheleinheiten mindestens fünf Minuten und falls die Zeit da ist, kannst du zum Abschluss noch ein bisschen den Körper richten.

- Langsam an den Extremitäten ziehen, damit die Wirbelsäule lang wird.
- Die für euer Thema relevantesten Faszien erneut langziehen.
- Den Körper schwingen lassen, sodass das Pulsieren durch alle Zellen geht (holistisches Pulsing / tibetische Massage).
- Passive Bewegung anwenden, um die Strukturen zu dehnen und die Gelenke zu mobilisieren.
- Den Nacken langziehen und in drei Dimensionen sehr behutsam bewegen.
- Das Gesicht massieren, um die alte fasziale „Maske" wegzuzaubern und eine neue, entspannte zu hinterlassen.
- Einfach sofort mit den großflächigen Ausstreichungen am Körper die „Energie verteilen". Gut ist, danach noch einmal die Füße „erdend" zu halten und erst danach die Person allein zu lassen.

Nach der Behandlung ist es essenziell, die Verbindung aufzulösen und mit der Aufmerksamkeit wieder zu sich zu kommen, zum eigenen Körpergefühl, zur eigenen Atmung. Auf Wunsch kannst du eine

Trennung zwischen den Energiefeldern visualisieren. Es ist wichtig für unsere eigene Erholung.

Der Schluss bestimmt den Gesamteindruck. Also bitte auch hier keine Hektik. Du hast doch den Stress so geschickt abgebaut und willst ihn nicht gleich wieder erzeugen!

Wische das restliche Öl mit einem warmen feuchten oder trockenen Tuch zumindest vom Gesicht und den Füßen ab. Decke die Person auf. Nach einer Massage und insbesondere nach dem Orgasmus sinkt der Blutdruck und dementsprechend die Körpertemperatur.

Lasse die Person für einige Zeit allein. Wenn die Massage zu Hause abläuft und der Mensch einschläft, ist das ein gutes Zeichen. Im Schlaf gehen die neuen Programme ins Langzeitgedächtnis über und die körperlichen Veränderungen finden unmittelbar statt. Wenn es eine professionelle Behandlung war, sind wahrscheinlich nur ein paar Minuten für die Nachruhe vorhanden. Auch so eine kurze, tiefe Entspannung tut gut.

Bei einer Nebennierenerschöpfung kann der Blutdruck zu stark sinken, wenn der Mensch schnell aufsteht. Eventuell ist eine Begleitung notwendig, insbesondere wenn du auf einer Liege massiert hast. Idealerweise setzt man sich zuerst hin, bekommt die Schultern ca. eine Minute lang geknetet und darf dann aufstehen.

Biete ein Glass Wasser, eine Tasse Kräutertee, ein Stückchen Bitterschokolade oder etwas Obst an.

Erkundige dich, wie es dem Menschen geht. Wenn er oder sie sich wohlfühlt und das selbst anerkennt, gehen die Prozesse noch tiefer. Außerdem kannst du Mitgefühl zeigen und eine passende Empfehlung/Übung mitgeben.

Wie auch jedes Coaching und Körperarbeit wirkt die Massage eine längere Zeit nach. Körper und Geist haben ihre Aufgaben bekommen und werden sie einige Wochen Stück für Stück erledigen.

Angeblich ist es für Menschen ein gesundes Maß, 80 % der Zeit entspannt zu sein und sich 20 % des Tages anzustrengen. Das klingt in unserem Zeitalter unrealistisch, aber zumindest ein bisschen erstrebenswert, um die Regeneration zu ermöglichen und einfach eine bessere Ausstrahlung zu haben. Am besten sollte man das Schweben nach der Massage maximal lange behalten. Ich sage den Kunden direkt: „Ich wünsche dir weiterhin einen schönen Tag. Stress ist für heute streng verboten. Lasse die Behandlung nachwirken." Im privaten Kontext: Verbringt einen schönen Tag zusammen, geht spazieren oder in die Therme, wenn es nicht vor der Massage schon war.

Zusammenfassung des 2. Kapitels

- Ablauf einer Tantramassage gleicht jeder Therapie (Vorbereitung, Vertrauen, Prozess, Umwandlung, Integration) und sollte in die vorhandene Zeitspanne integriert werden, ohne einen Schritt auslassen zu müssen.
- Gib jeder Phase genug „Raum".
- Das Verständnis der grundlegenden körperlichen und geistigen Prozesse ist ein Leitfaden für die Schritte, aber die Intuition hat Priorität.
- Erwarte keine intensive Dramaturgie im Hier und Jetzt. Die Prozesse können dauern und jede Behandlung wirkt auch nach.

KAPITEL 3

Anatomie und Physiologie der Sexualität

Selbstverständlich ist es der Zweck einer Tantra-Massage, schöne Momente und Nähe zu erleben. Aber auch ihre Wirkung auf die Sexualität ist nicht zu unterschätzen:

- **Langfristige Gesundheit:** allgemeines Wohlbefinden, Verjüngung, Prävention der Erkrankungen der männlichen und weiblichen Geschlechtsorgane sowie Unterstützung des Körpers bei der Selbstheilung.
- **Qualität der körperlichen Nähe:** mehr Gefühl zur Berührung, mehr Zugang zur Erregung über einen längeren Zeitraum, freiere Bewegung des Beckens und Lebendigkeit der Intimmuskulatur im sexuellen Dialog, intensivere Orgasmen.

Die Königsdisziplin besteht darin, die Prozesse zu verstehen, sie aber nicht als Probleme zu bezeichnen. Der Mensch vor dir ist schon in Ordnung *und* du hast die Macht, ihm oder ihr mehr Lebensqualität zu zaubern. Das ursprüngliche Konzept der absichtslosen Berührung in der Tantra-Massage klingt für mich wie Kommunismus. Schön und erstrebenswert, aber nicht erreichbar im heutigen Zustand der menschlichen Psyche. Gar ohne Absicht stehen wir nicht mal vom Bett auf.

Ich schlage daher **4 Typen der Berührung** vor:

1. **Erforschung.** Nicht-wertende taktile Untersuchung der oberflächlichen und tiefer liegenden Strukturen. Langsam und mit dem maximalen Gefühl in deinen Fingerkuppen, Händen etc. „Ich sehe dich."

Durch diese Art der Berührung bringen wir die Aufmerksamkeit der nehmenden Person zurück in den Körper – das, was im hektischen Alltag ausgeblendet wird und zur puren unachtsamen Ausbeutung der eigenen „biologischen Hülle“ führt. Dann übersieht der Mensch die ernsten Warnsignale und Bedürfnisse und macht weiter, bis der Körper eindeutigere und bösere Symptome zeigt. Hier ist sehr wichtig, dass auch die nehmende Person während der Interaktion im Hier und Jetzt bleibt und nicht bei der To-do-Liste der kommenden Wochen. Das erreichen wir zuerst über die Ansprache vor der Behandlung (Kap. 2) und unsere eigene Präsenz (Kap. 1).

2. **Akzeptanz und Verbindung.** Großflächige Berührung am ganzen Körper ohne Ausnahmen. Unser Körper ist ein Ganzes. Alles gehört dazu. Alles wird empfangen. Wir lernen zu sehr, da zu behandeln, wo das Signal herkommt. Und das ist falsch. Ich rede nicht nur von Zusammenhängen wie myofaszialen Leitbahnen oder Meridianen. Alles hängt mit allem zusammen. Das darf der Körper über die Berührung wieder lernen.
3. **Spaß an der Berührung.** Eigenes Vergnügen, die gewissen Stellen zu spüren. Zum Beispiel eine männliche Eichel ist sanft wie Seide. Wenn meine Brustwarze an seiner Eichel spielt, ist es auch für mich lustvoll. Die zarten Hautstellen, kleine Härchen bereiten taktiles Vergnügen. Da verschwimmt die Grenze zwischen Geben und Nehmen. Auch Mitgefühl für den Spaß der empfangenden Seite gehört dazu. Laut meiner Beobachtung ist die Wirkung von dieser „Absicht“ die intensivste. Und auch im Abschluss bringt sie am meisten, wenn sie ehrlich ist. Bloß lieber nicht an der Eichel oder Klitorisperle – sie sind bei den meisten Menschen zu sensibel.
4. **Lokale Einflussnahme.** Mobilisieren, bewegen, trennen, dehnen, Triggerpunkte schmelzen lassen, durchbluten, stimulieren. Machen also. Eine Behandlung beim Physiotherapeuten besteht hauptsächlich aus den Berührungen dieser Art. Wir dürfen sie auch in kleinen Mengen einfließen lassen und als erotisches Spiel tarnen. Dafür müssen wir die Anatomie und Physiologie verstehen. Aber auch das Spiel mit der Lust – steigern, senken, zum Höhepunkt führen – gehört dazu. Da wir leicht Gefahr laufen, uns selbst

und das Gegenüber unter Druck zu setzen, ist es gut, die anatomischen Strukturen zu kennen, aber im erforschenden Modus anzugehen – mit Gefühl in den Fingern.

Das A und O der Gesundheit sind die Aufmerksamkeit für die Region des Körpers, die Übertragung der Nervensignale, die Versorgung mit Sauerstoff, Energie und „Baustoffen“ dank einer guten Durchblutung sowie die Entsorgung der „Abfälle“ mit dem guten Lymphfluss und eine intakte Arbeit des Immunsystems.

Wenn es um ernsthafte Erkrankungen geht, lohnt es sich, einen Urologen bzw. Gynäkologen aufzusuchen. Es gibt eindeutige Gegenanzeigen sowohl für eine Intimmassage als auch für die Intimfitness: bestimmte Arten der Myome, deren schnelles Wachstum, akute Entzündungen, sexuell übertragbare Krankheiten, Phasen direkt nach der Operation und andere individuelle Gegenanzeigen. In diesem Fall sind nur sehr sanfte Techniken möglich, die einfach etwas Zärtlichkeit spenden und den Menschen motivieren, wieder gesund zu werden. Du wirst berührt, also bist du geliebt und wirst gebraucht.

3.1 Der Bauch

Warum ist der Zustand der Bauchmuskulatur und der viszeralen Organe für unsere Sexualität so wichtig?

Bevor das angereicherte arterielle Blut die Geschlechtsorgane und die Liebesmuskeln erreicht, geht es durch das Zwerchfell und den Bauchhohlraum. Das venöse Blut fließt durch diese „Hindernisse“ zurück. Sollte der Weg durch die angeschwollenen und entzündeten Bereiche erschwert sein, erhöht sich das Risiko der Bildung von Krampfadern unterhalb vom Stau.

Die Lymphe reinigt sich zum Teil über die Darmschleimhaut, zum Teil fließt sie hoch zum Venenwinkel. Die Nervensignale gehen zum Teil durch die Wirbelsäule, zum Teil frei durch den Vagusnerv. Ein Schwellbauch sowie eine Schwäche der Bauchmuskulatur belasten den unteren Rücken sehr stark und verhindern die Funktion des Spinalhirns und der Lumbalnerven, die zwischen den Wirbeln entspringen. Bauchmuskeln und Organe stehen in Wechselwirkung: Entzündungen schwächen die Muskeln, die unfähigen Muskeln können nicht die Peristaltik und den Lymphfluss unterstützen. Jemand muss da eingreifen und diese Abwärtsspirale unterbrechen.

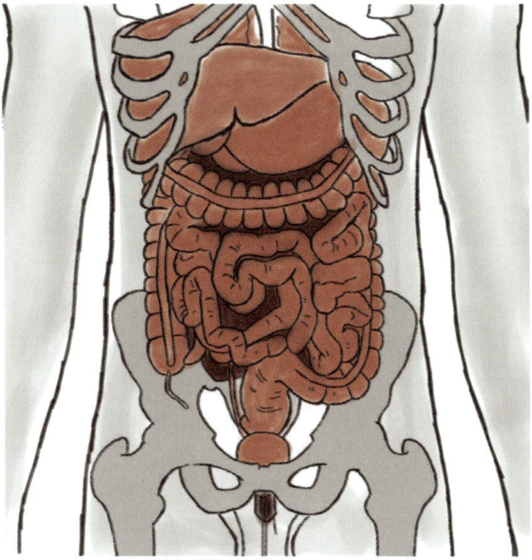

Abbildung 22. Die Bauchorgane und Geschlechtsorgane – die glückliche Nachbarschaft gibt viel Unterstützung. Die kranke Hindernisse.

Die geschwollenen inneren Organe drücken auf die Organe des kleinen Beckens und aufeinander. Es verhindert deren normale Durchblutung und Reinigung, führt zur Senkungen der Organe und zu Entzündungen, macht die Sehnen weniger belastbar und elastisch. Der Verdauungstrakt kann die Nährstoffe nicht so gut aufnehmen und den Hormonhaushalt regulieren. Die Leber und Nebennieren können ebenfalls weniger für die Hormone tun. Die Milz kann nicht so gut gegen Krankheitserreger ankämpfen.

Eine Apfelform des Bauchs, ein Mittellinienbruch (auch bei Männern), Senkung der Bauchorgane, was wie eine „Schürze" aussieht, ein Hohlkreuz oder ein zu starker Tonus der äußeren Bauchmuskeln sind zusätzliche Risikofaktoren für die sexuelle Gesundheit und ein Hindernis, sich beim Geschlechtsverkehr kreativ und fließend zu bewegen. Ohne tief in die viszerale Massage einzutauchen, kannst du die Gesundheit der Bauchorgane und der Bauchmuskulatur unterstützen. Komme nur so tief, wie es angenehm ist, und übertreibe nicht mit dem therapeutischen Einsatz – das kann die Stimmung ruinieren. Erforsche den Körper, strahle Liebe aus, statt eine Stimmung nach dem Motto „Das hier ist ein Problem" zu erzeugen.

Tiere zeigen ihren Bauch als Zeichen des Vertrauens. Da sind wir besonders verletzlich. Daher kommt es frühestens in der zweiten Hälfte der Körperarbeit zu einer Bauchmassage.

Wassereinlagerungen

Wenn der Bauch sehr geschwollen ist, bleibe zuerst bei den „lymphatischen" Techniken: sehr sanftes Handauflegen auf die Lymphknoten, langsame streichende Bewegungen im Lymphfluss. Der Körper darf nur so viel reinigen, wie er problemlos verkraftet. Wir bringen Giftstoffe und Krankheitserreger in Bewegung und ein Überfluss an diesen kann zur Verschlimmerung führen. Oft ist es auch kaum möglich, in die Tiefe zu greifen, wenn die Bauchdecke zu angespannt ist.

Da sich das lymphatische System durch den ganzen Körper zieht, kann sich die Wirkung überall zeigen. In erster Linie da, wo es einen Stau gab. Es kann sein, dass es woanders plötzlich anfängt zu jucken, zu kribbeln oder eventuell zu ziehen und wehzutun. Die Person kann anfangen tiefer zu atmen oder zu gähnen – das ist alles in Ordnung.

1. Bei starkem Unwohlsein sofort unterbrechen und abwarten, bis die Symptome weg sind. Auch wenn die empfangende Person nichts spürt, ist die Wirkung trotzdem da.

   Da wir nicht die komplette Massage „lymphatisch" gestalten, verlassen wir uns nur auf die Reinigung über die Darmschleimhaut und eventuell die Achselhöhlen; die Mitte lassen wir aus. **Die Berührung ist maximal langsam. Die Lymphe fließt ja nicht schnell.** Und der Kontakt ist ganz sanft. Weniger ist in diesem Fall mehr.

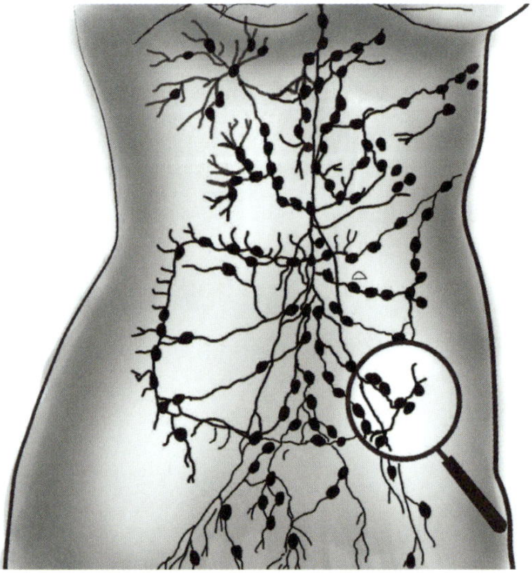

Abbildung 23. Die wichtigsten Lymphknoten: in den Leisten, unterhalb des Zwerchfells, am Verlauf des Dickdarms.

2. Streichele langsam und oberflächlich vom Beckenkamm zu den Achseln. Maximaler Kontakt der Hand zum Körper. Ob du am Kopf sitzt/stehst oder am Becken, beidseitig, einseitig oder zeitversetzt.

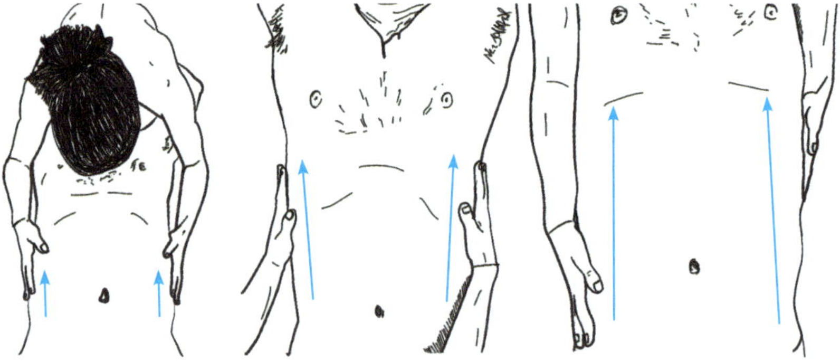

Abbildung 24a.

3. Lege deine entspannten Hände auf die Leisten und bleibe einfach einige Atemzüge im Kontakt. Spüre eventuell die Aktivität unter deinen Handflächen. Die Wahrnehmung der Aktivität der Lymphknoten ist Übungssache. Lege die entspannten Hände unter die Rippenbögen und bleibe einfach einige Atemzüge im Kontakt. Spüre den Herzschlag in der Aorta (leicht links von der Mittellinie).

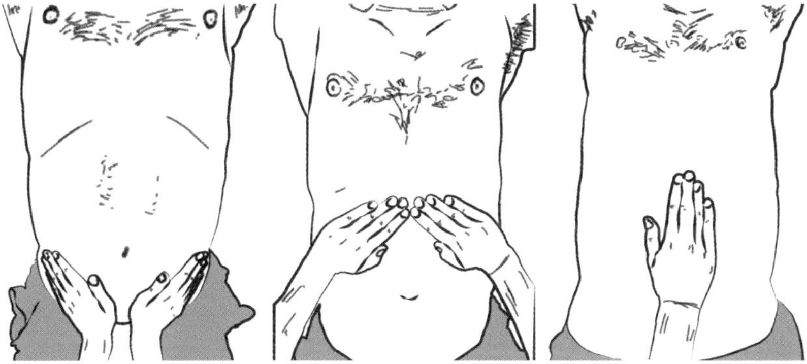

Abbildung 24b.

4. Streichele langsam den Bauch mit einer flachen entspannten Hand im Uhrzeigersinn (wie der Dickdarm verläuft). Das unterstützt auch die Peristaltik des Dickdarms, also seine Reinigung.

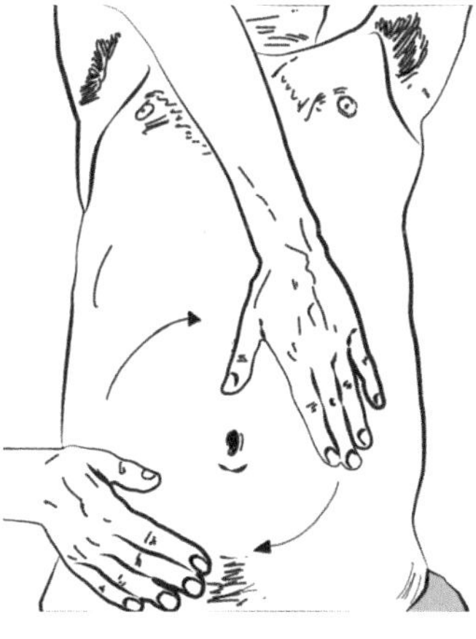

Abbildung 24c.

5. Streichele vom Lendenbereich zum Nabel, dann vom Nabel wie Sonnenstrahlen nach außen zu den Rippenbögen und Leisten und danach wieder von dem Beckenkamm zu den Achselhöhlen.

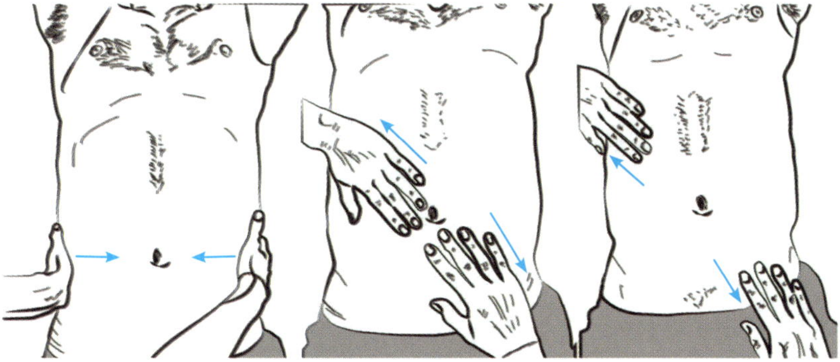

Abbildung 24d.

Die Versammlungen der Lymphknoten stimmen mit den meisten „Kraftpunkten" aus Lomi überein, wie ich es bei Robert Gantke gelernt habe. Daher kümmere ich mich darum zum Schluss der Behandlung: Achselhöhlen, Ellbogen, Bauch, Leisten, Knie, Fußgelenke. Es tut jedem gut und beruhigt. Wenn der Behandelte danach auf die Toilette muss, ist es keine Unterbrechung.

Muskeln und Faszien

Wenn der Körper es zulässt, kannst du mit den Muskeln und dem Bindegewebe interagieren. Hier wird unsere Berührung etwas tiefer. Mein Ex-Freund hat sich immer beim Sex sehr „klassisch" (rein-raus) bewegt. Erst eine Massage konnte ihn dazu bringen, sein Becken zu kreisen und mir wesentlich mehr Spaß zu schenken.

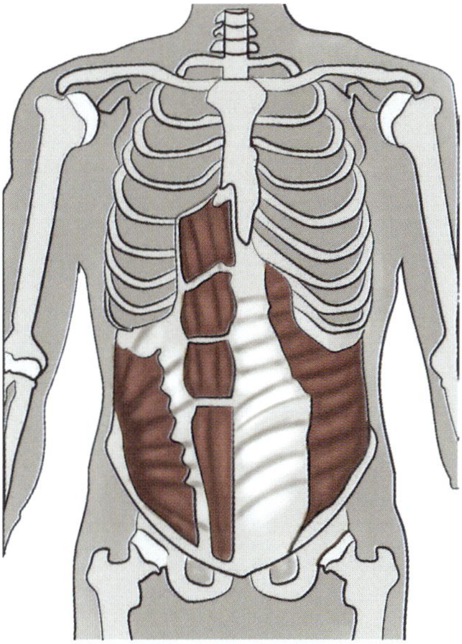

Abbildung 25a. Verhältnis zwischen den Muskeln der Bauchdecke. Muskelfasern, Faszien, Ansätze.

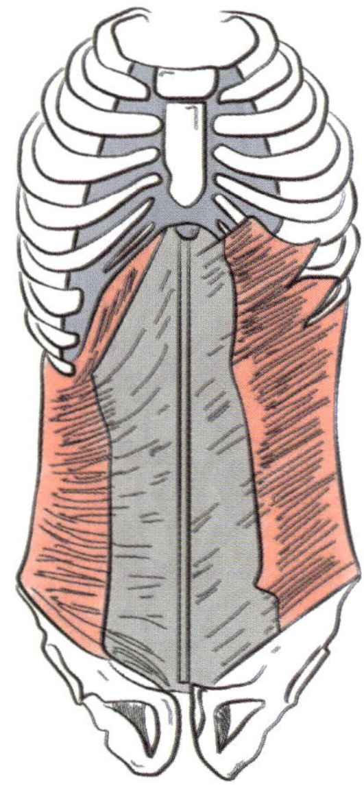

Abbildung 25b. Die Fasern der Schrägen Bauchmuskeln gehen ineinander.

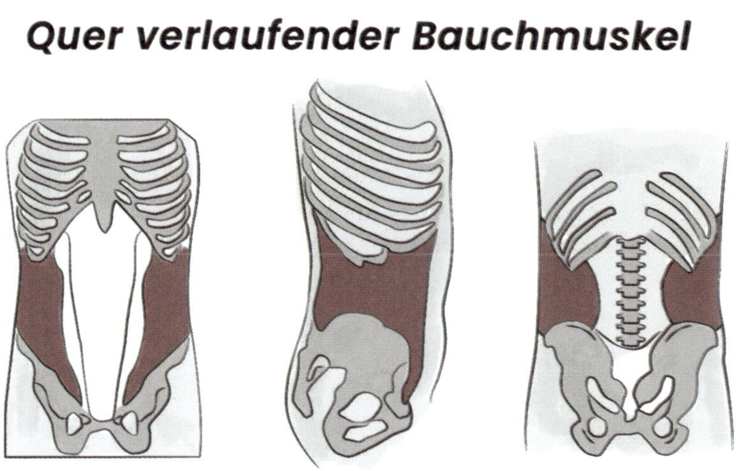

Abbildung 25c. Der tiefste Korsettmuskel verläuft auch an der Rückseite.

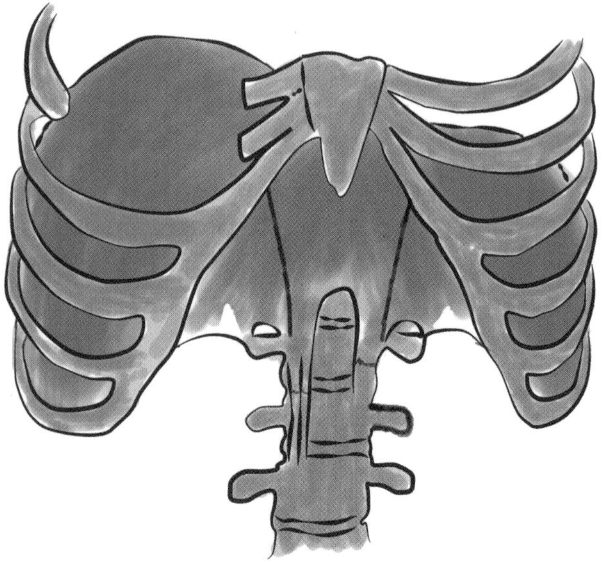

Abbildung 25d. Das Zwerchfell massiert die inneren Organe und bei einer Verspannung könnte es zu einer Senkung derselben kommen.

1. Erforsche die Muskelansätze, die du erreichen kannst: an den Rippenbögen (gerade und schräge Bauchmuskeln), unter den Rippenbögen (querer Bauchmuskel, Zwerchfell), innere Seiten der Darmbeine des Beckenkamms (schräge Bauchmuskeln und querer Bauchmuskel), obere Seite des Schambeins (gerader Bauchmuskel). An den inneren Kanten der Darmbeine, am Schambein und Bauchnabel ist der Bauch durch die Sehnen, die die Beckenorgane an ihren Positionen halten, fester. Streiche punktuell mit den Fingerkuppen rein, tief bis zum Knochen und interagiere mit den Stellen. Leichter Schmerz ist ein Hinweis, etwas länger da zu bleiben. Starke Schmerzen sind zu vermeiden – reduziere den Druck. Wenn du unter die Rippenbögen greifst, tut es ebenfalls der Leber gut, kann aber Emotionen wie Wut auslösen. Diese hat nichts mit dir persönlich zu tun. Magst du die Körperarbeit vertiefen? Lege die flache Hand auf die Leber und lade die Person ein, sich dieses Gefühl zu erlauben, aber einfach intensiv „auszuatmen“. Die Leber ist groß, s. Abbildung 22.

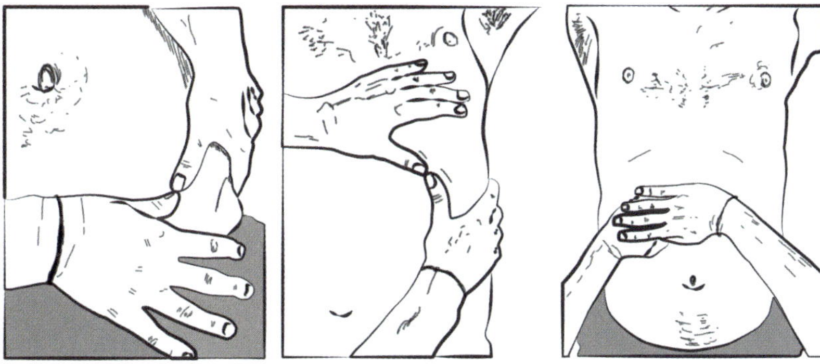

Abbildung 26a.

2. Streichele den Bauch entlang der Muskelfasern unterschiedlicher Schichten sowie quer zu ihrem Verlauf. Die Signale werden schon an die richtigen Stellen weitergeleitet, um die Selbstheilung anzukurbeln.
3. Finde die Kanten der geraden Bauchmuskeln und schiebe sie zur Mitte, zur Linea Alba. Erforsche die Segmente des „Sixpacks“[26] und den Nabel. S. Abbildung 22a. Die Behandlung des geraden Bauchmuskels tut auch dem Dünndarm gut. Vergiss nicht, dein Becken ständig schwingen zu lassen!

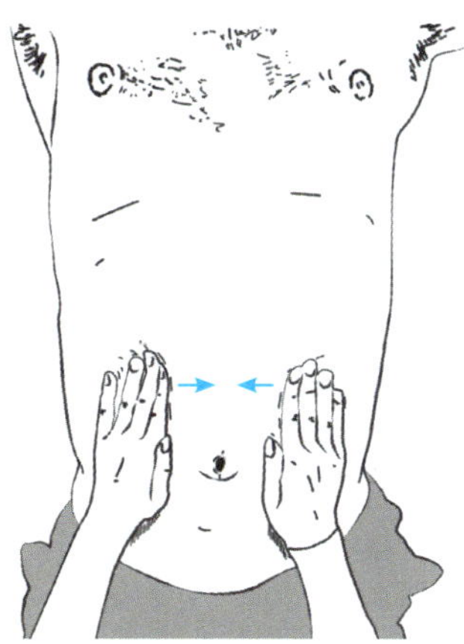

Abbildung 26b.

26 Eigentlich sind es acht bzw. zehn.

4. Ziehe die Bauchkonturen zum Mittelpunkt (Nabel).

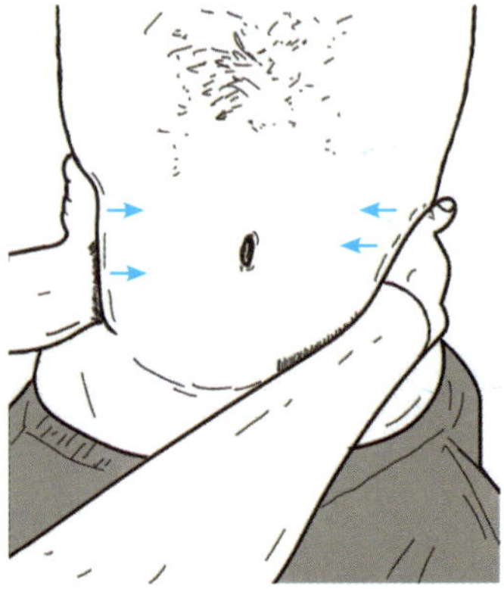

Abbildung 26c. Hier siehst du, dass ich tief ins Gewebe greife und wirklich die Strukturen langsam zur Mitte schiebe.

5. Zupfe dreidimensional[2] und tanzend am subkutanen[3] Bauchfett. Das geht besser ohne Öl oder mit ganz wenig. Und natürlich nicht an jedem Menschen im Liegen. So sexy ist diese Intervention nicht, aber wirkungsvoll. Schmerzen und blaue Flecke sind nicht unser Ziel. Wir helfen nur dem Gewebe sich zu entgiften, um das normale

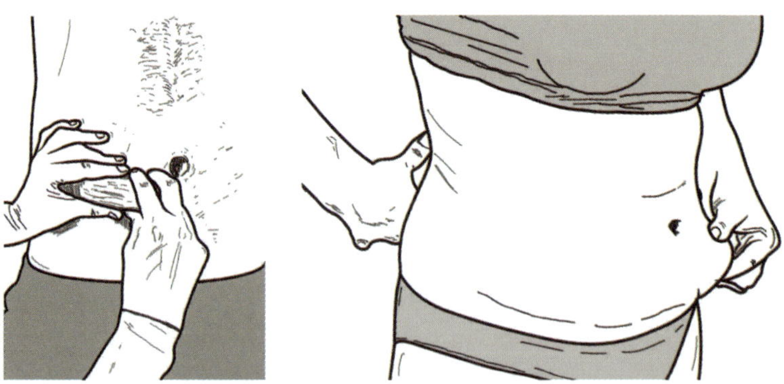

Abbildung 26d. Die Dame rechts hat eine offensichtliche Senkung der inneren Organe und ein höheres Risiko von einer Gebärmutter-, Blasen- oder Darmsenkung. Beckenbodentraining allein würde ihr wahrscheinlich nicht helfen.

2 Wenn dein Becken dabei tanzt, ist es umso besser.

3 Unter der Haut, über der Muskelschicht.

Funktionieren der Bauchmuskulatur zu ermöglichen. Du kannst auch die Narben (Blinddarmentfernung, Kaiserschnitt etc., falls vorhanden) so zupfen: quer entlang, diagonal. Nach und nach werden sie weniger stören.

6. Greife in die Falte am Unterbauch etwas tiefer. Sie liegt unter der „Schürze" oder ist bei den schlankeren Menschen einfach so sichtbar. Sie entsteht wahrscheinlich durch viel Sitzen. Drücke mit deinen Fingern rein und schiebe die inneren Organe sehr sanft und vorsichtig in Richtung der Rippen.

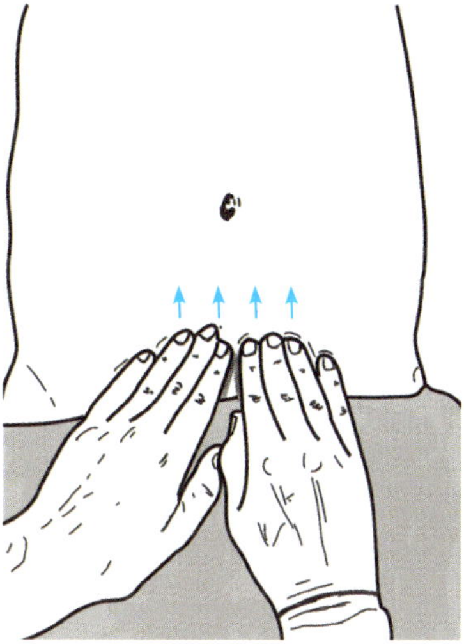

Abbildung 26e.

7. Schiebe langsam an der äußeren Kante des Dickdarms entlang und zur Mitte. Leichter Schmerz ist ein Zeichen, etwas länger zu bleiben, starker Schmerz ein Indiz, den Druck etwas zu reduzieren und dort zu bleiben. Wahrscheinlich ist da eine Verklebung. Wir geben dem Körper ein Signal, diese aufzulösen. Besonders wichtig ist dieser Eingriff für Menschen mit Verstopfung, Blähungen und Allergien. Fange am Ende des Dickdarms an (unten links) und gehe punktuell zum Anfang. Zum Schluss kannst du dann wieder liebevoll und sanft im Uhrzeigersinn kreisen.

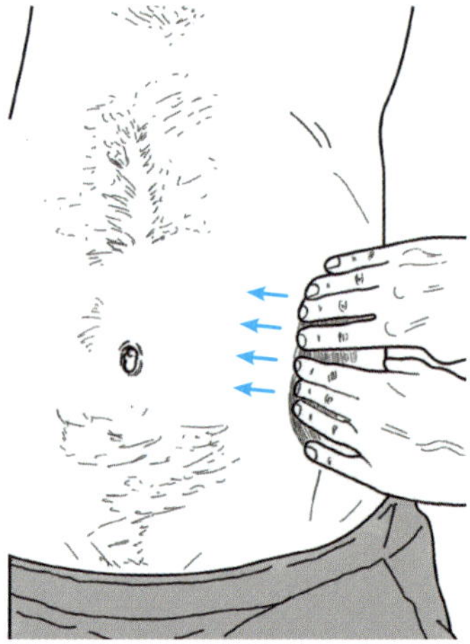

Abbildung 26f.

Ganzheitliche Zusammenhänge

Der gesunde Bauch unterstützt die optimale Körperhaltung, die nicht nur sexy aussieht, sondern auch sexy macht. Manchmal sind die Bauchmuskeln nicht die Täter, sondern die Opfer. Das Gewicht wird auf sie verlegt und sie verlieren nach und nach die Fähigkeit, optimal zu funktionieren.

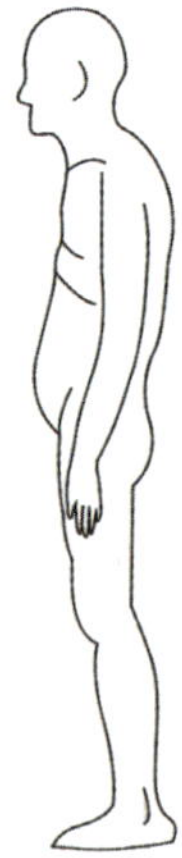

Diese Position hast du im Kapitel 1 nachgeahmt, um zu spüren, welche Strukturen verkürzt oder zu schlapp sind.

Hier trägt der Mensch die Eigenverantwortung. Massageeinheiten können nur Unterstützung geben. Das wäre:

MERKMAL	LÖSUNG
Rigider Brustkorb und verspanntes Zwerchfell.	Atemübungen + Behandlung zwischen und unter den Rippen.
Übertriebene S-Form der Wirbelsäule.	Übungen für den Rücken und Nacken, Massage der Muskeln entlang der Wirbelsäule. Bewusstsein bei der Aufrichtung des Körpers (Füße stehen fest auf dem Boden, die Vorstellung, „ein Riese zieht dich am Scheitelpunkt hoch").
Schwache Gesäßmuskeln.	Massage der Muskelansätze an der äußeren Seite des Beckenkamms, mobilisierende Massage vom Po. Gezielte Übungen und Bewusstsein beim Gehen.
Probleme am Beckenboden.	Übungen, gutes Sexleben, sanfte Massage der Ansätze, intensive Orgasmen.
Verkürzte Vorderseiten. Schwache Rückseiten der Oberschenkel.	Weniger sitzen, Faszienbehandlung. Tiefe Massagen.
Verkürzte Waden.	Massage, Faszienbehandlung, Mobilisierung der Fußgelenke. Auflösung der Verklebung der Unterschenkelvorderseite zum Knochen.
Psychosomatik.	Emotionale Unterstützung.

Die Verdauung wird vom Vagusnerv gesteuert und Nackenverspannungen können eine Ursache der Probleme sein.

3.2 Mann und Frau: Ähnlichkeiten und Unterschiede

Als ich ein Teenager war, haben Magazine über die gravierenden Unterschiede zwischen der männlichen und weiblichen Sexualität geschrieben. Meine Beobachtung zeigt: Es gibt mehr Unterschiede[27] zwischen den einzelnen Personen als unter Männern und unter Frauen[28]. Einiges ist sicherlich kultur- und erziehungsbedingt. Zum Beispiel habe ich bei Tantra Om bemerkt, dass die Ablehnung der Berührung am Anus beim Mann sehr stark mit der Nationalität zusammenhängt und zwar mit der Einstellung zur Homosexualität in seiner Heimat. Auch wenn ich eine weibliche Behandlerin bin, ist es eine Tabuzone. Auch die Berührung am Genitalbereich, bevor die offensichtlichen körperlichen Merkmale der Erregung auftreten, kommt nicht so gut an, wenn der Mensch sexuelle Gewalt oder Aufforderungen zum Sex erlebt hat. „Hinarbeiten" zum Orgasmus kann auch zur Retraumatisierung führen, wenn damit schlechte Erinnerungen verbunden sind. Es sind überwiegend Frauen, die sich dadurch unter Druck gesetzt fühlen können. Das hat weniger mit Anatomie zu tun und mehr mit der Geschichte des Menschen. Das lässt sich langsam verändern, wenn ich es schaffe, das Gefühl der Sicherheit zu vermitteln, indem ich völlig erwartungslos bin und die erforschende Art der Berührung benutze.

Den anatomischen und physiologischen Ähnlichkeiten wird die fötale Entwicklung zugrunde gelegt.

In der dritten bis vierten Schwangerschaftswoche bildet sich die „indifferente Gonade" im Fötus, eine Gruppe der spezifischen Zellen. Bei jedem Menschen entstehen daraus sowohl die zwei Müller-Gänge (die Basis zum Ausbau der Eierstöcke, Eileiter, Gebärmutter etc.) und die zwei Wolff-Gänge (die Basis zum Ausbau der Hoden, Nebenhoden, Samenleiter, Prostata etc.) für die inneren Geschlechtsorgane. In der

27 In der Reaktion auf die „Massagetechniken".

28 In der Studie gibt es allerdings eine Verzerrung, die nicht unbedingt auf die Gesamtbevölkerung zutrifft. Ich konnte nur Menschen massieren, die zur Tantra-Massage gekommen sind, die offen waren, aufgeklärt und wohlhabend genug, um sich so etwas zu leisten. Die Männer waren überwiegend und die Frauen waren ausschließlich deutsch.

sechsten bis siebten Woche (noch die indifferente Phase) bildet sich der Geschlechtshügel, aus dem sich der Penis und Hodensack oder die Klitoris und die Venuslippen entwickeln – die äußeren Geschlechtsorgane. In der Mitte ist erst mal ein Spalt. Er schließt sich später beim Jungen und daher sehen wir eine „Naht" am Hodensack und Penisschaft.

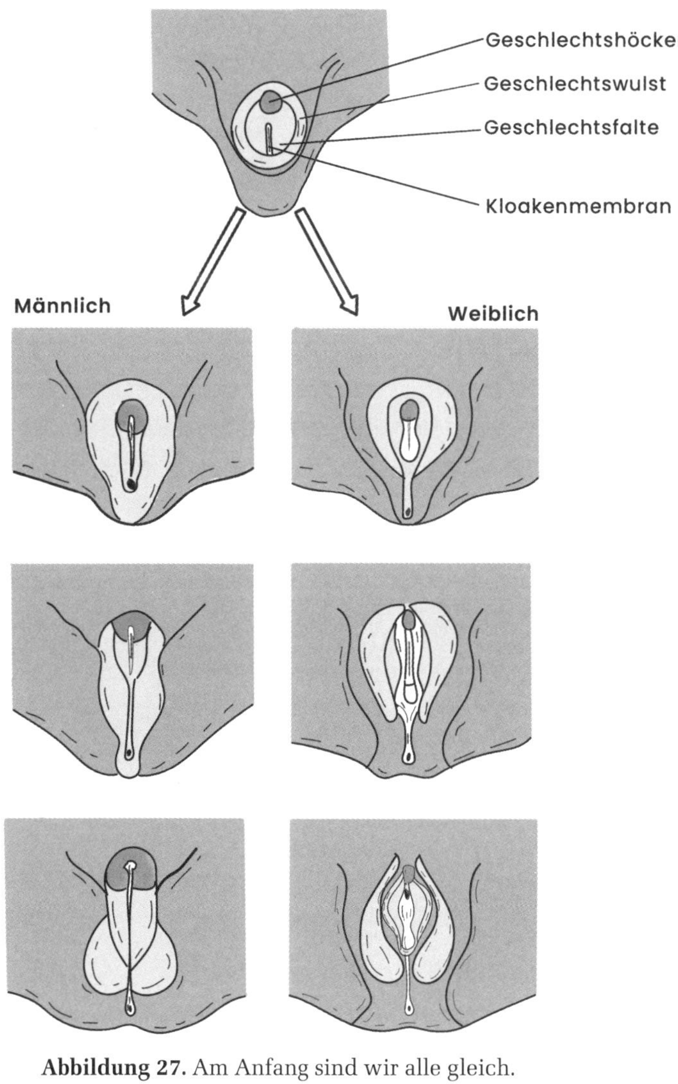

Abbildung 27. Am Anfang sind wir alle gleich.

Bis zur siebten Schwangerschaftswoche unterscheiden sich die Geschlechter visuell kaum in ihrer Entwicklung. Dann fangen ca. in der achten Schwangerschaftswoche die Leydig-Zellen des künftigen Jungen unter dem Einfluss des humanen Choriongonadotropins der Mutter an, Testosteron zu produzieren. Danach werden die Seroli-Zellen das Anti-Müller-Hormon produzieren und die Entwicklung der weiblichen Organe unterdrücken. Die zukünftigen Eierstöcke werden in der zehnten Schwangerschaftswoche hormonell aktiv. Dadurch bilden sich die primären Merkmale im Laufe der Zeit aus. Doch grundlegend sind die Strukturen sehr ähnlich: Schwellkörper, Geschlechtsdrüsen, Beckenbodenmuskeln, Nerven, Blutgefäße, Bindegewebe etc.

Auch bei intersexuellen[29] Menschen findest du die gleichen Strukturen, die in diesem Kapitel erwähnt sind. Wenn die Person operiert wurde, um das Geschlecht zu ändern, hat es eine größere Wirkung auf die Anatomie, aber auch da sind die oben genannten Berührungsarten anwendbar.

Die Frau kann an sich selbst die Strukturen finden, die beim Mann auch vorhanden sind und ähnlich auf die gleiche Berührungsart reagieren. Und andersherum kann es der Mann. Damit möchte ich auch den Mythos widerlegen, die Homosexualität wäre vorteilhaft, den Körper des Gegenübers zu verwöhnen. Selbsterkenntnis, Kommunikation und Empathie sind gut genug.

Die Herausforderung der modernen Menschen ist der Zeitmangel bei der Selbstliebe (z. B. Angst, erwischt zu werden). Dazu kommen die Vorbilder aus der Pornoindustrie und Spielzeugindustrie: maximale Stimulation als kürzester Weg zum Orgasmus. So versuchen auch die meisten Menschen, das Gegenüber zu „stimulieren".

In der Tantra-Massage zeige ich den Menschen, dass sich Zärtlichkeit sehr intensiv anfühlen kann, und frage danach: „War es schön? Probiere es gern bei deiner besseren Hälfte aus."

---

29 Sowohl typisch männliche als auch typisch weibliche Geschlechtsmerkmale sind vorhanden. Der Intimbereich sieht wie eine Zwischenstufe aus.

Deine erste Hausaufgabe zu diesem Kapitel ist es, jede Struktur bei dir selbst zu ertasten und kennenzulernen. Achte auf das Gefühl in den Fingern und zweitens darauf, wie die Berührung ankommt. Die Aufmerksamkeit zu steuern, kannst du hoffentlich schon, da du es geübt hast. Natürlich nach dem Duschen bzw. Baden und mit sauberen Händen. Sie sollten nicht zu ölig sein, um besser in die Tiefe zu kommen. Ich lade dich ein, die sanfte Berührung an dir selbst zu entdecken. So kannst du den Nächsten wie dich selbst behandeln und auch über deine Bedürfnisse mit mehr Leichtigkeit kommunizieren.

Die zweite Hausaufgabe besteht darin, den Körper des Lieblingsmenschen neugierig und vorsichtig so zu erforschen, als ob du die männlichen/weiblichen Genitalien zum ersten Mal im Leben in der Hand hast. Bleibe die ganze Zeit hier und jetzt und im Kontakt. Gehe mit der Aufmerksamkeit zuerst in deine Hände, nimm dann die Wirkung am anderen wahr. Danach kannst du bei Bedarf auch über die Reaktion reden.

Die Kinder haben oft Interesse daran, miteinander „Arzt zu spielen". Da gibt es keine Geilheit, keine Forderungen, keine Erwartungen – nur die pure, unschuldige Neugierde. Auch bei sich selbst wird diese Entdeckungsreise oft durch abwertende Kommentare der Eltern unterbrochen, insbesondere bei den Mädchen. Jetzt bist du erwachsen und darfst diese Entwicklungsstufe vollständig nachholen.

Wenn du danach die übliche Selbstliebe oder Stimulation betreibst, wird der Orgasmus wahrscheinlich intensiver. Beachte es!

Versuche es auch mit verbundenen oder geschlossenen Augen. Deine Art, zu berühren, wird noch langsamer, erforschender und die taktile Wahrnehmung noch stärker.

Die regelmäßige sanfte Berührung steigert angeblich die Empfindlichkeit der Stellen, indem die relevanten Nervenpfade aufgebaut werden. Falls dem Verlust der Empfindlichkeit Verletzungen zugrunde liegen, sollten die störenden Strukturen, z. B. Narben, etwas intensiver angegangen werden.

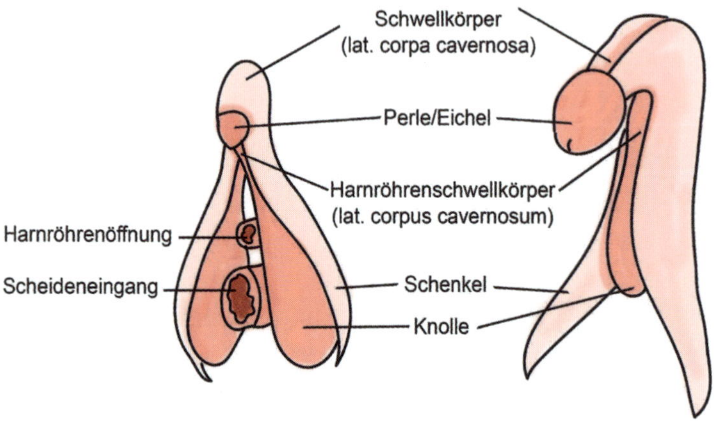

Abbildung 28. So ähnlich sehen der Penis und die Klitoris aus. Struktur, nicht die Größe.

Im Schwellkörper des Mannes und der Frau sammelt sich viel Blut, sobald die Erregung intensiv wird. Die vielen Nervenendungen lösen lustvolle Reaktionen auf die Berührung aus. Allein das Aufschwellen selbst wird vom Körper als Lust wahrgenommen, zunächst sehr angenehm und bei einem gewissen Grad unerträglich intensiv. Der Körper sehnt sich nach dem Höhepunkt und der Erlösung. Je stärker der innere Druck in diesen Gefäßen, umso intensiver die Wirkung der Berührung bzw. der Ejakulation, da die Harnröhre in der Mitte des Harnröhrenschwellkörpers verläuft.

Wenn die Schwellkörper und Beckenbodenmuskeln in gutem Zustand sind und der Geist geübt ist, die Erregung auszuhalten und sogar zu genießen, dauert die vollständige Erektion lange. Der Penis bleibt ununterbrochen steif. Bei der Frau ist dieses Merkmal weniger sichtbar, aber genauso spürbar schön. Die Temperatur der Genitalien ist etwas höher, was sich himmlisch anfühlt.

Die vollen Schwellkörper sind sichtbar kräftig und spürbar heiß. Die Schwellkörper der Klitoris, des Penis und im Anus bestehen aus dem gleichen Gewebe, daher kann die Berührung am Anus sehr intensiv sein und sowohl bei der Frau als auch beim Mann den Orgasmus verstärken, falls die Person dafür geistig offen ist.

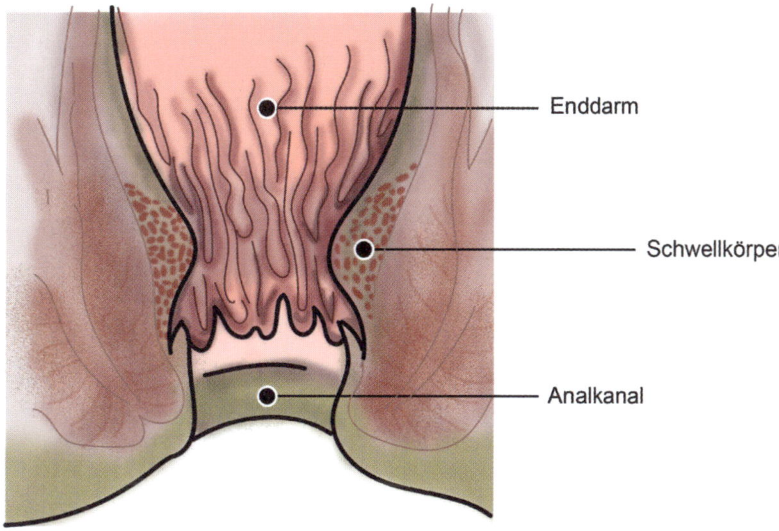

Abbildung 29. Auch im Anus gibt es Schwellkörper der gleichen Natur. Man spricht weniger im Kontext der Lust darüber.

Die Schwellkörper im Anus können sich leider zu Hämorrhoiden entwickeln. Ein Risikofaktor ist die allgemeine Schwäche der Blutgefäßwände (Stoffwechselstörungen). Zum anderen sind es lokale Faktoren wie langes Sitzen, viel Pressen, schwere körperliche Arbeit, fehlende Durchblutung durch den Lebensstil oder psychosomatische Verspannungen. Sowohl eine Ernährungsumstellung als auch lokale Maßnahmen zur Verbesserung des Gefäßtonus, Massagen der naheliegenden Strukturen und Beckenbodenübungen sind hilfreich. Meide die schmerzenden Stellen und fokussiere dich auf die Nachbarstrukturen. Auch die Gesundheit der Bauchorgane und die Verbesserung der Verdauung sind erstrebenswert. Massagetechniken aus dem vorherigen Abschnitt sind gut anwendbar. Auch Kontrastduschen und das Spiel mit einem Eiswürfel im Kontext einer Massage sind gut für alle Schwellkörper (in Maßen).

Was ich noch aus der Schulbildung und den Magazinen verinnerlicht habe, war die Idee, dass bei der Frau das Interessanteste sich innen befindet und beim Mann außen. Beides stimmt nicht.

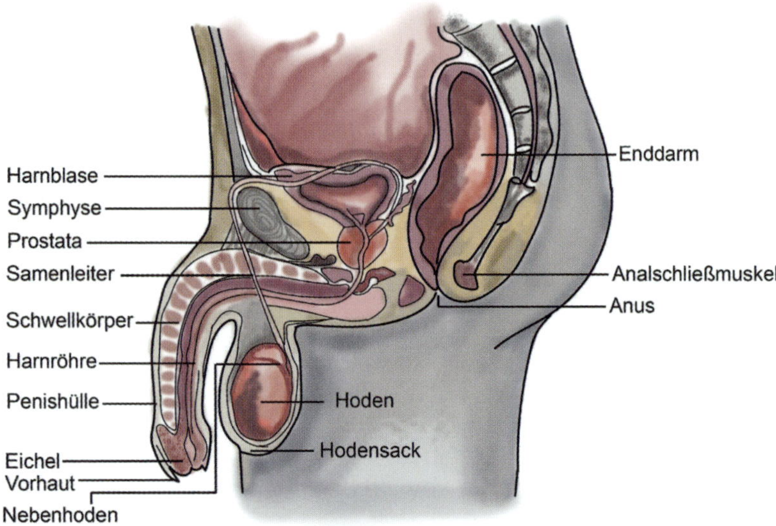

Abbildung 30. Beim Mann gibt es im Becken sehr viel Interessantes, sogar der Penis selbst geht in die Tiefe.

Verfolge die Schwellkörper tief in den Körper. Beim Mann geht der untere Teil tief hinter die Hoden fast bis zum Anus. Wie viel Druck ist dort angenehm? Wo sind die Grenzen der Struktur? Wie fühlt sich das leichte Schieben nach rechts und links an? Streicheln, entlangfahren, kneten – nimm dir Zeit. Erforsche diese Struktur durch den Hodensack und von den Hoden zur Eichel, sowohl im erigierten als auch im nicht-erigierten Zustand. Entdecke die oberen zwei Schwellkörper und verfolge sie so tief, wie du kannst. Vielleicht findest du eine dünne Muskelschicht an der Wurzel. Sei sehr langsam. **Es ist dein Freund, nicht dein Sklave, der „funktionieren muss".** Um die drei Schwellkörper befindet sich eine Hülle aus Haut, Faszien, oberflächlichen Blutgefäßen und Nervenfasern. Spiele mit dieser Schicht. Entdecke die Vorhaut, falls vorhanden, zupfe daran, streichele sie, schiebe sie langsam vor und zurück, verschiebe die einzelnen oberflächlichen Venen, falls sie sichtbar sind. Wie weit kannst du sie wegziehen, sodass es noch angenehm ist? Diese Hülle geht in den Hodensack über. Beobachte die Verbindung. Wie reagiert die Oberfläche des Schafts? In der Regel ist die

Mitte weniger sensibel, Richtung Hoden sowie Eichel mehr. Ein bis zwei Zentimeter unter der Eichel ist die Haut dünner und die Stelle delikater. Am Eichelkranz gibt es kleine Knospen, die nicht bei jedem leicht tastbar sind. Spiele mit dem Bändchen (falls vorhanden). Entdecke die Konturen der Eichel und die Öffnung der Harnröhre. Fokussiere dich auf die Körperwahrnehmung. Wo kribbelt es? Wie hoch „steigt die Energie“?

Im erregten Zustand produziert der Penis etwas „Gleitmittel“, also nicht nur eine Frau kann feucht werden. **Die Tröpfchen der Erregung sind ein Zeichen guter Männergesundheit.**

Finde den Schaft der Klitoris und seine Grenzen, taste ihn punktuell ab, schiebe ihn zu den Seiten, zupfe, streichele. Vielleicht spürst du ebenfalls die einzelnen Schwellkörper? Interagiere mit der Haut drumherum. Spüre die Perle über die Vorhaut, falls vorhanden. Ziehe die Vorhaut zurück, lege eine Fingerkuppe sehr sanft auf die Klitorisperle, balanciere darauf. Schiebe die Perle leicht zur Seite. Finde den Verlauf der Klitorisschenkel zwischen den äußeren und inneren Venuslippen. Suche nach sensiblen Stellen am Eingang der Vagina. Die Klitorisknolle befindet sich direkt hinter dem Vaginalschließmuskel. Deswegen kann das Anspannen des Beckenbodens so lustvoll sein, als Vorspiel dienen oder den Genuss beim Sex und Oralsex verstärken. Erforsche maximal langsam den Spalt zwischen den inneren Venuslippen, gleite ganz oberflächlich. Finde die Harnröhrenöffnung und interagiere damit.

Greife tiefer in die Vagina, erforsche die gesamte Fläche. Sie hätte im Querschnitt eine H-Form. Die vordere Wand berührt die hintere, und um die Seiten zu ertasten, solltest du den Finger nach rechts und links bewegen. Die innere Schicht ist die Schleimhaut, die für die Immunabwehr sorgt, Gleitmittel produziert und durch ein schönes saures Milieu für die „guten“ Bakterien der Vagina sorgt, das gleichzeitig unerwünschte Keime vernichtet. Als nächste Schicht kommen die quergestreiften Vaginalmuskeln. In der Regel entsprechen die Rillen an der Schleimhaut den Stellen, an denen die Muskeln im optimalen Tonus sind. Sie sind sehr praktisch für die Anpassung an die

Penisgröße und bei der Geburt – das Gewebe dehnt sich ohne Verletzungsrisiko. Selten sind sie gleichmäßig verteilt. Diese Stellen sind oft sensibler bei Berührung. Im Idealfall reagieren die Vaginalwände auf langsamen Druck mit einer Entgegenbewegung. Zu viel Reaktion wäre Vaginismus, zu wenig kaum Gefühl beim Sex und ein höheres Risiko der Senkungen und Dysbiose (weil Luft hereinkommt). Allerdings wandeln sich diese Parameter im Laufe des Zyklus: Vor dem Eisprung sind die Wände fester, die Muskeln kräftiger und die Abwehr besser. Eigentlich geht es dem ganzen weiblichen Körper so. Auch wenn die Frau eine sehr gute Vaginalmuskulatur hat, gibt es zyklusbedingte Schwankungen. Die Berührung während der Periode ist eine wichtige Erfahrung, aber da solltest du mehr auf die Hygiene achten. Das Blut ist basisch und schaltet die Säure als Abwehrmechanismus aus. Auch Schwangerschaft und Wechseljahre sind ein Hinweis, lieber etwas vorsichtiger zu sein.

Näher zum Muttermund wird die Schleimhaut etwas glatter, aber dennoch sensibel. Dort treffen sich die quergestreiften Muskelfasern des Vaginalkanals mit den glatten Fasern der Gebärmutter. Das willentliche Training kann daher den Tonus der Gebärmutter beeinflussen.

Gehe die gesamte Innenfläche Ebene für Ebene, Punkt für Punkt durch. In der Vagina kann es einzelne Lustpunkte sowie Triggerpunkte geben. Bleibe länger dort und nimm sie wahr. Im Idealfall spürst du, wie sich die Verhärtungen auflösen. Die Anwesenheit an den Lustpunkten kann hingegen spontane Bewegungen im ganzen Körper auslösen – keine Angst, es ist super. Übrigens ist es eventuell möglich, solche Punkte am Intimbereich des Mannes zu finden, falls er Themen mit der eigenen Sexualität hat.

Über die Vagina kannst du die Nachbarstrukturen wie Blase, Bänder, Darm und Steißbein spüren.

Spüre den Gebärmutterhals (falls vorhanden). Er fühlt sich ähnlich der Eichel an und hat auch eine Öffnung – den Muttermund. Leider ist er häufiger Opfer von Entzündungen im Bauchfell und Darm (wegen der Lage) und wird oft durch unachtsame Stoßtechniken verletzt. Auch psychosomatische Ursachen, wie Angst vor Schwangerschaft, können die Berührung an dieser Stelle unangenehm machen. Im Dearmouring würde man in diesem Fall ebenfalls am Schmerzpunkt bleiben und die Empfängerin zur tiefen intensiven Atmung auffordern, bis der Schmerz weg ist. Ich empfehle, erst eine Entzündung auszuschließen.

Um den Gebärmutterhals gibt es „Taschen“, in die du auch gerne hineingehen kannst.

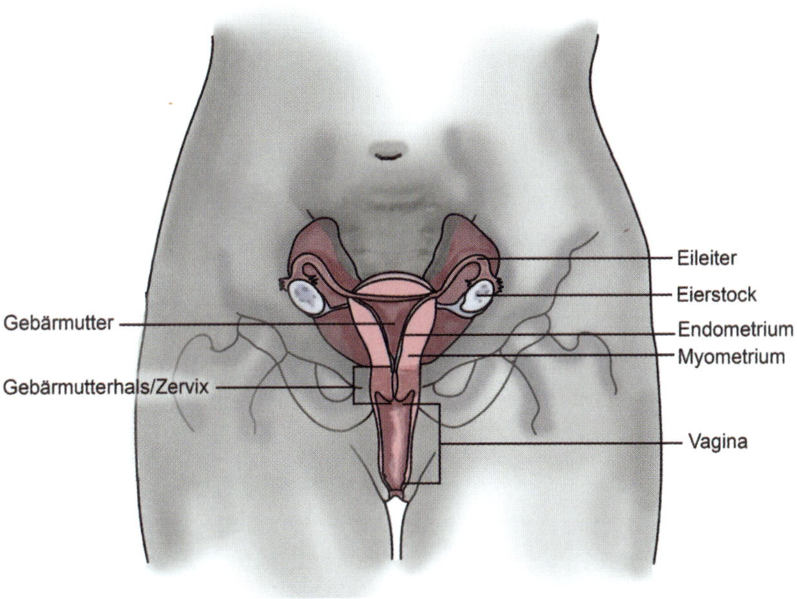

Abbildung 31. Die Vagina und Gebärmutter haben viel Potenzial, Lust zu entwickeln. Die Klitoris ist bei Weitem nicht das einzige Lustorgan der Frau!

Die Eierstöcke kann man selten gut spüren. Massiert werden sie, wenn eine Hand in der „Tasche“ ist und die andere auf dem Unterbauch der gleichen Seite, so nah zum Becken wie möglich. Für die Stimulation der Gebärmutter empfiehlt es sich, eine Hand an der Zervix und die andere mittig am Unterbauch oberhalb des Venusbeins zu platzieren. Im gebärfähigen Alter werden die Geschlechtshormone überwiegend in den Eierstöcken produziert. Es ist zwar nur eine Station der großen Lieferkette, aber häufig ist der Durchblutungsbedarf gerade dort hoch.

Die weibliche Schönheit, Fruchtbarkeit und Laune sind unmittelbar mit der Funktion dieser Drüsen verbunden.

Was wir unter Männlichkeit verstehen, kann durch eine Hodenmassage gefördert werden: Muskelwachstum, Potenz, die Fähigkeit, schnell Entscheidungen zu treffen, und die Fähigkeit, erfolgreich Pläne umzusetzen. Allerdings ist es wichtig, das Maß einzuhalten. Die eigenen Nebennieren, die Hypophyse, der Hypothalamus und die Hoden kommen besser klar, als wenn man die Zugabe von außen bekommt. In meiner Ausbildung haben wir gelacht, als behauptet wurde, eine Hodenmassage beuge angeblich Alzheimer-Demenz vor, sowohl beim Empfänger als auch bei der gebenden Person: einerseits hormonell, andererseits über die Aktivität der feinen Motorik.

Auch für die Fruchtbarkeit des Mannes kann eine Hodenmassage ein wichtiger Teil der Strategie sein.

Ertaste den Hodensack, ziehe ihn weg von den Hoden und Nebenhoden, zupfe, knete, probiere vorsichtig mehr Dehnung aus, gleite mit den Fingerkuppen an der gestreckten Oberfläche des Hodensacks entlang. Versuche, seine einzelnen Schichten zu spüren. Berühre die Venen und schiebe sanft ihre Grenzen hin und her.

Nimm die Hoden, Nebenhoden und Samenleiter wahr, probiere ganz leichten Druck aus. Ertaste die komplette Oberfläche und bleibe sehr achtsam. Nimm die Hoden in die Hand und vibriere. Probiere den „Fingerregen“: so viel Druck, als ob du an der Tastatur tippen würdest, das Geräusch des Kontaktes hörst, aber der Druck ist zu gering, um wirklich den Text zu erzeugen. Dann kannst du testen, wie es deinem Partner gefällt und wie viel er gerade genießen kann. Schiebe die Hoden frei im Hodensack hin und her, falls sein Körperbau es zulässt, aber vertausche bitte nicht deren Plätze! Eine Hodenverdrehung kann in die Notfallaufnahme führen! Sollte sogar eine sehr sanfte Berührung am Hodensack schmerzhaft sein, ist es ein Anlass, dringend zum Urologen zu gehen.

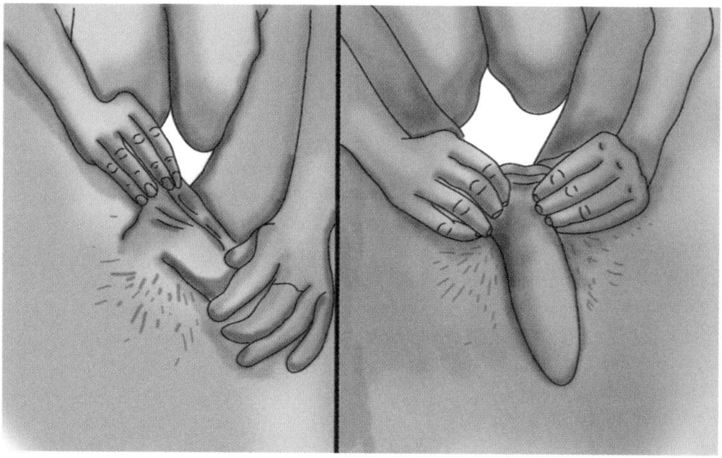

Abbildung 32a. Hodensack befreien und zupfen.

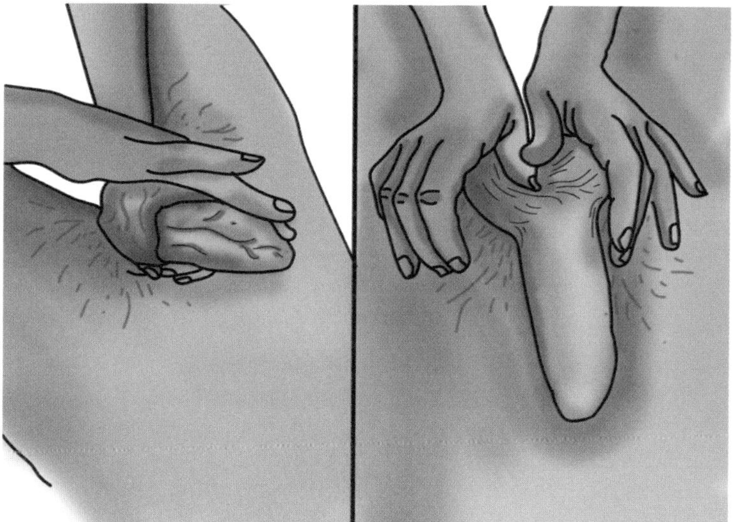

Abbildung 32b. Erforsche die Beweglichkeit der Drüsen zur Eichel, weg vom Körper (starke Technik, aber nicht für jeden), nach rechts und links.

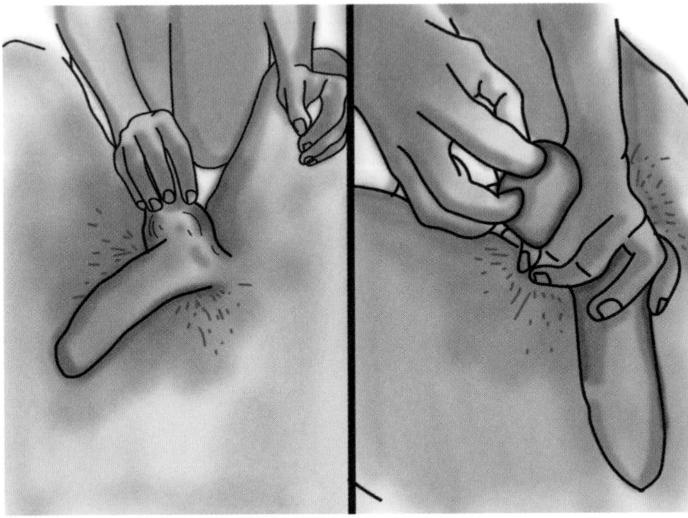

Abbildung 32c. Vibration, Fingerregen und der extrem sanfte Einsatz der Nägel.

Sollte der Mann die Berührung am Anus zulassen, ist es interessant, auch die Prostata zu spüren. Meine Erfahrung zeigt, dass gerade die Prostata-Stimulation den Mann richtig zum Aufblühen bringt, aber nicht jeder mag es.

Sowohl die Massage am Anus als auch die Mono-Stimulation der Prostata (ohne Penis) gelingen am besten in der Bauchlage. Wichtig ist, vor dem Eindringen sicherzustellen, dass der Analschließmuskel entspannt ist. Meistens reicht dafür eine ausgiebige Massage der Umgebung: Oberschenkel, Gesäß, Sitzknochen, Damm, Hoden und eventuell der äußere Teil des Penis.

Wahrscheinlich wird es für den Empfänger entspannter, wenn zuerst eine Analdusche durchgeführt wird. Ziehe unbedingt ein Kondom über den Finger – für die Hygiene und um die Darmschleimhaut nicht mit den Nägeln zu verletzen. Die Nägel sollten kurz geschnitten sein. Laut meiner Umfrage macht das für Männer einen Unterschied.

Lege die zweite Hand bequem ab, zum Beispiel am Kreuzbein. Lenke dich jetzt nicht ab, um „Stereo-Effekte“ zu erzeugen.

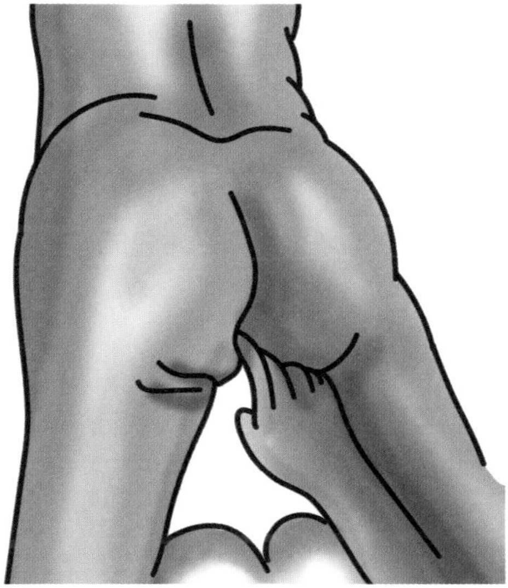

Abbildung 33. Die optimale Position, um die Prostata zu begrüßen: Entspannter für die gebende Person und nicht so einladend für mehr Druck.

Nimm dir Zeit zum Eindringen und um die Analschwellkörper zu ertasten. Lerne die Enddarmfläche kennen, ihre Falten, und finde auf der Unterseite (zum Gesicht) eine halbe Kugel. Im Idealfall fühlt sie sich wie ein Gummibärchen an und ist etwas gefaltet wie das Gehirn. Eine verhärtete oder glatte Prostata, die auf sanfte Berührung keine angenehme Reaktion auslöst, ist ein zusätzlicher Grund, den Urologen aufzusuchen.

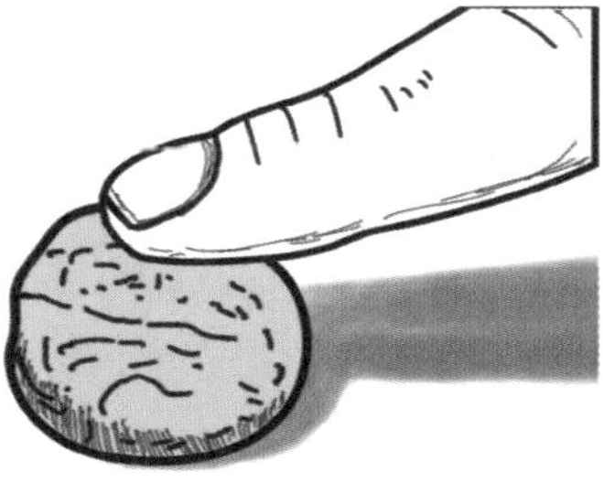

Abbildung 34. Berühre die Prostata von allen zugänglichen Stellen und Konturen sehr sanft, spüre die Oberfläche. Der maximale Druck ist zuerst wie von einem Katzenpfötchen, dann kannst du rücksichtsvoll experimentieren.

3.3 Die Beckenbodenmuskulatur

Das Wort Beckenboden verbinden viele nach wie vor mit älteren Menschen und peinlichen Gesundheitsproblemen. Sexy klingt es kaum. Daher nutze ich viel lieber die Begriffe Intimmuskulatur (bei Frauen wäre dann auch die Vagina dabei) und Liebesmuskulatur (samt den Muskeln, die unsere Intimmuskulatur unterstützen). Klar, solche Themen wie Inkontinenz sind sehr wichtig, und ja, der Beckenboden hat auch damit zu tun, aber im Kontext der Erotik tun wir so, als ob Spaß das primäre Ziel wäre und die Gesundheit eine Nebenwirkung.

Der optimale Tonus bedeutet die Fähigkeit der Muskeln zur maximalen Anspannung und Entspannung. Es geht um die Gesundheit einzelner Zellen dank der Durchblutung und Reinigung, um die Ausprägung der DNS, je nachdem, wie stark sie gebraucht werden. Die Nervenverbindungen sollen gut durchlaufen können und geschult werden, die Signale wahrzunehmen und zu analysieren, auch um die Regeneration zu ermöglichen. Im Kontext einer Massage kümmern wir uns mehr um die Entspannung und Wahrnehmung. Anspannung und Steuerung kommen in der Intimfitness dazu.

Die Beckenbodenmuskulatur bei der Frau umschließt die erste Etage der Vagina, also ist ihre Gesundheit der erste Schritt zu einer richtig guten Frauengesundheit und zu intensiven, vielfältigen Erlebnissen. Unser Beckenboden ist direkt an der Klitoris und massiert ihre Schwellkörper. Das sorgt für mehr Erregung und kräftigere klitorale Orgasmen.

Der Vaginaleingang schließt und öffnet sich passend zur Situation. Im alltäglichen Zustand ist die Vagina geschlossen, um keine Keime hereinzulassen und für das saure anaerobe Milieu für die „guten" Bakterien zu sorgen. Eine im Schritt fitte Frau fällt also seltener „krankheitsbedingt" im Sexleben aus, selbst wenn ihr allgemeines Immunsystem unterdrückt wird, wie in der Schwangerschaft.

Die Feuchtigkeit der Vagina wird besser, was insbesondere vor den Wechseljahren schnell bemerkbar ist. Auch jüngere Frauen sind leider oft auf Gleitgel angewiesen. Trotz des verbreiteten Aberglaubens,

Feuchtigkeit wäre eine reine Kopfsache der Erregung, behaupte ich aus eigener Erfahrung und der Erfahrung als Trainerin, dass die körperliche Komponente nicht zu unterschätzen ist.

Selbstverständlich ist eine umfangreiche Massage in der Schwangerschaft vorteilhaft (mit gewissen Einschränkungen für Risikofälle), damit die Strukturen während der Entbindung elastisch sind und aktiv die Wehen unterstützen.

Im Fall von Vaginismus kann sie schön die Heilung unterstützen, insbesondere im warmen Wasser oder noch besser im Thermalwasser.

Dank der guten Zusammenarbeit der Liebesmuskeln werden sowohl der Mann als auch die Frau die Penetration wesentlich intensiver erleben. Es tritt weniger Luft während des Liebesaktes ein. Es ist einfacher, die Positionen zu wechseln, ohne den Kontakt zu verlieren.

Eine wirklich gute Beckenbodenmuskulatur bei Männern „massiert" die Prostata von unten bei jeder Anspannung und sorgt für ihre Gesundheit. Sie pumpt das Blut in die Schwellkörper und hilft, den Blutabfluss zu bremsen, wenn die Erektion gebraucht wird. Sie gibt spürbar mehr Steife (generell sowie im Moment der Kontraktion), was auch für die Partnerin ein großer Unterschied ist. Diese Muskulatur gibt dem Mann mehr Kontrolle über die eigene Ausdauer, mehr Gourmet-Gefühl bei den Stoßtechniken und intensivere Orgasmen und Ejakulationen. Auch die Hoden profitieren, die Testosteronproduktion und die Spermienbildung bekommen eine bessere Grundlage.

Hat dein Partner bzw. deine Partnerin aus deiner Sicht zu wenig Lust? Eine ausführliche Massage der Strukturen um den Beckenboden kann auch da ein sehr guter erster Schritt sein.

Eine Massage ersetzt das Training nicht, aber ergänzt es wunderbar. Du kannst die Strukturen entspannen, eine gute Versorgung jeder Zelle ermöglichen, die faszialen Verklebungen vorbeugen und auflösen, die Muskelansätze behandeln. Vielleicht hast du schon vom Golgi-Sehnenapparat gehört? Das sind die Rezeptoren im Übergangsbereich zwischen den Muskelfasern und den Sehnenfasern. Ist diese Stelle entzündet, sind vollständige Kontraktionen „verboten", um das Risiko eines Risses zu vermeiden. Da hilft kein Training, sondern die punktuelle Behandlung.

Die Muskeln haben um sich Faszienhüllen, die verkleben können und dadurch die vollständige Anspannung und die Reinigung bzw. Versorgung der Zellen verhindern. Die möglichen Verklebungen löst du auf, indem du tief dazwischen streichst und die Strukturen in alle Richtungen bewegst. Aus der Hüfte zu tanzen, hilft dabei.

Besondere Aufmerksamkeit bei der erotischen Massage können wir den Muskeln in der unteren Beckenöffnung sowie den Beinmuskeln, die daran befestigt sind, schenken. Diese Stellen werden von Physiotherapeuten oft ausgelassen. Da können wir schamfrei nacharbeiten. Ohne zu viel Theorie dahinter berührst du einfach alles. Und da wir wissen, dass im Körper alles miteinander zusammenhängt, ist es auch richtig so.

Für mich und die meisten meiner Klienten ist eine erotische Massage nicht nur eine Reihe an Streicheleinheiten. Es ist ein Wechsel zwischen tieferen, stärkeren Griffen und zärtlichen, oberflächlichen Berührungen.

Wichtig ist es wie immer, zu erkunden, nicht zu machen. Die Berührung geht tiefer, aber sie bleibt langsam. Du lernst die Knochen und Sehnen taktil von allen zugänglichen Seiten kennen. Streiche langsam tief, Schicht für Schicht ins Gewebe um die untere Öffnung des Beckens: Haut, Muskeln, Faszien, Knochenhaut. Schiebe ein wenig die Strukturen in alle mögliche Richtungen hin und her.

Ausnahmen:

- In den Leisten bei den langsamen lustvollen Streicheleinheiten und dem Handauflegen bleiben – zu viele Lymphknoten, Nerven und relativ feine Gefäße.
- Der Sitznerv (Ischiasnerv) verläuft am Po zu nah, ca. zwei bis drei Finger von den Sitzknochen nach rechts und links. Bitte nicht tief dort drücken oder kneten.
- Um frische Verletzungen bitte nur herum streicheln.
- Auf die Reaktion der empfangenden Person achten.
- Individuelle Hinweise des Arztes respektieren.

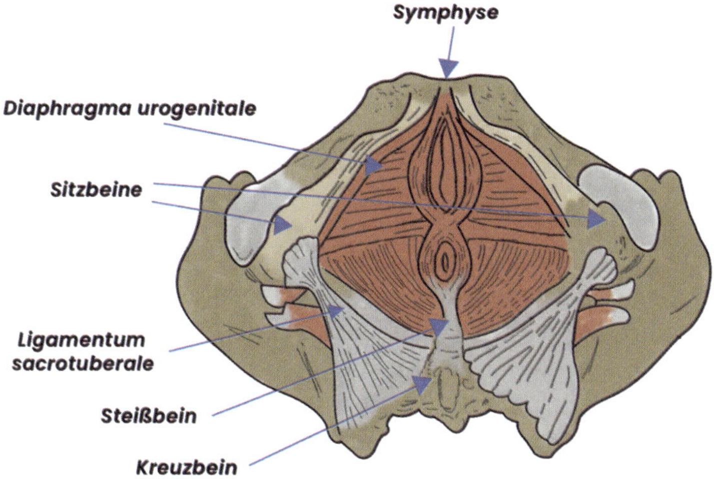

Abbildung 35. Ertaste vorsichtig Knochen, Knorpel und Sehnen des Beckens.

Der achtsame Druck unterstützt sowohl die Reinigung und Versorgung als auch die Aktivierung von Fibroblasten und Osteoblasten, um das Bindegewebe und Knochengewebe zu „renovieren“. Außerdem kann er unglaublich angenehm sein, wenn du die optimale Intensität für die individuelle Person findest.

Ertaste zuerst bei dir selbst und dann bei deinem Partner bzw. deiner Partnerin die komplette **Beckenöffnung** und schiebe die Schichten sanft hin und her. Finde das Steißbein und seine Spitze, spüre es von den Seiten. Vom Steißbein zum Anus läuft eine Sehne. Sie ist oft zu hart. Streiche hinein und balanciere darauf mit dem Finger. Es kann sogar wehtun, bleibe dabei an der Wohlfühlschmerzgrenze. Am Steißbein befindet sich etwas tiefer der Ansatz des Musculus pubococcygeus, bekannt als PC-Muskel, eine wichtige Struktur für Potenz und Prostatagesundheit. Diesen Muskel gibt es bei allen Menschen als Teil der Muskelgruppe Musculus levator ani (Heber des Afters). Bei Frauen stärkt diese Gruppe die Rückwand der Vagina.

Finde den Knorpel der **Symphyse**, die Fortsetzung der Linea alba, der weißen Bauchlinie in der Mitte. Wenn eine Berührung hier schmerzhaft ist, kann das ein Hinweis auf einen Beckenschiefstand sein, eventuell zusammen mit Problemen der Prostata/Gebärmutter und der weißen Bauchlinie. Ertaste die untere Beckenöffnung von der Symphyse zu den Sitzknochen. Dort verlaufen das Urogenitaldiaphragma und der M. ischiocavernosus, die sich bewegen, um den Urinstrahl zu stoppen bzw. die Durchblutung der Klitoris und des Penis zu verstärken und ihre Ausrichtung zu verändern. Hier beginnen auch die Adduktoren – die Muskeln der inneren Seiten der Oberschenkel, die die Beine zusammenhalten und bei den meisten modernen Menschen oft in schlechtem Zustand sind. Bei dir selbst kannst du das Ertasten mit Bewegung kombinieren. An den Innenseiten der Sitzhöcker befinden sich die queren Dammmuskeln, die bei Frauen in die seitlichen Wände der Vagina übergehen. Du kannst im Sitzen die Hände unter die Sitzhöcker legen und sie „zusammenziehen", um diese Muskeln zu finden.

Die Bänder zwischen den Sitzbeinen und dem Kreuzbein sind für die Aufrichtung des Körpers und insbesondere beim Beckenschiefstand sehr wichtig. Schiebe sie nach außen, streiche hinein und ziehe sie in die Länge.

Achte darauf, dass deine eigenen Schultern entspannt bleiben, ebenso der Kiefer und die Zunge, und beachte die eigenen Fingergelenke und Handgelenke.

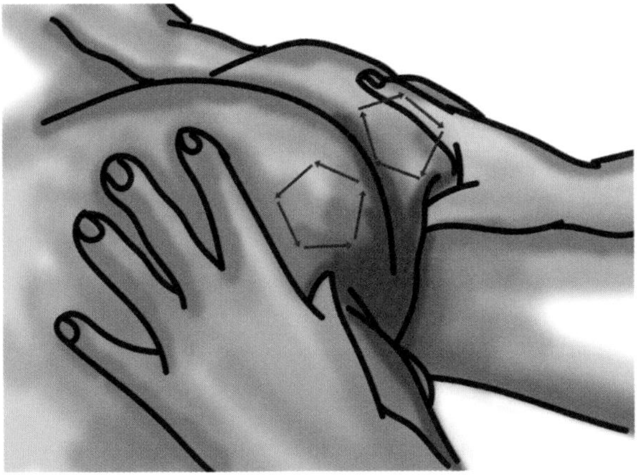

Abbildung 36. Sitzt der Mensch viel? **a)** Kreise um die Sitzknochen werden sehr gut ankommen.

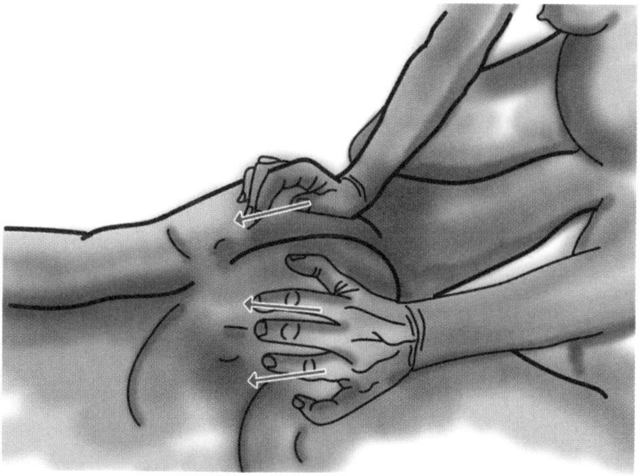

b) Sowie das langsame Schieben vom Gewebe um die Sitzbeine mit den Handballen nach oben – zum Kopf („medial“).

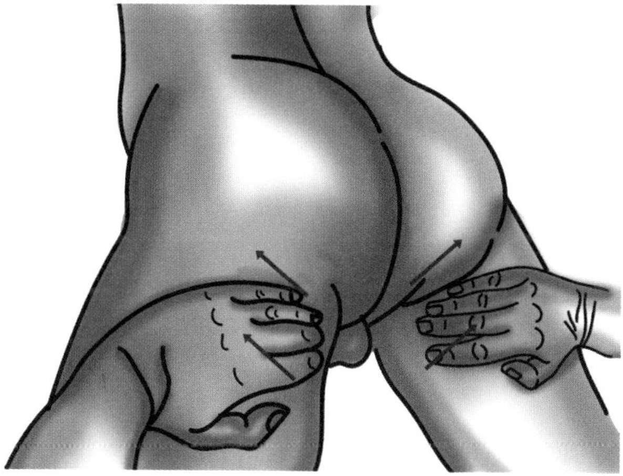

c) Adduktoren (die inneren Seiten der Oberschenkel) nach hinten und außen (Richtung Rücken und dann an den Seiten „dorsal-lateral“). Sollte der Anus eine individuelle Tabuzone sein, achte drauf, dass er sich nicht öffnet. Ansonsten ist es sogar angenehm.

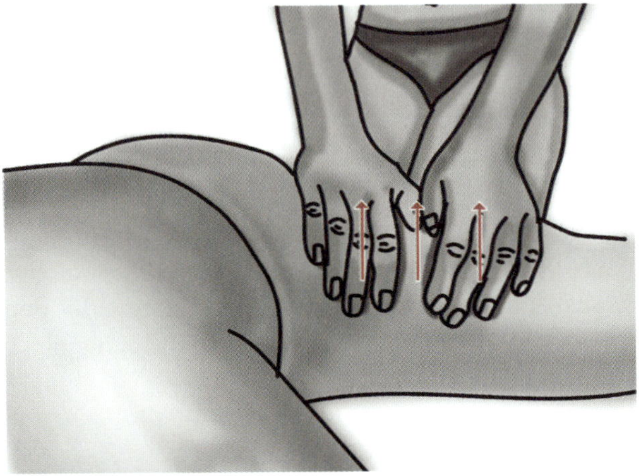

d) Oder von einer Seite langsam zu sich ziehen.

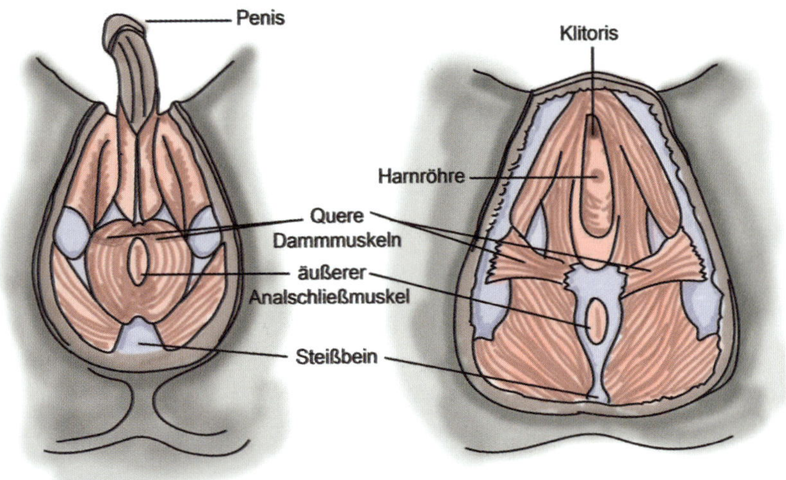

Abbildung 37. Streichele entlang der Muskelfasern sowie quer und etwas schräg.

Streiche etwas tiefer hinein und finde die Grenzen der Muskulatur der äußeren Schicht.

Den Vaginalschließmuskel spürst du am besten von innen. Über die Vaginalwände erreichst du auch die tieferen Schichten des Beckenbodens.

Den Anus kannst du ebenfalls massieren, indem du einen Finger einführst und leichte, exzentrische, dehnende Bewegungen nach außen machst. Der Finger bleibt dabei gerade. Meide allerdings eine Massage von der Innenseite (Finger gebeugt) – der Druck auf die gleichen Rezeptoren wie beim Stuhlgang erweckt ein unangenehmes Gefühl.

Massiere den Punkt in der Mitte des Beckenbodens, wo sich der quere Dammmuskel mit der Verbindung Anus – M. bulbospongiosus (Vaginalschließmuskel bei einer Frau bzw. Unterstützung der Peniswurzel beim Mann) kreuzt. Wenn du langsam und achtsam bleibst, kannst du auch diesen „therapeutischen" Teil angenehm und genießbar gestalten!

Wie funktioniert aber der Genuss?

3.4 Sinnlichkeit und Höhepunkt

In der kommerziellen Tantra-Massage sind ein Orgasmus und die Entspannung danach das Ziel. Ab und zu melden Kunden den Wunsch, zweimal zu „kommen", als ob die Anzahl der Orgasmen wichtiger wäre als die Qualität. Einige Behandlerinnen erfüllen diesen Wunsch, ohne zu diskutieren, solange der Preis stimmt. Ich habe immer gefragt: „Was ist dir lieber: zwei kleine oder ein großer?"

Im authentischen Tantrismus spricht man in Bezug auf diese Reaktionen über die sexuelle Energie. Sie steigt und wird dann in die wichtigen Bereiche gelenkt, um Blockaden aufzulösen, Organe zu heilen oder zu zaubern.

Anatomisch gesehen stehen dahinter unter anderem elektrochemische Prozesse der Signalübertragung und die neuronale Plastizität – eine Grundlage der Fähigkeit, „produktivere" Lösungen zu finden, geistig und körperlich.

Unser Körper empfängt ständig Signale aus der Außenwelt. Diese helfen dabei, zu interagieren, frühzeitig Bedürfnisse des eigenen Körpers zu erkennen und zu befriedigen. Aber die Kapazitäten sind limitiert. 100 % der Informationen bewusst wahrzunehmen und zu bearbeiten, wäre eine Verschwendung. Was konstant präsent ist, wird ausgeblendet. Wenn die Intensität zu stark ist, wird die Wahrnehmung stumpfer.

Damit wirst du während einer Intimmassage konfrontiert, falls die empfangende Person an Hochleistungsselbstbefriedigung gewöhnt ist: Dusche, Vibratoren (auch für die Prostata), viel Druck, schnelle Reibung. Ähnlich funktioniert es mit Geschmacksverstärkern und Zucker oder Gehörverlust bei Lärm. Es ist wie ein Schutzmechanismus bei übertriebener Belastung. **Da sind die feinen Reize eher wenig lustvoll** und eine langsame Tantra-Massage wirkt in den ersten Sitzungen als Therapie zur Re-Sensibilisierung. Auf jeden Fall lohnt sie sich, um die Qualität des sexuellen Alltags zu steigern.

Eine Massage kann sehr hilfreich sein, um in erster Linie den Tastsinn wieder zu aktivieren. Mit der Zeit verstärkt sich im Körper das, was gebraucht wird, und das, was nicht gebraucht wird, wird schwächer. „Use it or lose it.“ Die neuronalen Netzwerke der Wahrnehmung können abstumpfen, aber auch wieder aufgebaut werden, wenn wir die entsprechenden Signale schicken. Die neuronale Plastizität umfasst viele Komponenten: Es entstehen neue Verbindungen zwischen den Nervenzellen, eventuell mehrere Anknüpfungspunkte für den gleichen Pfad. Es entstehen neue Nervenzellen. Das Axon wächst in Richtung der notwendigen Verbindung. Das geht übrigens auch nach einer chirurgischen Trennung, falls die physische Barriere (Narbe) nicht zu stark ist oder entstört wird. Es wachsen Rezeptoren und Dendritbäume – empfangende Endungen der Nervenzelle. Es entstehen neue Synapsen – Kontaktstellen zwischen den Nervenzellen bzw. der Nervenzelle und Muskelzelle. Jede einzelne Synapse lernt, die Neurotransmitter produktiver abzugeben und zu empfangen, gegebenenfalls gibt es keine ernsten gesundheitlichen Störungen und Mängel an den chemischen „Bausteinen“ durch eine schlechte Ernährung oder Darmfunktion. Eventuell verändert sich die Myelinschicht, gegebenenfalls hat der Körper genug Fettsäuren dafür.

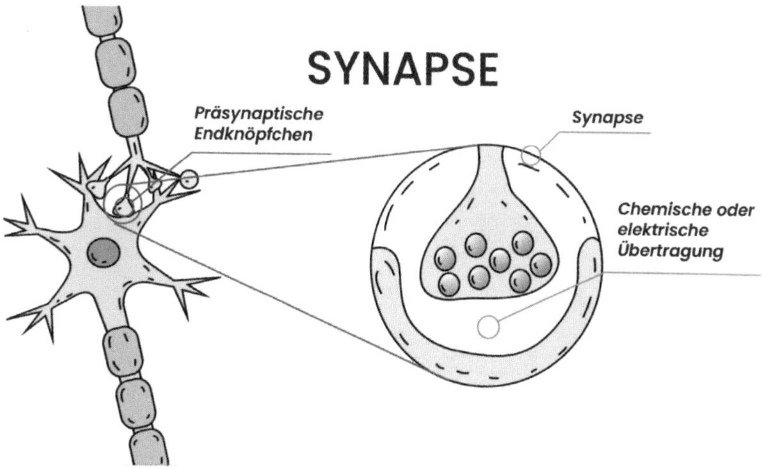

Abbildung 38. So interagieren die myelinisierten Neurone der Sinne und Motorik.

Also, wir bekommen über die Zeit wieder wesentlich mehr Gefühl für den Körper. Der Intimbereich kann dabei gern in den Vordergrund gestellt werden, da haben die meisten modernen Menschen Bedarf, aber individuell kannst du die Prioritäten auch anders setzen. Da die Intuition angeblich als Wahrnehmung der Körpersignale funktioniert (verspanne ich mich bei dieser Idee oder fühle ich mich wohl?), wird sie eindeutig stärker. Wer noch nicht so sehr mit der eigenen Intuition vertraut ist, kann einen kinesiologischen Muskeltest einsetzen.

Zugleich konkurriert mit all diesen Prozessen der präfrontale Kortex – denken, analysieren, bewusst Entscheidungen treffen. Er konsumiert viel Sauerstoff, Glukose und andere Ressourcen. Aus Sparsamkeitsgründen entstehen Gewohnheiten – die Signale laufen über die gleichen Pfade. Es ist bequem, aber nicht immer produktiv.

Außerdem kennt fast jeder die Konkurrenz zwischen dem Kopf und dem Körper während der sexuellen Interaktion. Läuft das Denken, ist ein Orgasmus kaum möglich. Ein Fluch vieler Frauen und eine Strategie einiger Männer zum längeren Durchhalten. Beziehungsweise kann ein Kopfkino die Erregung unterstützen und ist für einige Menschen für den Höhepunkt essenziell.

Klassischerweise setzt man die Reize in der Tantra-Massage absichtlich sehr niedrig: wenig Druck, kleine Fläche, viele Wiederholungen. Diese Techniken sind sinnvoll. Man spricht in erster Linie die sogenannten Genitalkörperchen an, die Rezeptoren, die auf Druck und Vibration reagieren. Das langsame Streicheln ist nichts anderes als sehr sanfter Druck, der seine Lokalisierung ändert, damit der Körper sich nicht daran gewöhnt, die Prozesse registriert und sich die Synapsen erholen können. Die Wiederholungen stabilisieren die Signalübertragung über die gleichen Pfade, auch wenn da erst mal keine großartige Reaktion kommt.

Das bringt zunächst die Menschen, die gerade mit dem Anliegen kommen, mehr spüren zu lernen und überhaupt Orgasmen im sexuellen Dialog zu haben, zum Weinen. Drama wird in der tantrischen Szene sehr positiv gesehen. Ich persönlich bin dafür, spielerisch, mit Spaß und Liebe die Veränderung anzustoßen.

Was der Körper während einer einzigen Massage lernt, baut sich leider mit der Zeit wieder ab. Unser Körper ist sehr sparsam im Umgang mit Ressourcen. Die Regelmäßigkeit der Benutzung ist eine Voraussetzung für die Ausbildung sehr fester neuronaler Netzwerke. Das kennen wir auch aus dem Sprachenlernen, der Entwicklung von Gewohnheiten etc. Weiß der Mensch, dass er zu unsensibel an gewissen Stellen ist, lohnt es sich, darauf zu verzichten und täglich, eventuell sogar über 100 Tage, sich selbst sanft an den Stellen zu streicheln, wo es Bedarf gibt. Stimulation vom Partner bzw. der Partnerin bedarf viel Geduld von dieser Person, weil die Reaktion auf sich warten lässt. Und wir wollen ja alles und sofort. Doch die langfristigen Ergebnisse sind natürlich sehr überzeugend und machen solche Menschen sehr stolz auf sich.

Hausaufgabe für die Streber und Streberinnen: den eigenen Körper nachhaltig auf die sanfteren Reize sensibler machen, um zu spüren, wie es wirkt.

Ich hatte über eine sehr lange Zeit einen anderen Hintergrund für die Techniken. Das war das Prinzip der Übertragung der Lomi-Lomi-Massage auf den Intimbereich: abwechslungsreiche, fließende, großflächige Berührung mit der Intensität, die schon gespürt wird. Das habe ich immer individuell beobachtet und angepasst. Die Geschwindigkeit war höher als im klassischen Tantra. Der Reiz war etwas feiner, als es die Person gewohnt war, aber nicht zu weit davon entfernt. Die Sensibilisierung erfolgte nach und nach, wie meine Erfahrung gezeigt hat.

Natürlich bin ich ein Mensch und mache Fehler. Also habe ich ab und zu sehr hohe Reize gesetzt und mich über die starke Reaktion gefreut. Und plötzlich kam eine Überreizung und es ging gar nichts mehr. Die Synapsen waren einfach müde, wieder und wieder in der kurzen Zeit starke Impulse weiterzugeben. Sie brauchten eine Pause, damit sich die Interaktion wieder angenehm anfühlt. Das Gleiche kann nach einem Orgasmus passieren – die Berührung ist eine Weile nicht mehr angenehm. Apropos, nicht bei jedem Menschen und nicht in jeder Situation.

Die wahre Kunst besteht darin, die maximal mögliche Intensität zu erreichen, ohne auf das Niveau der Erschöpfung zu kommen, und rechtzeitig abzuwechseln. Im Edging drücken wir auf die Eichel (Abbildung 20) oder Peniswurzel, im klassischen Tantra „verteilt man die Energie" mit einer langsamen Ausstreichung nach oben zum Herzen und dann über die Rumpfseiten wieder zurück und zu den Fußspitzen. Einige Menschen entscheiden sich für eine „gemeine" Unterbrechung oder einen Wechsel der Technik. Ein nicht vorbereiteter, ungeduldiger Empfänger wird sich eventuell sogar ärgern. Auf jeden Fall laden diese Portionen wesentlich intensiver auf als eine geradlinige Strategie der konstanten Steigerung der Erregung.

Auf jeden Fall ist eine Überreizung kein Todesurteil. Der Wiederaufbau für eine neue Erektion nach der Ejakulation beim Mann sollte nicht damit verwechselt werden. Eventuell brauchen das Herz, die Nieren, die endokrinen Drüsen, der Hoden, die Blutgefäße etwas mehr Erholung. Die Berührung am Intimbereich ist nichtsdestotrotz innerhalb einer kürzeren Zeit wieder angenehm, die Nervenzellen erholen sich etwas schneller als der Rest. Generell ist es ein Irrtum, auf eine Erektion zu warten, um die Genitalien zu berühren. Das wissen leider sehr wenige Frauen.

Da bei den Frauen in der „normalen" Sexualität nicht darauf gewartet wird, dass sie mehr Blut in den Schwellkörpern haben, um loszulegen, und die Berührung eher zum Aufbau der Erregung genutzt wird, haben sie es leichter im Leben. Aus diesem Grund hat eine Frau ebenfalls größere Chancen, mehrere Orgasmen innerhalb eines kleineren Zeitraums zu bekommen. Noch eine Hypothese wäre die historisch bedingte Veranlagung zur Polyandrie. Als Menschen angeblich in Kommunen lebten und die Kinder gemeinsam erzogen haben, hatte die Frau in der fruchtbaren Phase mehrere Partner. Beziehungsweise kommt dieses Phänomen aus der Tierwelt, wo die Erziehung wesentlich leichter ist als beim Menschen. Man redet vom Spermienwettbewerb, bei dem die Spermien unterschiedlicher Männer im Geburtskanal darum kämpfen, die genetische Information des eigenen Mannes weiterzugeben und die Konkurrenz daran zu hindern, schneller an die Eizelle zu gelangen. Wenn wir daran glauben, wird es logisch, dass sich eine Frau schneller aufbauen und leichter weitere Orgasmen bekommen kann.

Die Frau kann allerdings mit einem Mann mehr sympathisieren. Ihr Muttermund wird sich dadurch an die Eichel ansaugen, was die Befruchtungschancen deutlich erhöht. Nach dem kinderwunschrelevanten Cervix-Orgasmus braucht auch die Frau eine große Pause.

Allerdings hat ein Orgasmus nicht immer mit der Fortpflanzung zu tun. Oft meint man damit eine spontane Reaktion des Körpers durch eine Reizüberflutung und eine hohe Menge der Glückshormone im Blut. Der Herzschlag wird deutlich schneller, die Blutgefäße belastbarer, die Muskelzellen spannen sich an und lockern sich maximal. Hormone werden produziert, ggf. aufgenommen. Die Nervenzellen schießen ihre Signale in alle möglichen Richtungen. Je mehr vom Körper angesprochen wurde und je besser die allgemeine Leitfähigkeit des Körpers ist, zum Beispiel durch Entspannung, desto „globaler" wirkt der Höhepunkt. Dafür hilft sowohl eine längere vorbereitende Ganzkörpermassage inklusive Zehenspitzen und Ohrläppchen als auch regelmäßige Ausflüge innerhalb der Phase der Stimulation der typischen erogenen Zonen. Auch die Stereo-Stimulation durch Body-to-Body macht die Körperwahrnehmung ganzheitlicher. Wenn die Berührung auf den Intimbereich fokussiert war, wird der Orgasmus lokaler. Der lokale Orgasmus ist stärker, wenn die Intimmuskulatur im guten Zustand ist – so kontrahiert sie besser und länger.

Langfristig gesehen sind Dehneinheiten, Schüttelübungen und holistisches Pulsing, Entpanzerung, Tanz, Atemübungen, Meditation, Sauna und die progressive Körperentspannung Strategien, die Ganzkörperorgasmen fördern.

Eine der Optionen ist, dass sich der Empfänger mental einen Energiekreislauf vorstellt: Die Energie steigt in der Wirbelsäule zum Kopf, macht dort ein paar Kreise, kommt in den Bauch oder zurück zu den Genitalien oder sammelt sich im Bauch. Dafür sollte die Zunge am Gaumen sein, um den „Kreis“ zu schließen. Die massierende Person bewegt die Energie so weit, wie die Hände reichen, immer wieder zwischendurch während der Stimulation des Lingams oder der Yoni, sobald die Erregung offensichtlich steigt. Am besten erfolgt beides parallel.

Ein sehr intensiver Fluss der Signale, egal, ob zum trockenen oder feuchten Höhepunkt, ist eine starke Voraussetzung für die neuronale Plastizität. Das betrifft die Sensorik, die Motorik und den Geist. An dieser Stelle können wir den Menschen verbal oder nonverbal umprogrammieren. Das war eine mächtige „Waffe“ der Geheimagentinnen, aber wir können es zur Bindung, Ermächtigung oder Heilung einsetzen. Auf jeden Fall ist es eine sehr starke Technik der Einflussnahme, die hoffentlich dem guten Zweck dienen soll.

Zusammenfassung des 3. Kapitels

- Die Intention bestimmt die Wahrnehmung.
- Erforschung hilft, den Körper intensiver zu spüren und die allgemeinen Selbstheilungskräfte zu aktivieren.
- Akzeptanz und Verbindung reduzieren Stress.
- Eigener Spaß beim Berühren lädt ein, noch mehr Spaß am Empfangen der Berührung zu haben.
- Lokale Einflussnahme lädt ein, Bewusstsein in die Veränderung zu lenken.
- Erregung, Sinnlichkeit und Orgasmen sind keine reine Kopfsache und sind körperlich beeinflussbar.
- Der Ist-Zustand ist kein Urteil.

- Verständnis der Anatomie gibt mehr Mut beim Ertasten.
- Mann und Frau sind körperlich ähnlicher, als du dachtest.
- Solange du langsam und achtsam berührst, kann fast nichts schiefgehen. Und wenn schon, kannst du es schnell wiedergutmachen.

KAPITEL 4

Anliegen und Behandlungsstrategien

Mit einer Massage kannst du nicht heilen, aber du kannst gute Bedingungen zur Selbstheilung schaffen. Generell ist das nicht wertende Erforschen ein mächtiges Instrument, um dem Körper zu zeigen, dass Gesundheit und Sinnlichkeit herzlich willkommen sind. Nun widmen wir uns konkreter der Einflussnahme abhängig von der jeweiligen Situation.

Der berühmte Spruch „Jeder Mensch trägt die Verantwortung für sich selbst" bedeutet nicht, dass du dich distanzierst und komplett dem Gegenüber die Schuld zuweist, wie viele Menschen diese Weisheit verstehen. Zugleich ist es kontraproduktiv, wenn man mit der Einstellung „Herr Doktor, machen Sie mal" zur Massage kommt. Im abgesprochenen Zeitabschnitt kommuniziert der Behandler bzw. die Behandlerin mit dem Körper der empfangenden Person. Diese Arbeit wird nachwirken. Aber auch die eigenständigen Aktivitäten haben ihren Einfluss. Es geht nicht darum, wer „versagt" und warum, sondern darum, langfristig besser den Körper anzusprechen und auf seine Signale zu achten.

Es ist hilfreich, eine Intention vor der Behandlung zu formulieren. Nimm das, was du verändern willst, nicht als Problem, sondern als Bedürfnis des Empfängers wahr, das du mithilfe der Berührung stillen kannst. **„Probleme" setzen unter Druck, alles auf einmal zu lösen. „Bedürfnisse" geben mehr Raum für Kreativität und weniger Zeitdruck.** Es ist gut, das positive Ergebnis zu visualisieren, in dem Maß, wie dein Anatomiewissen bzw. esoterisches Konzept es zulässt. Hauptsache, du erschaffst eine optimistische Projektion. Zeige mit deinem ganzen Auftreten: „Du musst nicht performen, du wirst nicht bewertet, du bist schon in Ordnung und lass mich mit deinem Körper kommunizieren."

Sexualität an sich kann eine heilende Wirkung haben und Spaß machen. Manchmal wird sie jedoch zum Stress pur. Das Gefühl, sexuell nicht in Ordnung zu sein, reduziert den Selbstwert der Menschen. Viele retten sich dann in Glaubenssätze wie „Ich brauche es gar nicht", „In meinem Alter ...", „Die Kinder sind wichtiger ...". Jeder hat das Recht, selbst zu entscheiden, was wichtig ist, aber der Intimbereich verkümmert. Damit erhöht sich das Risiko für viele Krankheiten wie Prostataprobleme, hormonelle Störungen, vaginale Trockenheit, Anfälligkeit für Entzündungen und psychisches Unwohlsein.

Es gibt ausgesprochene und unausgesprochene Bedürfnisse. Ich finde es legitim, bei der Definition dem Gefühl zu folgen, falls ein Energieausgleich für die Behandlung da ist: passendes Geld (schnelles Gleichgewicht) oder eine Ehe (langsames Gleichgewicht) oder du bist wirklich erleuchtet. Falls du aus Übungszwecken massierst oder in der Phase des Partnerschaftaufbaus schauen willst, wie offen dein Gegenüber für deine Einflussnahme sein kann, halte dich an die kleinen, mündlich definierten körperlichen Ziele. Sonst spricht man von „Zwangsbeglückung".

Wir gehen davon aus, dass euer Energie-Materie-Energie-Austausch vollständig funktioniert und die gebende Person nicht danach bereut, zu viel gegeben zu haben, ohne entsprechende Dankbarkeit zu erfahren. Diese Reue zerstört alle Teilnehmer stärker, als der scheinbare Zugewinn durch die Behandlung wäre.

Sexualität gibt unglaublich viel Kraft. Viele Menschen haben bewusst oder unbewusst Angst, die Männlichkeit des Mannes oder die Weiblichkeit der Frau zu fördern, um die Attraktivität der Person nicht zu steigern und den Menschen dadurch zu verlieren. Das ist allerdings die Position der Schwäche. Reflektiere ehrlich: Wie ist es in deiner Beziehung? **Was ist der versteckte Gewinn**, nicht in die volle Kraft zu kommen oder jemanden in die volle Kraft kommen zu lassen? Sind es Ängste? Gewohnheiten aus der eigenen Familie?

Oft widersprechen sich unsere offiziellen Erwartungen und unbewussten Muster. Visualisiere den Partner in voller Kraft. Was macht es mit dir? Suche eventuell professionelle Hilfe, um innere Widerstände zu behandeln. Erst dann kannst du wirklich effektiv eingreifen.

Es gibt so viele Zusammenhänge in Körper und Geist, dass niemand wirklich weiß, was die Ursache eines Symptoms ist. Und wir wollen doch nicht nur ein Symptom beseitigen. Wir streben nach einem ganzheitlichen Wohlgefühl. Dementsprechend ist das Vorgespräch zwar wichtig, aber das meiste kommt intuitiv nach der „Kontaktaufnahme". Manchmal ist auf die Intuition mehr Verlass als auf die Logik. Daher: geerdete Füße, weicher Blick, entspannte Zunge, Kiefer, Schulter und Bauch, Anpassung der Atmung, Vertrauen ins Universum und los geht's.

Hier sind ein paar Ideen, damit dein Geist eine Beschäftigung hat und die Intention leichter zu formulieren ist. Es gibt allgemein unterstützende Techniken sowie spezifische für:

- die Ausdauer (Geduld mit dem Orgasmus, Spaß am Prozess)
- den optimalen Hormonhaushalt, für souveräne Männlichkeit / gelassene Weiblichkeit
- die Lust und ihre gesellschaftlich bedeutenden Merkmale: Befeuchtung, Erektion
- die Immunabwehr, zur Vorbeugung von Entzündungen
- die sexuelle Performance: Erektion, Penisgröße bzw. die Kraft/Enge der Vaginalmuskulatur
- den Kinderwunsch
- die Geburtsvorbereitung (auch mental für den Vater)
- das Entgegenwirken der „normalen" Alterung

Bitte springe nicht sofort zu deinem aktuellen Anliegen, gehe alle Punkte durch. Die Geschichte baut sich auf.

4.1 Allgemeine Unterstützung der Lust und sexueller Gesundheit

In jeder Situation gibt es körperliche und geistige Ursachen und Folgen. Es lohnt sich nicht nur, die Ursache zu bestimmen, sondern auch die Folgen zu behandeln.

1. Einstellung gegenüber dem Körper

Erstens geht es um die Einstellung gegenüber dem Körper, dem eigenen oder dem des Partners bzw. der Partnerin. Sie sollte einfach zum Alltag gehören. „Ich danke dir, Körper, dass du für mich das Beste tust. Dass du so widerstandsfähig und geduldig mit mir bist, wenn ich es brauche. Danke, dass du nach einer Beanspruchung so schnell regenerierst. Danke, dass ich durch dich Genuss erleben kann. Was kann ich jetzt für dich tun?“ Mit solchen Gedanken programmieren wir uns positiv. Achtsame Berührung wirkt wie eine Belohnung auf uns – für das, was schon da ist, und für das, was sich gerade verändern darf. Sende Liebe oder ein Lächeln an jede Stelle, die angesprochen ist.

2. Mobilisierung der Selbstheilung

Zweitens mobilisiert die Aufmerksamkeit auf bestimmte Körperstellen die Ressourcen der Selbstheilung. Mithilfe von Berührung können wir sie in die richtigen Bahnen lenken.

3. Durchblutung fördern

Drittens, mit einigen Ausnahmen, tut eine erhöhte Durchblutung dort gut, wo der Urologe oder Gynäkologe sie nicht untersagt: Jede Zelle bekommt alles, was sie braucht, und wird das los, was sie nicht braucht. Im Tao sind Blut und Chi eng miteinander verbunden. Es lohnt sich auf jeden Fall, wie schon im Kapitel 3 beschrieben, vor der Intimmassage das Gesäß ordentlich zu kneten und das Blut aus den Beinen intensiv zum Becken zu schieben, egal, ob in der Bauch- oder Rückenlage. Danach sind gezielt die Drüsen, Liebesmuskeln und Schwellkörper dran.

4. Wechselwirkungen im Körper

Viertens, das System wirkt auf ein Element, ein Element wirkt auf das System. Setze dich nicht unter Druck, alles zu berücksichtigen. Die Körperhaltung wirkt auf den Beckenboden, der Beckenboden wirkt auf die Körperhaltung. Darm, Leber, Schilddrüse, Hypophyse, Hypothalamus und Nebennieren wirken auf die Eierstöcke und Hoden, aber auch andersherum. Das Gefühl der erfüllten Weiblichkeit wirkt auf die gesunde Gebärmutter und andersherum. Man kann das Feld der Einflussnahme immer weiter ausbreiten und hinter jeder Antwort stehen noch mehr Fragen. Warte nicht, bis du perfektes fundiertes Wissen hast. Fokussiere dich auf die Elemente, die in deiner Hand liegen. 😉

5. Der Placeboeffekt

Fünftens, der Placeboeffekt hängt auch mit der Souveränität des Arztes bzw. Behandlers zusammen. Glaube an dich und strahle es aus. Glaube an dein Gegenüber, alles ist möglich!

4.2 Ausdauer/Spaß am Prozess

Oft haben wir ähnliche Bedürfnisse hinter den „typisch männlichen" und „typisch weiblichen" Anliegen. Es gibt eine mögliche Gemeinsamkeit zwischen einem Mann, der zu früh kommt, und einer Frau, die gerne schnell kommen würde, aber stattdessen gar nicht loslässt.

Vorzeitiger Erguss ist eine Flucht, genauso wie geistige Ablenkung im Alltag. Beides kann eine Vermeidungsstrategie sein, ebenso wie häufige Entzündungen und Erektionsschwäche.

Das sind Themen, die sich mit einer Massage am einfachsten behandeln lassen. „Reine Kopfsachen" lassen sich am schnellsten auflösen. Manchmal haben sie noch zusätzliche „Begleiterscheinungen", wie Verspannungen oder Atrophie des Beckenbodens oder einen Mangel an essenziellen Nährstoffen.

Mit welchen **Hypothesen** und wie genau können wir hier arbeiten?

1. Ungeduld. Reflexe. Unbewusste Angst vor der eigenen Erregung.

Bei meinen Intimfitness-Kunden und -Interessenten habe ich den Zusammenhang bemerkt. Der Mann fragt über WhatsApp: „Kannst du mir helfen? Ich komme zu schnell!", und schon ein paar Minuten später: „Warum antwortest du mir nicht?" Der Termin muss schnellstmöglich stattfinden. Sein Leben läuft schnell ab, von einer Aufgabe zur anderen. Während der Massage zeigt der Mensch mit dem Körper: „Mach es endlich fertig!" Aber nein, da bin ich die falsche Adresse. Das Ziel ist es, die Erregung herauszuzögern.

Bemüht sich eine Frau, schnell kommen zu lernen, kommuniziere ich sofort, dass ein Orgasmus nicht das Ziel ist. Schnell ist in der Regel schwächer als langsam. Wir spielen mit der Intensität ohne die Absicht des Höhepunktes.

Pornofilme haben unsere Wahrnehmung der Sexualität und unsere Gewohnheiten bei der Selbstbefriedigung stark beeinflusst. Es lohnt sich, auf Pornografie und auf das schnelle „Druckablassen" zu verzichten.

Für den Mann kann die Erektion manchmal durch ein traumatisches Erlebnis zum Feind werden. Ein unerwarteter Ständer in der Schule oder in der Sauna, verbunden mit Abwertung, kann tiefe Spuren hinterlassen. Auch Frauen haben sich manchmal die Erregung verboten, obwohl sie für das Umfeld weniger offensichtlich ist. Eine unerwünschte Schwangerschaft oder Gedanken daran können die Lust reduzieren. Gewalterlebnisse haben ebenfalls starke Nachwirkungen auf das restliche Leben. Dann kommen zwei Muster zum Einsatz: sich gar nicht mehr erregen oder schnell aussteigen. Förmlich findet zwar Sex statt, aber der Körper lügt nicht. Hier programmieren wir den Menschen um: Die Zeit ist da und du bist in Sicherheit.

Entschleunige dich vor der Behandlung. Visualisiere den Lieblingsmenschen oder Kunden im langen und intensiven Genuss. Genieße selbst, zu berühren.

Mit dieser Intention ist es besonders wichtig, sich für das Gegenüber Zeit zu nehmen und zu **zeigen, dass genügend Zeit vorhanden ist.**

Der Empfänger wird in den Fokus gestellt: „Du musst jetzt gar nichts tun, es geht nicht darum, wie viel Show du machst, um mir zu gefallen. Ich nehme die Signale deines Körpers wahr und gebe ihm das, was er zu brauchen scheint." Was auch immer passiert oder nicht passiert, es ist die Reaktion auf meine Hypothesen und wie ich sie teste. Lust wird zum Spielobjekt. Die Aufgabe ist, ihr Ausmaß steuern zu können, hoch- und runterzufahren, sie aber nicht „kochen" zu lassen. Es kann interessant sein, sehr langsame, sich wiederholende Griffe über eine längere Zeit einzusetzen, mit den Punkten zu interagieren, fließende Abwechslung reinzubringen oder Pausen einzulegen und ganz still im Kontakt zu bleiben. Setze die intensiveren Techniken so spät wie möglich ein, falls überhaupt.

Dieses Prinzip funktioniert bei der Selbstliebe auch gut, aber selbst genug Disziplin zu haben, ist schwieriger.

Auf Wunsch kann die empfangende Person üben, die eigene Erregung mithilfe der Atmung zu steuern: schnell und tief – mehr Erregung, langsam und tief – weniger. Eventuell kann man zusammen atmen. Eine bewusste Entspannung der Liebesmuskulatur kann auch helfen, mehr „Energie" aufzuladen.

Sollte eine Ejakulation oder Überreizung schneller als erwünscht eintreten, bleibe eine Weile sanft mit der Hand im Kontakt mit dem Intimbereich (meide eventuell die Eichel/Klitorisperle oder sei maximal sanft mit der Berührung), dann wechsle zu einer Gesichtsmassage, Handmassage, Bauchmassage oder Fußmassage, als ob es Teil des Plans wäre. Kehre dann zur Phase des Erregungsaufbaus zurück.

Sollte der Orgasmus nicht stattfinden und du schon müde sein oder die Zeit aus ist, streichle den Körper und sende Liebe aus. Die Einheit hatte eine langfristige Absicht und keine kurzfristige.

Während der Massage kann man die Begleiterscheinungen analysieren. Beim Mann geht es offensichtlich um die Potenz. Ich habe vor Kurzem einen Mann mit dem Anliegen des vorzeitigen Ergusses massiert, und er hat fünfzig Minuten mit einer perfekten Erektion „ausgehalten", dabei aber mit seinem ganzen Wesen Ungeduld ausgestrahlt.

Bei der Frau spürst du die Temperatur, und bei einigen wird die Klitoris offensichtlich größer. Falls eine Berührung unangenehm war, ist es normal, dass sich der Mensch für eine Weile zurückzieht. Unser Thema ist keine „reine Kopfsache" und braucht mehr Zeit und Übung.

Die Paare, die es geschafft haben, ihre Sexualität auf eine neue Ebene zu bringen, haben dies nicht an einem Tag geschafft. Im Alltag gab es viel Akzeptanz der Imperfektionen. Viele Faktoren wirken auf uns ein: Wetter, Schlaf, Zeitzonenwechsel, Ereignisse, bei den Frauen der Zyklus – der Mensch ist bei Weitem keine Maschine.

2. Schwache Blutgefäße und schwacher Beckenboden

Manchmal schafft es der Körper nicht, eine längere Spannung auszuhalten: Die Wände der Blutgefäße können verletzt werden, die Muskeln können nicht lange „performen" und verhindern den Blutrückfluss. Unsere lange Interaktion ist dabei auch eine Art gewaltfreies Training. Der Körper macht so viel mit, wie er kann, und macht Pausen, wann er sie braucht. Mit der Zeit ist mehr und mehr Ausdauer möglich. Hormone wirken ebenfalls auf die Muskeln und Blutgefäße.

Sollte die Zufuhr bestimmter Medikamente mitwirken, fokussiere dich auf das relevante Gesundheitsthema, um diese nach Absprache mit dem Arzt absetzen zu können.

3. Projektionen des Partners / der Partnerin

Manchmal ist unser Verhalten wie ein Kleid, das uns das Gegenüber anzieht: Wir entsprechen den Erwartungen. Manchmal hilft es für die Diagnostik, sich zu fragen: „Ist es nur mit diesem Menschen so?" Manchmal ist es zu spät und der Körper passt sich an.

Lässt die Partnerin den Sex „über sich ergehen", wird sie den Mann immer unbewusst dazu motivieren, weniger Sex mit ihr zu haben. Entweder geht er fremd, bekommt Potenzprobleme oder hält nicht lange durch. Hat der Mann Angst vor der wahren Kraft der Frau, die sich zum Teil in der Sexualität zeigt, wird sie frigide. In diesem Fall kann man nur systemisch produktiv eingreifen.

Als Partner soll man ehrlich mit sich sein. Die Aufgabe des Profi-Behandlers ist es, eine Gegenprojektion zu erschaffen, den Klienten in voller Blüte zu visualisieren und diese Vorstellung die ganze Behandlung lang vor dem inneren Auge zu behalten.

4.3 Optimaler Hormonhaushalt

In unserem Kontext meinen wir an dieser Stelle in erster Linie die „Geschlechtshormone“. Sie sind wichtig, sowohl für Männer als auch für Frauen. In unterschiedlichen Proportionen selbstverständlich. Jeder Mensch ist individuell und jede Situation braucht eine passende „Rezeptur“.

Die Drüsen kommunizieren miteinander und üben, mehr oder weniger von den Stoffen zu geben, die regelmäßig gebraucht werden. Wir funktionieren nach dem Prinzip der selbstverstärkenden Zusammenhänge „Je mehr, umso mehr“: Je mehr Entscheidungen ich treffe, desto höher ist mein Testosteron, desto leichter treffe ich die nächsten Entscheidungen. Je mehr Nähe ich erlebe, desto mehr Oxytocin und Co werden ausgeschüttet, desto glücklicher und liebevoller werde ich, desto mehr Nähe will ich schenken und desto anziehender bin ich. Theoretisch kann eine Behandlung, die auf das hormonelle Wohlbefinden zielt, ein Anlass für eine dauerhafte Veränderung des Lebens sein.

Hormone wirken auf unsere Stimmung, unser Verhalten, unser Aussehen, unsere Gesundheit und unsere Fähigkeit, uns fortzupflanzen. Unsere Glaubenssätze und Tätigkeiten fördern die Ausschüttung der Hormone. Die Erwartungen der Eltern, des Partners, der Freunde und der Gesellschaft steuern unseren Lebensstil und die gesamte notwendige Chemie.

Meine Einstellung ist, bei der Massage die geschlechtsspezifische Natur zu achten und diese in der Vorstellung zu verstärken. Knete die kräftigen Muskeln, bzw. folge den weiblichen Kurven mit Bewunderung und Liebe. Stelle dir den Körper gesund und sexy vor. Gibt es Überschuss, strebe mit deinen Projektionen mehr Gleichgewicht an.

Gewisse Stoffe im Körper sind essenziell. Keine Massage kann den Mangel an Sonnenlicht ausgleichen, aber sie kann die Haut gesünder machen und die Produktion von Vitamin D fördern, das für unsere Sexualhormone wichtig ist. Cholesterin ist ebenfalls notwendig für die Produktion der Geschlechtshormone. Bevor du es hemmst oder die Aufnahme reduzierst, denke an das System. Sein Überschuss im Blut ist nur ein Symptom von Problemen mit dem Kreislaufsystem. Vielleicht ist es sinnvoller, die Blutgefäße anders zu stärken oder an anderer Stelle einzugreifen. Hormone und hormonähnliche Stoffe in tierischen Produkten, aus dem Wasser oder aus Plastik können das gesamte System ebenfalls durcheinanderbringen. Diese Faktoren liegen außerhalb unserer Macht als Behandler, aber in unserer Macht als Partner.

Wie in Abschnitt 2.3 gezeigt, ist für das hormonelle Gleichgewicht eine vollständige Entspannung sowie die Zusammenarbeit aller Drüsen im Körper notwendig. Nackenmassagen und Bauchmassagen sind eine gute Ergänzung zur Stimulation der Geschlechtsdrüsen. Die Rolle der Nebennieren, insbesondere für Frauen nach den Wechseljahren, ist nicht zu unterschätzen!

In erster Linie geht es in diesem Kapitel allerdings um die Eierstöcke und Hoden.

Zum Einfluss der Gebärmutter und der Prostata auf die Hormone gibt es wenig solide Forschung, aber viel Evidenz aus meiner eigenen Praxis und dem Austausch mit Kollegen und Kolleginnen.

Die Eierstöcke reagieren auf das Luteinisierende Hormon (LH) und das Follikelstimulierende Hormon (FSH), die von der Hypophyse auf Kommando des Hypothalamus produziert werden. Darauf wirken die Großhirnrinde und die aktuelle Menge an Östrogenen und Progesteron im Blut. Hat das Steuerungssystem die Indikatoren, dass mehr Hormone benötigt werden, wird die Nachproduktion veranlasst. Die „Fabrik" muss in der Lage sein, den Auftrag zu erfüllen. Wenn es chemische Interventionen gab, wie durch die Anti-Baby-Pille, braucht der Lernprozess etwas mehr Zeit. Diesen unterstützen wir mit einer Massage, machen das Gewebe wieder aktiv und lebendig und lenken die Aufmerksamkeit mit der Berührung.

Bei Frauen ist das Gleichgewicht zwischen Östrogen und Progesteron entscheidend. Beide werden zyklusspezifisch ausgeschüttet. Östrogen macht uns schön, fröhlich, wirkt auf die Haut, Haare, das Bindegewebe und die Knochen. Es sorgt für volle, „junge" Vulvalippen und strahlende Augen. Progesteron ist eher für eine mögliche Schwangerschaft wichtig und „stört" daher beim modernen aktiven Lebensstil. In der Progesteronphase (nach dem Eisprung) geht es um die Entschleunigung.

Viele Frauen leiden an „Östrogendominanz", die oft mit Schilddrüsenunterfunktion verwechselt wird. Dies sollte als Denkanstoß für eine ausführlichere Untersuchung dienen. In der zweiten Zyklushälfte nehmen wir Berührungen anders wahr. Was vor und während des Eisprungs „geil" war, kann jetzt sogar schmerzen. Während der Schwangerschaft ist ebenfalls mehr Vorsicht nötig, und die Massage sollte sanfter ablaufen. Also, liebe Männer, „Es hat ihr doch vor einer Woche total gefallen" ist nicht unbedingt der beste Leitfaden. Bleibt achtsam. Während der Periode sind nur sehr sanfte Streicheleinheiten möglich und vorsichtshalber keine Yoni-Massage, damit das Blut nicht in die Eileiter gelangt. Darüber hinaus ist die vaginale Immunabwehr am schwächsten, und die Hygiene gewinnt an Bedeutung. Eine warme Hand auf dem Unterbauch kann die Gebärmutter entspannen und Regelschmerzen lindern. Für mehr warte lieber ab, außer die Frau besteht darauf, intensiv stimuliert zu werden: Sie kennt ihren Körper besser als hundert Ratgeber.

Für eine gründliche Yoni-Massage empfiehlt sich die Zeit vor dem Eisprung: Die Frau fühlt sich wohler in ihrem Körper, erregt sich leichter, hat eine bessere Immunabwehr, und du unterstützt die Öffnung des Follikels.

Eine Massage als Ausdruck von Liebe und Nähe ist jedoch immer gut.

Körperlich kann eine ausreichende Progesteronproduktion nur nach einem erfolgreichen Eisprung erfolgen: Das Eibläschen (der Follikel) reift vollständig, öffnet sich und wird zum Gelbkörper. Dafür müssen die Eierstöcke in gutem Zustand sein. Wenn sich der Follikel nicht öffnen kann, kann eine Zyste entstehen und das hormonelle Gleichgewicht wird nicht erreicht. Das Gewebe und die Hülle des Eierstocks sollten weich genug sein, um die Reifung zu ermöglichen.

Bei kleineren Zysten sind Bewegung (z. B. Bauchtanz) und Berührung eine gute Idee, bei größeren Zysten sollte nach Absprache mit dem Frauenarzt vorgegangen werden.

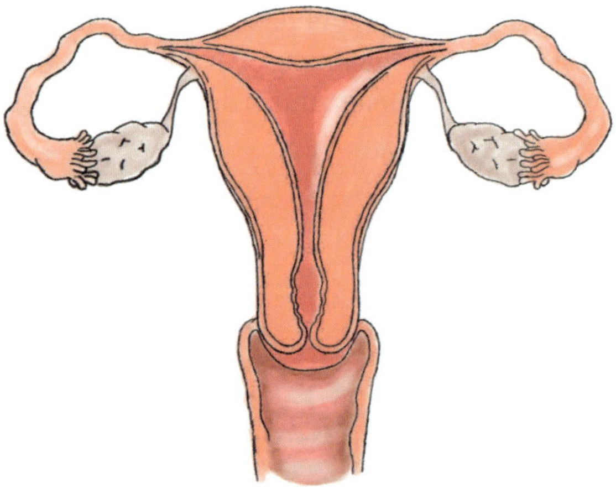

Abbildung 39. Mit der Zeit wird die Textur der Eierstöcke uneben, was normal ist, solange sie nicht versteifen. Das sind die ehemaligen Follikel nach dem Eisprung.

Man erreicht die Eierstöcke von außen am Unterbauch, direkt oberhalb des Beckens, rechts und links vom „Venusbein". Ruhiges Auflegen der warmen Hände auf diese Stellen, eine leichte Vibration und pulsierender Druck fühlen sich sehr angenehm an. Selbstverständlich lade ich meine Leserinnen ein, das bei sich selbst auszuprobieren. Ich lege gerne meine Hand oder beide Hände auf die Projektion der Gebärmutter und der Eierstöcke vor dem Einschlafen. Sanftes Klopfen auf den Venushügel kann ebenso unglaublich erregend sein und zugleich die Vibration in die Tiefe weitergeben.

Der Halteapparat aus Bindegewebe bestimmt sowohl die Position der Organe als auch ihren Zustand. Angeblich hat das Bindegewebe auch eine Signalfunktion. Die Gebärmutter, Eileiter und Eierstöcke hängen zum großen Teil an Sehnen, die an der oberen Beckenkante befestigt sind, insbesondere am Venusbein und Kreuzbein. Das Kreuzbein kannst du schön reiben und abklopfen, am Venusbein kannst du die obere Kante abtasten. Streiche entlang des Knochens in den Unterbauch hinein. Der Knochen ist relativ kurz. Übe rechts und links davon bitte keinen Druck aus! Die rechte und linke Ecke sind mit den Eierstöcken verbunden. Sollte der langsame, aber deutliche Druck am Knochen schmerzhaft sein, achte auf die Wohlfühlschmerzgrenze und balanciere darauf eine Weile. Nach und nach wird der Schmerz loslassen, entweder innerhalb einer Behandlung oder über die Zeit. Etwas zentraler sind die Punkte für die Eileiter und in der Mitte für die Gebärmutter.

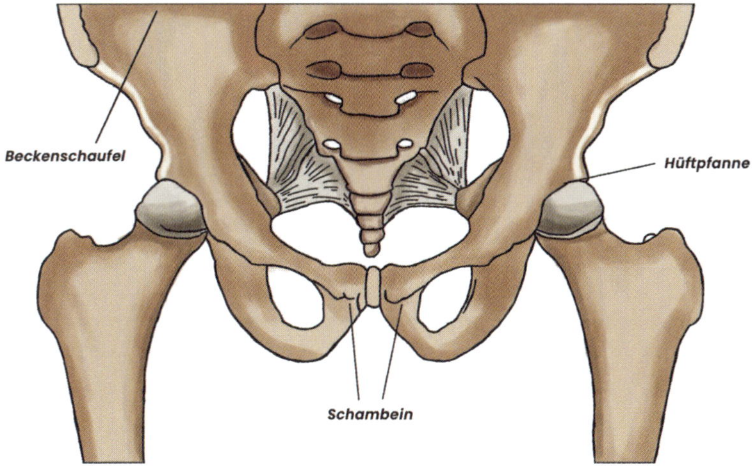

Abbildung 40. Ertaste die obere Kante des Venusbeins.

Beim Mann ist die obere Kante des „Apollobeines“ ein wichtiger Ansatzpunkt des Halteapparats für die Hoden, Samenleiter und die Prostata.

Bei der Yoni-Massage kann die Stimulation der Eierstöcke viel intensiver gestaltet werden, indem ein Finger seitlich vom Muttermund (der sich wie eine Eichel anfühlt) ans Gewölbe konstant oder pulsierend drückt, während die andere Hand von außen den gleichen Eierstock stimuliert. Nimm dir einige Minuten Zeit pro Seite. Langfristig kann dies PMS lindern und zu weniger Stimmungsschwankungen führen. Ähnlich funktioniert es mit der Gebärmutter und kann zusätzlich zu sehr intensiven Erlebnissen beim Höhepunkt führen.

In manchen Kulturen, z. B. in China, gehört dieses Vorgehen zu einer normalen gynäkologischen Massage.

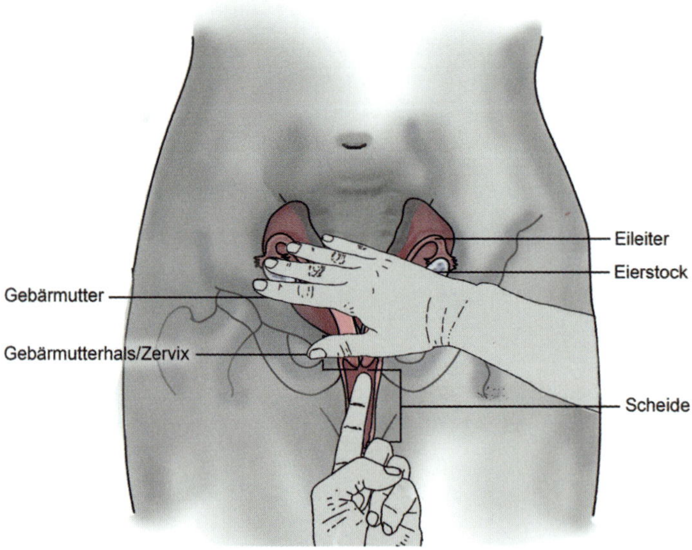

Abbildung 41a. Stimulation eines Eierstocks. Eine Hand auf dem Unterbauch oberhalb des Venusbeines, ein Finger in der Vagina zur linken Seite des Muttermunds.

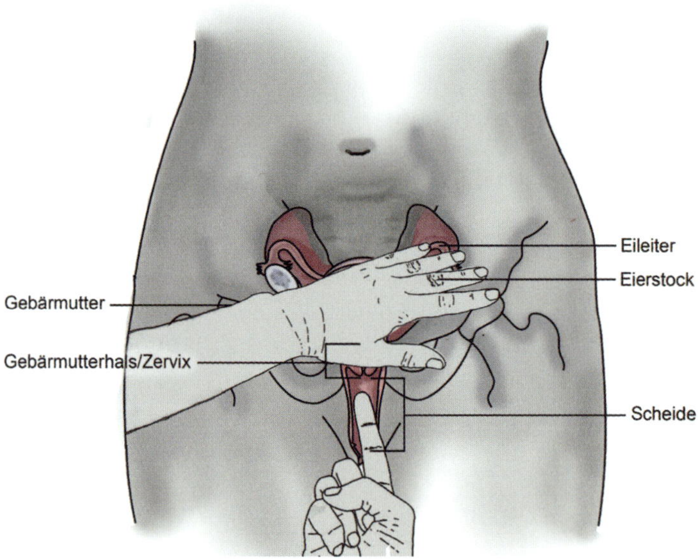

Abbildung 41b. Stimulation der Gebärmutter. Eine Hand auf dem Unterbauch oberhalb des Venusbeines, ein Finger in der Vagina zum Muttermund.

Apropos, der Druck auf den Unterbauch (Projektion der Gebärmutter) während des Orgasmus oder unmittelbar danach kann das Erleben des Höhepunktes wesentlich verstärken und verlängern.

Die Hoden, die Fabrik für Testosteron und Spermien, liegen direkt in der Hand und laden daher zum Spielen ein. In Abschnitt 3.2 ging es darum, die Hoden zu erforschen. Jetzt ist die Berührung nicht viel anders, nur detaillierter und länger in der Dauer.

Die Hoden befinden sich im fibromuskulären Hautbeutel, dem Hodensack. Es gibt Haut, Bindegewebe und sogar eine dünne Muskelschicht mit feinen Blutgefäßen, mit denen du taktil interagierst. Diese Schichten sollten gut befeuchtet sein und auch untereinander gleiten können, aber die Beweglichkeit ist so fein, ungefähr wie im Gesicht, sodass sie eher in unserer Vorstellung geschieht. Erforsche die komplette Oberfläche und Dicke. Diese Parameter variieren von Mann zu Mann.

Mit dem Alter oder nach lokalen Entzündungen kann der Hodensack größer werden und sich schlaff anfühlen, weil die Mikrozirkulation nachlässt. Besonders sichtbar ist das bei Männern mit Prostataproblemen. Regelmäßige Massagen können degenerative Prozesse im Gewebe verlangsamen und zur sichtbaren Verjüngung führen.

Allerdings sollten wir sehr vorsichtig vorgehen, wenn eine frühere Erkrankung bekannt ist. Lieber zu wenig als zu viel, um mögliche Entzündungserreger nicht alle auf einmal freizulassen. Akute Entzündungen und sexuell übertragbare Krankheiten sind auch hier eine Gegenanzeige.

Die Drüsen selbst sind vom Bindegewebe umhüllt und bestehen aus Segmenten, die durch Bindegewebe voneinander getrennt sind. Ihre Befeuchtung und Gleitfähigkeit sind daher wichtig. Langsame und dreidimensionale Bewegungen regen den Körper an.

Nimm eine Drüse zwischen Daumen und Zeigefinger und übe langsam leichten, aber spürbaren Druck aus, ähnlich wie bei einer reifen Zwetschge, die nicht platzen darf. In China drückt man pro Seite so viele Male, wie alt die Person ist. Tatsächlich zu zählen, macht nicht jedem Spaß, aber nimm dir auf jeden Fall Zeit!

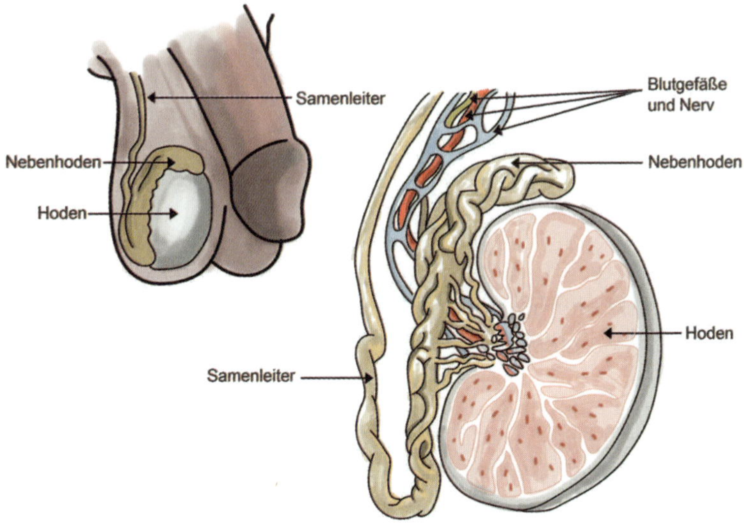

Abbildung 42. Aufbau des Hodensacks.

Nimm einen Hoden oder beide in die Hand oder in die Finger und vibriere mit dem Arm. Die Vibration kommt aus der Schulter, während der Ellbogen stabil bleibt. So dringt die Vibration tiefer ein. Probiere den Griff aus unterschiedlichen Winkeln aus.

Eine weitere schöne, tiefgreifende Technik ist der „Fingerregen“: leichtes Klopfen mit den entspannten Fingerkuppen an den Hoden.

Die äußeren Abschnitte der Samenstränge und die Nebenhoden kann man ebenfalls einfach ertasten und im Hodensack sanft hin und her schieben.

Manchmal sind die Venen sichtbar. Das ist nicht unbedingt ein Problem. Sollte nichts wehtun, schiebe die Vene leicht zur Seite und drücke sie sehr zart und kurz.

Im Tantra nennt man die Hoden Kronjuwelen, achte sie entsprechend.

Die Verbesserung des Hormonhaushaltes kann als „Nebenwirkung“ eine Erhöhung der Libido verursachen: die Lust auf das Leben und den Sex. Und guter regelmäßiger Sex fördert die Hormonproduktion. Was sonst unterstützt die körperliche Komponente der Liebe?

4.4 Lust. Befeuchtung. Erektion.

Umgangssprachlich versteht man unter „Lust“ ein inneres Bedürfnis, ein Verlangen nach Geschlechtsverkehr.

Die Libido hat allerdings mit dem allgemeinen Lebenswillen zu tun. In östlichen Kulturen (Tao, Tantra usw.) spricht man von der sexuellen Energie, die unsere Vitalität, den Wohlstand und sogar die Spiritualität nährt. Im Westen werfen wir bei Antriebslosigkeit zunächst einen Blick auf die Hormone. Interessanterweise stimmen die Positionen der Drüsen mit den Chakren überein. Hast du schon mal darüber nachgedacht?

Ein Mangel an sexueller Energie/Lust kommt häufig vor. Dann lohnt es sich, die Aufmerksamkeit auf den Intimbereich zu lenken. Besonders wichtig wird das im Alter oder in längeren Ehen. Sollte jemand zu viel Lust haben (dass es sein oder ihr soziales Leben beeinträchtigt), geht es bei der Massage darum, diese Energie richtig zu verteilen (Ganzkörperentspannung davor, „Ausflüge“ während der Intimmassage).

Oft nehmen wir Lust als selbstverständlich und nicht beeinflussbar wahr. „Ich habe keine Lust, lass mich in Ruhe.“ Das gilt insbesondere für Frauen. Allerdings sind wir in der Familie nicht nur für uns selbst verantwortlich, sondern auch für die Gesundheit des Partners und für die Qualität der Beziehung. Durch körperliche Nähe entsteht dank Oxytocin und anderen Hormonen mehr Zärtlichkeit und ein größerer Wunsch, sich um einander zu kümmern. Es senkt Stress. Guter Sex wirkt ebenfalls auf die Ausschüttung von Oxytocin und anderen Hormonen, die Gesundheit der Prostata, die Kraft des Beckenbodens und der Vaginalmuskulatur und somit auf die gesamte Körperhaltung.

Geistig gesehen ist Lust ziemlich komplex. Körperlich ist die Sache klarer. Sie steht im direkten Zusammenhang mit der Durchblutung der Geschlechtsorgane. Bei Frauen achtet man auf die Feuchtigkeit als Anzeichen, bei Männern auf die Steife und Refraktärzeit (wie schnell es wieder geht). Auch bei Frauen gibt es das Anschwellen und die Erhöhung der Temperatur von Klitoris und Vagina. Bei einem gesunden Mann treten bei der Erregung ebenfalls große Mengen an schleimigem, transparentem Befeuchtungsmittel aus. Die Prozesse sind fast identisch!

„Benutze es oder verliere es“: Die Geschlechtsorgane funktionieren nur, wenn sie gebraucht werden. In jungen Jahren kann ein Zölibat eine interessante Erfahrung ohne großartige Nebenwirkungen sein. Mit dem Alter wird Regelmäßigkeit kritischer, auch für Knochen, Gelenke, Muskeln usw. Es lohnt sich, die Sexualität ein Leben lang auf einem guten Niveau zu halten.

Männer handeln eher, wenn die Erektion nachlässt. Allerdings greifen sie lieber zu einfachen Lösungen wie einer Penispumpe, Zauberpillen oder einer Geliebten. Die wenigsten gehen in die Tiefe und betrachten die Komplexität aller Zusammenhänge:

- die Ebene des eigenen Körpers
- die Ebene des Körpers des Partners
- die Ebene des eigenen Geistes / der Seele
- die Ebene der Beziehung
- die Ebene der Gesellschaft

Oft übersieht ein Mann die ersten Warnzeichen: das „faule“ Abspritzen, die „halbe Potenzschwäche“. Der Penis ist nicht mehr so steif. Der Mann glaubt, alles wäre in Ordnung. Er kann sich selbst zum Orgasmus bringen, er spürt die Stimulation beim Geschlechtsverkehr. Die Frau spürt all das nicht wirklich und verliert die Lust an dieser sinnlosen Aktivität. Die Abwärtsspirale beginnt.

Manchmal greift man zu Nahrungsergänzungsmitteln wie Maca, Moringa, Taurin, Arginin, Jod und Vitamin D und manchmal auch erfolgreich, da diese sowohl die Hormonproduktion als auch die Durchblutung ankurbeln können.

Traumatische Erlebnisse aus der Vergangenheit, die Sex mit Schmerz verbinden, können sowohl mit Psychotherapie als auch mit qualifizierter Tantra-Körperarbeit angegangen werden. Im zweiten Fall ist die Absichtslosigkeit der Berührung entscheidend (kein zwanghaftes Anstreben von Erregung und Höhepunkt). Auch Übungen wie „der Schwamm“ von Wilhelm Reich können hilfreich sein (siehe Abschnitt 1.5).

Oft schiebt man die Lustlosigkeit auf den Stress. Das ist berechtigt und mit Massagen sehr leicht veränderbar (siehe Kapitel 2). An dieser Stelle möchte ich noch eine Technik vorstellen. Im Tao sind die Nieren ein Speicher der Lebensenergie. Da sitzen angeblich auch unsere Ängste. Wir wissen aus der Humanbiologie, dass die Nebennieren die Hormone produzieren, die uns antreiben bzw. bei Erschöpfung nicht mehr so gut unterstützen können. Die Nieren regulieren die Blutviskosität, also den Blutdruck und teilweise den Lymphfluss. Beides ist bedeutend für das Anschwellen der Geschlechtsorgane und deren Befeuchtung. Männer, die Blutdrucksenker nehmen und dadurch an Erektionsschwäche leiden, kennen diesen Zusammenhang gut.

Reibe die Hände aneinander oder am unteren Rücken deines Partners, bis sie richtig warm sind. Dann lege sie einige Minuten auf die Nieren (die Handmitte ist ungefähr auf der Höhe der unteren Rippen). Schicke Wärme und Liebe in die Nieren und Nebennieren deines Partners. Bewege die Hände mit seiner/ihrer Atmung: beim Einatmen leicht nach oben, beim Ausatmen leicht nach unten. Lade dabei ohne Worte ein, die Atmung „in die Nieren" zu lenken. Es kann sein, dass du zuerst die Kälte aus den Nieren spürst und es dem Partner unheimlich wird. Bleibe dabei und sprich es an, wenn du diese Reaktion wahrnimmst: „Diese Angst darfst du spüren und dich davon befreien." Nimm dir Zeit, bis die Kälte nicht mehr zu spüren ist. Danach kommen angenehme Wärme und Ruhe. Bleibe ein paar Minuten in dieser Position. Eventuell kannst du die Hände noch einmal aneinander oder an den Nieren reiben.

Dieses Vorgehen ist auch perfekt für das Kreuzbein: Am Iliosakralgelenk entspringen viele Nerven, die uns interessieren, und die Wärme dringt tief in die Beckenorgane ein.

Oft wird die Sexualität in einer Beziehung mit der Zeit sehr eintönig, und die Bedürfnisse werden nicht kommuniziert. Im Kontext einer Massage lernt man, leichter den Mund aufzumachen und sich zu äußern, insbesondere wenn es vorher extra angesprochen wurde. Wenn du es schaffst, „schneller – langsamer, stärker – sanfter, bitte" zu sagen, ohne damit eine unangenehme Diskussion oder Ablehnung zu verursachen und dir dadurch sogar dein Wunsch erfüllt wird, lernst du nach und nach, mehr über deine Bedürfnisse zu sprechen. Das öffnet mehr Raum für Abwechslung und Dopamin-gesteuerte Lust. Zu diesem Zweck eignet sich übrigens fast jede gemeinsame Aktivität, die neu ist.

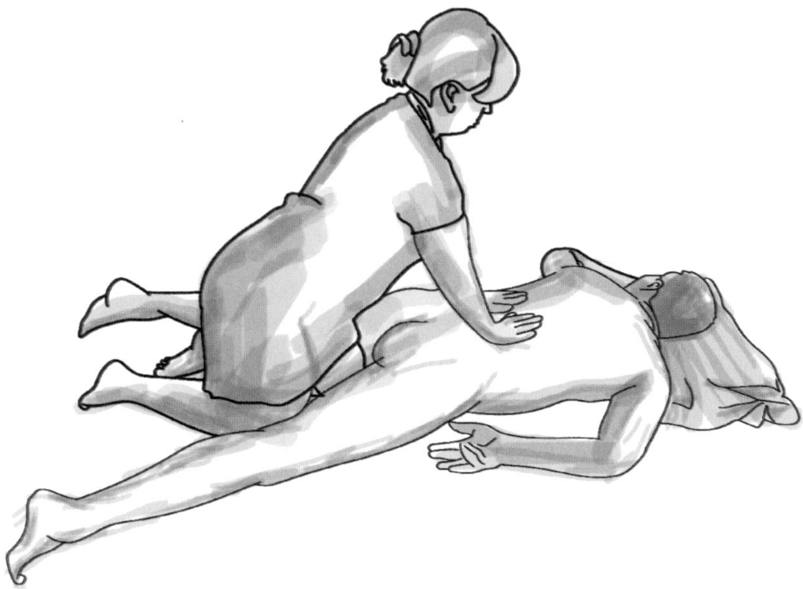

Abbildung 43. Warme Hände auf den Nieren dürfen nicht unterschätzt werden.

Manchmal ist auch der Geruch des Partners ein Auslöser für Lust. Eine Intimmassage stimuliert die Produktion von Kopulinen, Botenstoffen, die zur Paarung einladen. Es ist jedoch fraglich, ob sie gezielt für diese Person wirken werden. Auf jeden Fall ist die Wahrscheinlichkeit hoch, eine bereits bestehende Leidenschaft aufzufrischen.

Eine kalte, flache, „ausgeleierte" Vagina ist wenig einladend für die männliche Lust und ein weicher Penis wenig einladend für die weibliche Lust. Sie sorgen für wenig Empfinden im sexuellen Dialog und dadurch für wenig Motivation.

Das Erleben des Kontaktes kann nicht nur flach, sondern unangenehm sein. Vaginale Trockenheit führt durch die Reibung zu Verletzungen der Schleimhaut. Auch die Penishaut des Mannes kann leiden. Sowohl der gesunde weibliche als auch der gesunde männliche Körper produzieren „Gleitmittel“, und es ist essenziell, auf beides zu achten.

Wichtig ist zu begreifen, dass sich körperliche und geistige Komponenten der Lust langfristig verstärken – entweder im Aufbau oder im Abbau. Eine rechtzeitige Intervention lohnt sich.

Lust korreliert mit der Befeuchtung und Erektion bzw. dem Anschwellen durch die Durchblutung des Beckens, aber nicht zu 100 %. Schauen wir uns die einzelnen Variablen genauer an.

Was ist überhaupt diese Feuchtigkeit?

Bei der Frau geht es um die Vaginalwände, Skene-Drüsen und Bartholin-Drüsen.

Die innere Schicht der Vagina ist die Schleimhaut. Sie schützt die Frau vor Infektionen und Verletzungen. Wenn sie natürlich feucht ist, kann sich die Vagina besser reinigen, ihre Scheidenflora ist ausgeglichen und die Schleimhaut bleibt gesund. Bei einer Dysbiose sorgen pathogene Mikroorganismen dafür, dass ihnen das Milieu passt, und sie wirken der Befeuchtung entgegen.

Bei einer gesunden Frau führt Erregung zu einer verstärkten Durchblutung des Beckens. Auch die Kapillaren hinter der Schleimhaut schwellen an. 3–5 ml Flüssigkeit treten durch die Wände in den Innenraum. Diese typische Erregungsfeuchtigkeit ist nichts anderes als Blutplasma. Es enthält Leukozyten, Lymphozyten (Immunzellen), Elektrolyte, Glukose, Lipide und Aminosäuren – Nährstoffe für die „guten“ Bakterien, deren Interessen mit unserem Wohlbefinden Hand in Hand gehen.

Eine gute Blutzufuhr und die Kräftigung der Blutgefäße sind die wirksamsten Faktoren für die Feuchtigkeit, die wir durch Körperarbeit (Massage, Fitness) sowie durch Sex in jedem Alter fördern können. Beides beeinflusst außerdem die Funktion der Eierstöcke, im gebärfähigen Alter und manchmal sogar nach den Wechseljahren.

Für eine gute Durchblutung ist ein Gleichgewicht zwischen Anspannung und Entspannung notwendig. Durch eine Massage kannst du gut helfen, die Triggerpunkte aufzulösen und die Frau einzuladen, mit ihrem Beckenboden und der Vagina an deinem Finger zu spielen. Zum Beispiel kannst du den Finger leicht in den Eingang einführen und sie bitten, ihn mit den Muskeln reinzuziehen.

Die Befeuchtung aller Schleimhäute und der Haut funktioniert bei Östrogenmangel schlechter, z. B. wegen Operationen, einer Entfernung der Eierstöcke, Chemotherapie, Radiotherapie, Östrogenhemmern und Antidepressiva, Infektionen der Harnwege und der Vagina, dermatologischer Probleme, Hygieneartikeln, hormoneller Verhütung sowie nach den Wechseljahren. Östrogen erhöht die Bildung von Aquaporinen, die die transzelluläre Durchlässigkeit der Vaginalwände beeinflussen, sodass Flüssigkeit aus den Kapillaren gut durch die Vaginalwände transportiert werden kann. Zugleich beeinflussen Östrogene den Tonus der Blutgefäße.

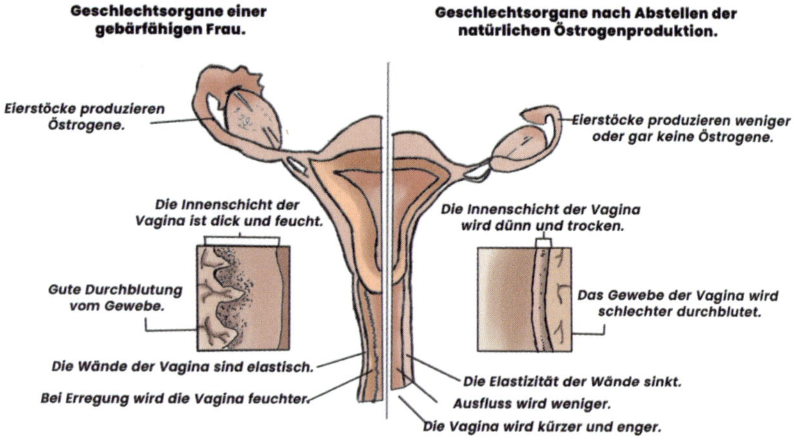

Abbildung 44. Das passiert mit den Geschlechtsorganen nach den Wechseljahren bzw. in den „künstlichen Wechseljahren".

Nach den Wechseljahren helfen Massagen und Sex dabei, die Vaginalwände in einem guten Zustand zu erhalten. Regelmäßigkeit in kurzen Abständen ist für die Gesundheit wichtig. Oft ist die vorsichtige Zufuhr östrogenhaltiger Mittel (bzw. Phytoöstrogene) nach Absprache mit dem Frauenarzt hilfreich.

Was man nicht sagen sollte, ist: „Jetzt ist das Thema Sexualität für uns abgeschlossen." Was nicht gebraucht wird, baut ab. Im Fall der Vaginalschleimhaut führt dies zu Entzündungen, Unbehagen und sogar zur Verklebung der Vaginalwände.

Wichtig zu beachten!

Herkömmliche Gleitgele sind mit Vorsicht zu genießen, da sie eine Schicht in der Vagina bilden können, die für das natürliche Mikrobiom schädlich und förderlich für Gardnerella vaginalis ist. Wäre die Selbstreinigung der Vagina gewährleistet, wäre dies kein Problem, aber meistens werden die Gele genau dann verwendet, wenn dies nicht der Fall ist. Es ist wichtig, die Dysbiose zu heilen und dann die natürliche Feuchtigkeit durch Übungen, Massagen und richtige Ernährung zu fördern, anstatt wieder aus Gewohnheit zu Gleitgelen zu greifen. Beim klassischen Geschlechtsverkehr ohne Aktivität der Vaginalmuskulatur werden die Stoffe zusätzlich eingeklopft und können die Scheide schlechter verlassen. Da die Vaginalschleimhaut auch ein Reinigungsorgan ist, stört eine Schutzschicht die natürliche Entgiftung.

Gleitmittel, das auf Kondomen verwendet wird, ist weniger gefährlich und die Menge ist kleiner, aber ich persönlich befürworte feste monogame Beziehungen, sowohl aus emotionaler als auch aus körperlicher Perspektive. Der Ausfluss aus dem Penis eines gesunden Mannes ist ebenfalls ein Gleitmittel und viel gesünder als künstliche Alternativen. Leider sind alle Verhütungsmittel „nicht ohne". Die trockenen Orgasmen des Mannes wären am besten, aber sie geben keine hundertprozentige Garantie.

Die Immunabwehr einer trockenen Vagina ist geschwächt! Desinfektionsmittel sollten nicht auf die Schleimhaut von den Händen übertragen werden, da sie auch die „guten" Bakterien töten. Für die Hygiene reichen meist kurze, saubere Nägel, basische Seife und eventuell probiotische Reinigungsmittel auf den Händen. Den meisten Frauen passen Kokosöl oder Mandelöl gut. Wenn du Speichel verwenden willst, achte auf die Mundhygiene. Traditionell nutzt man nicht die gleiche Hand für die Massage am Anus und an/in der Vagina.

Drüsen aktivieren, Befeuchtung ankurbeln

Vermeide reibende Techniken und bleibe sehr sanft und achtsam. Häufig ist eine zärtliche Berührung an der G-Fläche besonders wirkungsvoll. So interagierst du mit den Skene-Drüsen – der „weiblichen Prostata“. Deren Ausgang befindet sich rechts an der Urethra-Öffnung. Die Skene-Drüsen produzieren ebenfalls antimikrobielle Substanzen, die die Blase und Harnröhre vor Infektionen schützen.

Probiere es bei dir selbst oder an der Partnerin aus: Lege sanft die Finger auf die Vorderwand der Vagina (Fingerkuppe zum Gesicht) und halte sie dort. Der Druck ist minimal, aber wahrnehmbar. Du kannst sehr sanft auf der Fläche balancieren, am liebsten aus der Hüftbewegung. Ertaste mit der Kuppe die G-Fläche, sodass du maximal das Relief der Fläche wahrnehmen kannst – sehr langsam und leicht, als ob du Blindenschrift lesen wolltest. Hier geht es nicht ums Squirten.

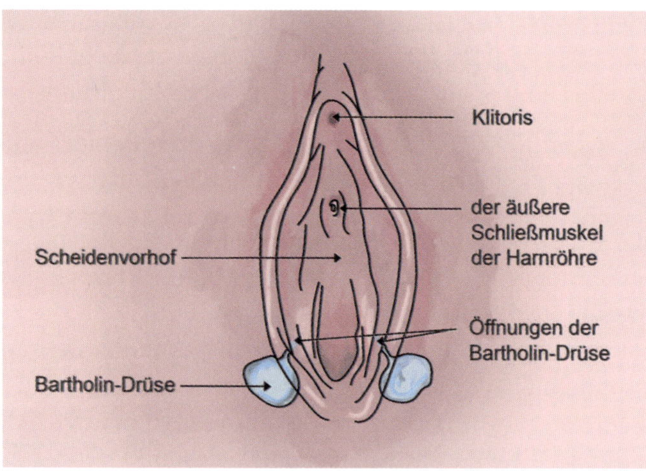

Abbildung 45. Für die Feuchtigkeit des Vaginaleingangs sind die Bartholin-Drüsen zuständig.

Manchmal ist für die ersten Sitzungen nur eine äußere Behandlung möglich. Die Bartholin-Drüsen kannst du damit gut erreichen, sie gehören ebenfalls zum Schutzsystem der Vagina, befinden sich aber am Eingang. Ihre Öffnungen liegen an den Innenseiten der Venuslippen, im hinteren Drittel. Im Fall von Zysten ist eine Absprache mit dem Frauenarzt notwendig, und eventuell gibt es ein gutes Mittel, das einmassiert werden darf.

Schön für die Erregung ist leichtes Klopfen am Venushügel.

In der Erregung produzieren die Drüsen ein schleimiges Sekret, das Polysaccharide und Muzin enthält. Diese Drüsen werden auch durch Östrogene reguliert.

Für den Wassertransport im Körper und somit die Erregungsfeuchte können zusätzlich Lymphmyosot®, Süßholzextrakt oder Süßholztee hilfreich sein – sie regen den Lymphfluss allgemein an. Allerdings ist Harndrang eine logische Nebenwirkung. Daher würde ich davon abraten, diese Mittel unmittelbar vor dem Geschlechtsverkehr oder vor einer längeren Massage zu nehmen. Eine regelmäßige Anwendung, eventuell kombiniert mit Übungen, unterstützt jedoch die Regeneration der Schleimhaut und versorgt das Mikrobiom. Die vorherige Absprache mit einem Arzt ist sehr ratsam, um die ganzheitliche Wirkung im individuellen Fall einzuschätzen.

Und was sind die Prozesse hinter der männlichen Erektion und wie kannst du sie mit einer Massage fördern?

Das Blut soll zum Penis kommen und dort eine längere Zeit bleiben können. Für die weiblichen Geschlechtsorgane sind die Prozesse allerdings gleich. Dafür muss der Weg frei sein: Das Zwerchfell sollte locker sein, die Aorta gesund und frei im Bauch verlaufen, und der Beckenboden sollte gesund und in der Lage sein, sich zu entspannen. Lade den Partner ein, „in den Bauch“ zu atmen. Das Zwerchfell bewegt sich dabei vollständig und die entspannte Bauchdecke hebt und senkt sich durch den Druckunterschied. Lege die Hände unter die Rippen und begleite die Atmung: leichter Druck beim Ausatmen, leichtes Heben beim Einatmen (wie bei den Nieren). Lege eine Hand auf die Aorta und spüre den Herzschlag. Das entspannt die umliegenden Strukturen, reinigt die Lymphknoten und lenkt die Aufmerksamkeit des Empfängers. Lege die Hand auf den Penis bzw. die Klitoris und spüre den Herzschlag.

Schwellkörper stärken und trainieren

Die Fähigkeit, eine Schwellung länger auszuhalten, hängt von der Gesundheit der Blutgefäße und von der mentalen Komponente ab: Wie gut kann man die eigene Erregung ertragen? Hatte man Situationen, in denen eine Erektion oder Erregung zu traumatischen Erlebnissen führte? Wurde man beispielsweise ausgelacht oder grob abgelehnt?

Massagetechnisch können wir die Dauer der Erregung maximieren, ohne schnell eine Erlösung anzustreben. Dadurch trainieren wir die Blutgefäße. Der Behandelte befindet sich in einem sicheren Raum, in dem eine längere Erregung keine Gefahr darstellt und sogar willkommen ist.

Ein Mann kann Lust empfinden, auch ohne Erektion oder mit einer teilweisen Erektion. Viele Frauen lehnen jedoch den Mann in diesem Zustand ab und verstärken damit die mentale Komponente der Impotenz. Die Stimulation des nicht erigierten Penis reduziert sich in den meisten Beziehungen auf das verbissene „Steh doch mal endlich“ und führt zur Enttäuschung für beide. Es etabliert sich die Herangehensweise „Der Körper muss funktionieren“ in Bezug auf sich und den anderen. Der Körper will ja funktionieren und braucht dafür gewisse Bedingungen. Du bist in Ordnung. Es gibt nur offene Bedürfnisse, die es herauszufinden gilt.

Es ist sehr wichtig, den Penis im nicht erigierten oder teilweise erigierten Zustand zu streicheln und zu kneten. Du kannst am Schaft sehr viel Druck ausprobieren. Eigentlich kannst du die maximale Kraft deiner Hand bzw. der Finger einsetzen: entlang der ganzen Länge, als Ringe oder punktuell. Wichtig ist, den Druck nicht mit Bewegung zu kombinieren. Hoch-runter sowie „Schaltgetriebe“ sollten nicht mit voller Anspannung der Hand oder Vagina kombiniert werden, da dies zu Verletzungen der Schwellkörper oder des Bändchens (Frenulum) führen kann.

Manchmal greifen Männer zum Penisring, um dauerhaft eine maximale Steife zu haben. Dieser ist mit Vorsicht zu genießen, da eine übertriebene Belastung der Blutgefäße zu Mikroverletzungen führen kann.

Darüber hinaus verlernt der Körper, die natürlichen Mechanismen zu nutzen. Eine kürzere Imitation eines Penisrings mit den Fingern an der Wurzel kann jedoch positiv wirken.

Wichtig ist, sich daran zu erinnern, dass die Schwellkörper tief in den Körper hineinreichen und ebenfalls Interaktion benötigen! Die Behandlung der Beckenbodenmuskulatur ist zwar an sich wenig erregend, aber möglicherweise notwendig. Eine Analmassage oder Prostatamassage kann ebenfalls eingesetzt werden, wenn der Partner dafür offen ist.

Wenn die Erektion oder Feuchtigkeit doch nicht vorhanden ist, die Berührung aber total genossen wurde, darf man glücklich sein. Der Weg ist das Ziel.

4.5 Immunabwehr

Ein weiteres Thema, das unser Sexleben negativ beeinflusst, sind akute Entzündungen im Intimbereich: Blasenentzündungen, Vaginalpilz, Herpes etc. Prostataentzündungen, Endometriose, Myome und sogar Krebs können ebenfalls mit chronischen Entzündungen zusammenhängen. Um diesen vorzubeugen, sollten wir die Immunabwehr des Körpers unterstützen.

Die Intensität der Symptome hängt oft davon ab, wie sensibel wir auf intuitive Impulse und Körpersignale hören und ob wir ihnen folgen können. **Je abgestumpfter und „verkopfter“ wir sind, desto mehr ist der Körper gezwungen, starke Warnsignale zu senden.** Berührung und bewusste Bewegung steigern die Körperwahrnehmung, sodass wir Probleme früher erkennen und eingreifen können.

In akuten Phasen sind nur sehr sanfte Techniken möglich. Sie dienen der allgemeinen Entspannung und Regeneration. Das intensive Ankurbeln der Durchblutung und der Aktivität des lymphatischen Systems sollte mit Vorsicht genossen werden, und dies teilt der Arzt normalerweise mit.

Selbstverständlich ist Prävention immer am besten. Eine Massage fühlt sich wesentlich besser an, wenn der Mensch gesund ist. Zum Beispiel betrifft es laut meiner Erfahrung die Prostata und die Hämorrhoiden. Wie wir wissen, sind angenehme Momente generell für die körperliche Gesundheit förderlicher als Stress durch unangenehme Schmerzen.

Warum werden wir überhaupt krank? Ich stelle es mir nach dieser Formel vor:

Krankheit = Krankheitsgewinn + Krankheitserreger – Widerstandsfähigkeit des Körpers (generell + lokal).

Bevor die Heilung in Gang gesetzt wird, ist es wichtig für die betroffene Person, sich selbst zu fragen: Was bringt mir die Krankheit? Entfliehe ich der körperlichen Nähe generell oder mit diesem Partner? Habe ich Angst, Mutter zu werden? Eine Definition von Gesundheit wäre die „Leistungsfähigkeit zur Erfüllung von gesellschaftlichen Anforderungen, insbesondere von alltäglichen Rollenverpflichtungen". Welche sind für mich gerade unbequem und warum? Signalisiert der Körper, dass ich mit meiner Weiblichkeit/Männlichkeit nicht im Reinen bin? Gibt es Bedürfnisse, die ich nicht erfülle? Kann die Beziehungsebene meinem Körper die Motivation geben, lieber krank zu werden?

Keine Massage und keine Heilmethode wird wirken, solange der Mensch eine (unbewusste) Motivation hat, krank zu sein. Der Körper wird den Genesungsprozess sabotieren und immer wieder die gleichen oder neue Symptome hervorrufen.

Körperlich manifestiert sich dies meist als Verspannung der glatten und quergestreiften Muskulatur, die den Lymphfluss und somit die Zufuhr der Immunzellen, die Übertragung der Nervensignale und die Entgiftung verhindert. Die guten Stoffe, die wir zu uns nehmen, kommen nicht gut an. Esoteriker würden dies als eine energetische Blockade bezeichnen, die den normalen Energiefluss verhindert. Jede relevante „negative" Emotion verstärkt die Verspannung/Blockade. Eine Verspannung sorgt jedoch auch für das Wiederkehren der Emotion. Im ersten Kapitel haben wir uns damit ausführlich beschäftigt.

Als Behandler können wir diese verspannten Stellen angehen. Mit dem Auflegen der Hände, sanftem Streicheln, Pulsing (tibetische Schütteltechniken), passiver Bewegung (z. B. Elemente aus Thai-Yoga oder

Lomi) und der Arbeit mit den Triggerpunkten. Meistens betreffen diese Themen das Zwerchfell, die Beckenmuskeln und den Beckenboden, bei Frauen auch die Vagina und die Gebärmutter. Sehr häufig ist die Gesichtsmuskulatur beteiligt, zum Beispiel die Kaumuskulatur. Eine häufige Empfehlung der Hebammen bei der Entbindung oder bei Periodenschmerzen ist es, den Kiefer zu entspannen. Auch für den Mann besteht dieser Zusammenhang. Laut Thomas Myers gehören die Kaumuskeln zur gleichen myofaszialen Leitbahn wie der Beckenboden.

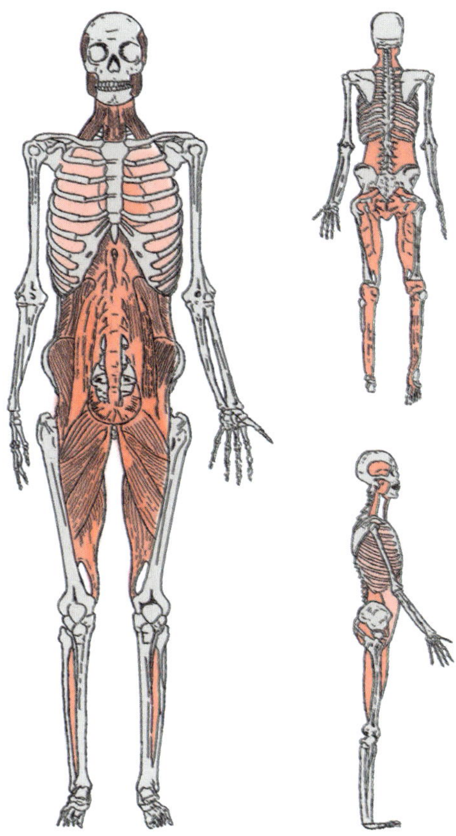

Abbildung 46. Strukturen einer Kraftlinie unterstützen sich gegenseitig. Dieses Konzept kann hilfreich sein, die Ganzheitlichkeit zu strukturieren und innerhalb einer Linie Hypothesen abzuarbeiten. Quelle: Deep Frontal Line. Anatomy Trains. Thomas Myers.

Interessanterweise liegen diese Strukturen nah an den strategisch wichtigen Stellen unserer Entgiftung und des Immunsystems: Nieren, Darm, Lunge, Venenwinkel, wichtige Lymphknoten. Die meisten sind ziemlich schwer für eine Massage erreichbar und eher durch Übungen und Atemtechniken ansprechbar.

Sollten die Symptome schnell wiederkehren, kann die wahre Ursache tiefer liegen und die Diagnostik überlässt du lieber einem Osteopathen, der kinesiologische Tests beherrscht.

Die Krankheitserreger sind Mikroorganismen und Schadstoffe, die sowohl im Intimbereich als auch in der Umgebung landen, in erster Linie im Verdauungstrakt. Jede Sekunde wird der Körper sie los. Je mehr davon allerdings im Körper sind, umso größer das Risiko. Es gibt Mengen, die sogar den gesündesten Menschen niederschlagen können.

Die Widerstandsfähigkeit des Körpers besteht in der Fähigkeit, die Grenzen dicht zu halten, Probleme frühzeitig zu erkennen, Erreger zu neutralisieren und Gifte auszuscheiden.

Diese **Grenze** bilden die gesunde, robuste Haut und Schleimhaut. Auch die Beschichtung des Verdauungstraktes stellt eine Grenze zur Außenwelt dar. Haut und Schleimhaut benötigen die Nährstoffe, aus denen sie aufgebaut sind, die über das Blut zu den Zielzellen transportiert werden. Eine Möglichkeit, diese Logistik zu unterstützen, ist die Massage.

Die Schleimhaut kann besser befeuchtet und gereinigt werden, wenn darunter aktive Blutgefäße liegen. In Abschnitt 4.4 haben wir das Beispiel der Vagina betrachtet, aber das Prinzip gilt ebenso für Nase, Mund, Darm usw.

Außerdem benötigt die Haut eine Fettschicht, die erstens vor Reinigungsmitteln, übermäßigem Wind und Sonneneinstrahlung geschützt werden sollte. Zweitens sollte sie von innen unterstützt werden, durch die Aufnahme gesunder Fette und die Verbesserung der oberflächlichen Durchblutung des Körpers sowie der Gesundheit großer Gefäße. Drittens kann sie durch die Verwendung von hochwertigem Massageöl gestärkt werden. Gleichzeitig braucht die Haut eine regelmäßige, gesunde Beanspruchung wie Streicheln, Zupfen und sanftes Kratzen. Gestalte dies lustvoll durch eine spielerische Stimmung, Entschleunigung und Abwechslung. Persönlich befürworte ich regelmäßige körperliche Nähe in einer Beziehung, und auch ein Peeling kann dazu beitragen, wenn es langsam und genussvoll durchgeführt wird. Die Schleimhaut wird dabei selbstverständlich ausgelassen.

Die Schleimhaut, die Haut und die Haare haben ein eigenes Mikrobiom, das sie pflegt und vor unerwünschten Eindringlingen schützt. Eine totale Desinfektion, Haarentfernung und Verletzungen sind keine gute Idee. Jeder Mensch entscheidet für sich, aber zwinge deinen Partner lieber nicht, radikal die Intimbehaarung zu entfernen: Rasieren entfernt eine Hautschicht, Cremes lösen sie auf, Wachs und Sugaring beeinträchtigen die Talgdrüsen. Lerne lieber, die Behaarung zu lieben und damit zu spielen – das kann sehr angenehm sein. Natürlich müssen die Haare nicht wild wachsen und dürfen gepflegt aussehen.

Manchmal ist eine Entzündung nur eine Heilung von Mikroverletzungen. Zum Beispiel entsteht eine Blasenentzündung durch aggressive Stoßtechniken. Es funktioniert genauso wie bei einer offenen Wunde. Kurzfristig ist das nicht schlimm, solange der Körper sich schnell regeneriert. Eine regelmäßige Wiederholung kann jedoch gefährlich sein. Erotische Massagen helfen Paaren, zu einem sinnlicheren Ablauf im Sexleben überzugehen und das Gewebe zu schonen. Während der Heilung empfiehlt es sich, nur sanft Salben aufzutragen und mit der Lymphe zu arbeiten. Wir können die Hände auf die Lymphknoten legen und spüren, wie sie aktiv werden (Übung macht den Meister). Außerdem unterstützt langsames, oberflächliches Streicheln in Richtung des Lymphflusses die Reinigung. Kleine Einheiten jeden Tag sind besser als viel auf einmal. Die Portion der freigesetzten Schadstoffe sollte für den Körper leicht zu verkraften sein.

Immer mehr spricht man über die **„Schwingung“ gesunder und kranker Zellen**. Diese Hypothese würde ich nicht ablehnen. Ich würde von Geschlechtsverkehr und Oralsex abraten, wenn der Partner oder die Partnerin unangenehm riecht oder dir etwas komisch vorkommt. Vertraue deiner Intuition. Gesellschaftlich wird Untreue und die Öffnung von Beziehungen immer mehr toleriert, aber das Mitmachen erhöht das Risiko von Erkrankungen, sowohl durch die direkte Auseinandersetzung mit der Flora mehrerer Menschen als auch durch psychosomatische Einflüsse.

Krankheitserreger gehören zu unserem Alltag. Einerseits ist es wichtig, den Kontakt mit ihnen gering zu halten, andererseits sollte die „globale Immunabwehr“ unterstützt werden. Das Abklopfen der flachen Knochen wie Brustbein und Beckenknochen ist zwar nicht besonders sexy, sollte aber dennoch erwähnt werden. Das kurbelt die Produktion der Immunzellen an.

Ebenso betone ich erneut die Bedeutung des **Gleichgewichts zwischen Sympathikus und Parasympathikus**. Wenn wir zu aktiv sind, bekämpft der Körper Krankheiten nicht effektiv, wodurch wir keine Symptome bemerken. In der Regenerationsphase gibt es dann umso mehr zu tun. Hilf deinem Partner oder deiner Partnerin am besten täglich, den Parasympathikus zu aktivieren.

In der Schwangerschaft unterdrücken die hohen Mengen an Progesteron die globale Immunabwehr, um den Fötus zu schützen. Daher bekommen schwangere Frauen leichter eine vaginale Dysbiose. Es ist essenziell, vor der Schwangerschaft die lokale Abwehr in der Schleimhaut zu stärken. Meine IMbuilding-Kolleginnen bestätigen, dass ein normaler Tonus der Liebesmuskulatur, den man vor der Schwangerschaft aufbaut, mit großer Wahrscheinlichkeit dafür sorgt, dass die Vaginalflora während der neun Monate im Gleichgewicht bleibt.

4.6 Kinderwunsch. Schwangerschaft. Entbindung

Die Ideen in diesem Abschnitt zur schönen Familienplanung stammen von der freiberuflichen Hebamme und meiner IMbuilding-Kollegin Olga Malzew.

Stell dir vor, du erwartest Gäste. Wenn wir einen wichtigen Besuch erwarten, wird bei den meisten mehr als gewöhnlich geputzt, die besten Lebensmittel werden eingekauft, das Zuhause wird geschmückt und wir schaffen uns Zeit. Ebenso sollten wir unseren Körper und Geist auf das Kind vorbereiten.

Massagen erfüllen wichtige Aufgaben, sowohl wenn das Baby erst geplant wird als auch wenn das Paar bereits die Verhütung abgesetzt hat und sich gezielt um die Befruchtung bemüht:

- Die Bindung der Eltern zueinander zu vertiefen.
- Den Vater oder die Mutter zu entspannen, damit sie die Veränderung leichter erleben und alle Körpersysteme besser für die Fortpflanzung dienen.
- Ein positives Bild der Zukunft als Familie tief zu verankern.
- Die Sinnlichkeit zu steigern und den Prozess mehr zu genießen.
- Die Körperstrukturen des Mannes auf die Zeugung und das Vatersein vorzubereiten.
- Die Körperstrukturen der Frau auf die Empfängnis, eine leichte Schwangerschaft, eine unproblematische Entbindung und eine schnellere Rückbildung vorzubereiten und dabei zu begleiten.

Unser Körper kann etwas sabotieren, wovor wir bewusst oder unbewusst Angst haben. Im Fall von Unfruchtbarkeit kann es eine Verspannung im Becken sein, die das Befruchtungsrisiko reduziert (schlechte Durchblutung der Eierstöcke, Zyklusprobleme, kein Eisprung, falsches Milieu der Vagina, keine ausreichende Endometriumschicht, Verklebung der Eileiter oder „faule" Spermien). Der Körper hat es über Jahre gelernt, die Schwangerschaft als Risiko zu sehen und in die Abwehr zu gehen. Öffentlich sagt man: „Wir wollen Kinder", aber es ist sinnvoll, zuerst die psychosomatischen Aspekte zu betrachten. Achtsame Berührung schafft einen sicheren Raum, um sich zu öffnen. Die erhöhte neuronale Plastizität hilft, unproduktive Denkmuster durch nachhaltigere zu ersetzen.

Ein verbreitetes Problem bei Männern ist, sich plötzlich vernachlässigt zu fühlen. Es gibt deutlich weniger Zweisamkeit und Sex als zuvor, oft mit „guter" Begründung. Hinzu kommt der Druck, die materielle Versorgung sicherzustellen. Frauen sehen, wie sich ihr Körper verändert, wie Ehemänner von Freundinnen fremdgehen, wie anstrengend die finanzielle Abhängigkeit sein kann, wie Schlafmangel Streit provoziert usw. Wir reden hier nicht von einer existierenden Gefahr für eure Beziehung, sondern von Ängsten, die psychosomatische Auswirkungen haben können.

Ein anderes Extrem ist der Druck, schnell Kinder zu bekommen, z. B. durch Gespräche über das Alter. Besonders problematisch ist der „Kinderwunsch“, um die „Familie“ zu retten. Wenn der Körper da rebelliert, zeigt das eigentlich seine Weisheit. Der Körper beschützt uns und die Träger unserer Genetik. Oft machen wir uns jedoch mehr Stress, als gerechtfertigt wäre.

Wichtig ist, das Projekt „Eltern sein“ schon vor der Zeugung zu durchdenken. Dies könnt ihr gerne mit intensivem Körperkontakt verbinden. Erstellt eine Liste der wichtigen Punkte und geht sie Phase für Phase durch: Wie wird der Alltag aussehen? Wie werden die Aufgaben verteilt? Wie geht ihr mit typischen Herausforderungen um? Es ist gut, mehr Zeit mit den Kindern von Freunden und Familie zu verbringen, um Ideen zu sammeln. Wenn das Projekt schriftlich festgehalten ist, wirkt es noch beruhigender.

Olga Malzew bietet beispielsweise ihren Kunden Kinderwunschsprechstunden an. In diesen Sitzungen schreiben die zukünftigen Eltern zunächst selbst auf, wie schön sie sich die Zeugung, die Zweisamkeit in der Schwangerschaft, die Geburt und die Zeit zu dritt mit dem Kind vorstellen. Sie schildern, wie ihre Beziehung durch neue, intensive Momente der Nähe bereichert wird. Olga betont, dass in den ersten vierzig Tagen nach der Entbindung der Mann eine außergewöhnlich große Rolle spielt. Er sollte die Frau vor Aufgaben, Kontakten und Haushalt schützen, ihre Lieblingsgerichte zubereiten und alles Notwendige besorgen. Anschließend tauschen die Eltern ihre Listen aus und werden oft von Zärtlichkeit überflutet, was zu einer Freisetzung großer Mengen an Oxytocin führt. Dieses Hormon ist sowohl für die Befruchtung als auch für die Entbindung essenziell.

Immer mehr Fachpersonen der Gesundheitsbranche bestätigen, dass die Gelassenheit der Eltern für eine gute Zeugung und die Entwicklung der Kinder entscheidend ist. Zusammenhalt stärkt das Gefühl der Sicherheit. Die hohen Mengen an Oxytocin, die durch den Körperkontakt der zukünftigen Eltern freigesetzt werden, wirken tiefer als nur auf die bewusste Ebene. Body-to-Body-Massagen sind ein Beispiel dafür, wie man die Oxytocin-Ausschüttung fördern kann.

Ein besonderer Stellenwert kommt den weiblichen Orgasmen zu: Sie beruhigen den Geist, schaffen mehr Bindung und bereiten Gebärmutter und Vagina vor. Unsere Faustregel lautet: Je länger und kunstvoller das Vorspiel, desto intensiver und weitreichender der Höhepunkt. Daher sind Tantra-Massage-Elemente vor der eigentlichen „Vereinigung" sehr zu empfehlen.

In der erotischen Massage hat fast jede Technik mehrere Begründungen, warum sie bei Kinderwunsch essenziell ist. Wichtig sind die Projektionen, die wir dabei haben: Wie sehe ich diesen Menschen gerade? Als Tempel der Kreation eines neuen Wesens? Als Behüter der entstehenden Wunder?

Nichtsdestotrotz lohnt es sich, einen Arzt aufzusuchen und sich untersuchen zu lassen, wenn die Schwangerschaft länger als ein Jahr nach dem Absetzen der Verhütung nicht eintritt, obwohl beide Partner generell gesund sind.

Die Schwerpunkte der Tantra-Massage für den Mann sind:

- **Souveränität als Beschützer und Versorger der Familie:** Die Rolle des Vaters darf nicht unterschätzt werden. Auch wenn er nicht gebären oder stillen kann, ist ein Kind eine Steigerung der Verantwortung für ihn. Sein Stress sollte ernst genommen und behandelt werden. Dazu bringt man den Sympathikus und Parasympathikus ins Gleichgewicht, unterstützt die Nebennieren und fördert die Produktion von Testosteron, was sowohl für die Reifung der Spermien wichtig ist als auch das Verhalten optimiert. Eine aufrechte Körperhaltung hilft auch, bessere Honorare zu erzielen. Ein souveräner Auftritt des Ehemanns beruhigt und inspiriert die Frau in Zeiten der Veränderung.
- **Produktion von hochwertigem Ejakulat:** Die Spermien brauchen ein gutes Milieu zum Reifen und Stoffe, die sie aktiv halten und versorgen. Die allgemeine Gesundheit ist dabei bedeutend. Die Massage an Hoden, Nebenhoden und Prostata sollte etwas länger dauern. Auch die Bulbourethraldrüsen und Samenblasen werden mit Prostata-Massagetechniken behandelt. Es ist schwer zu sagen, ob eine intensive Ejakulation (weiter Spritzen) die Spermien

begünstigt, aber sie ist ein Zeichen guter Männergesundheit und Fortpflanzungsfähigkeit, die mit der Beckenbodengesundheit zusammenhängt. Es ist unpraktisch, zu oft oder zu selten einen feuchten Orgasmus zu haben. Extreme wie fünf Mal am Tag oder einen Monat auf den Eisprung warten sind kontraproduktiv. Im Rahmen einer Tantra-Massage sind trockene Orgasmen bevorzugt.

- **Starker Rücken:** Um mit dem Kind und Zubehör leicht zurechtzukommen, ist das Zusammenspiel von Rücken, Bauch und Beckenboden wichtig.
- **Wahre Bindung zur Partnerin:** Diese steigt durch achtsame Berührung.

Der weibliche Körper braucht:

- **Wahre Lust:** Manchmal hört man, dass ein Paar fünf Jahre lang versucht hat, ein Kind zu zeugen. Oft klingt es so, als würde die Frau im Kalender nach ihrem Eisprung schauen und den Mann dann zur Aktivität rufen. Die Nähe und Intimität werden zur anstrengenden Arbeit. Woran liegt das? Ist sie erschöpft? Wurde ein Bedürfnis der Frau vernachlässigt, sodass sie die Lust verloren hat? Zum Beispiel, sich begehrt und einzigartig zu fühlen? Oder fehlt es an Dopamin, neuen Eindrücken und Vorfreude? Eine erregte Frau produziert Pheromone, die den Sexprozess für beide spannender und weniger stressig machen. Der Mann sollte sich Zeit nehmen, Techniken anzuwenden, die seine Bewunderung ausdrücken. Er könnte mehr mit der Lust spielen: sanft stimulieren und, sobald die Reaktion kommt, die Stimulation wegnehmen, um die Erregung zu steigern. Beinmassagen und das „Schieben" des Blutes zum Becken wirken positiv auf die Erregung und die allgemeine Gesundheit der Beckenorgane.
- **Einen guten Eisprung:** Gesunde Eierstöcke und ein vollständiger Zyklus (nicht unbedingt regelmäßig). Besonders nach dem Absetzen der Pille, vor allem wenn die Frau früh mit der hormonellen Verhütung begonnen hat.
    - **Einen leichten Weg für die Spermien:** Angeblich duftet eine reife Eizelle nach Maiglöckchen, und die Spermien orientieren

sich daran. Eine weitere Theorie besagt, dass sie den Weg anhand des pH-Unterschieds zwischen der Vagina (sauer) und der Gebärmutter (basisch) finden. Für einen guten pH-Wert benötigt die Vagina eine gute Durchblutung und Befeuchtung. Eine sehr effektive Methode zur Förderung der Schwangerschaft ist der „Gebärmutterkuss“: Wenn der Muttermund sich an der Eichel ansaugt, was jedoch nicht mit Pressen verwechselt werden sollte. Dafür ist ein hoher Grad der Erregung und eine ausreichende Penisgröße notwendig.

- **Einen normalen Tonus der Gebärmutter:** Die Plazenta kann sich besser entwickeln, das Kind liegt bequem und die Wehen sind leichter. Geeignet sind alle Vibrationstechniken der Massage, insbesondere Vibrationen am Unterbauch, kombiniert mit der Stimulation des Muttermundes, sowie die Behandlung der Ansatzstellen der Bänder, an denen die Gebärmutter hängt (auch zur Vorbeugung möglicher Senkungen). Berührungen am Muttermund sind sehr angenehm und förderlich für das Wohlbefinden der Frau. Beim Kinderwunsch ist der Muttermund der natürliche Ausgang für das Baby und sollte in der Lage sein, sich ausreichend zu öffnen.
- **Einen normalen Tonus der Bauchmuskulatur:** Durchtrainierte Frauen haben manchmal mehr Probleme bei der Geburt, was am Hypertonus der Bauchmuskulatur und einem Ungleichgewicht zwischen äußeren und inneren Schichten sowie Bauch und Beckenboden liegen kann. Die Techniken der Bauchmassage findest du im Abschnitt 3.1. Leber und Nieren leisten während der Schwangerschaft mehr, daher kann Handauflegen unterstützend wirken.
- **Einen normalen Tonus der Vagina und des Beckenbodens:** Dies erreicht man durch die Behandlung der Ansätze (Sitzknochen, Kreuzbein, Steißbein, Venusbein), sanfte Dehnung des Eingangs, passive Bewegung der Vaginalöffnung (ausatmen – dehnen, einatmen – loslassen), Behandlung der Triggerpunkte im Beckenboden und der Vagina sowie Behandlung der Adduktoren (Innenseiten der Oberschenkel).

- **Eine gesunde Brust:** Sanftes Streicheln der Milchdrüsen, Einölen und Zupfen an den Brustwarzen. Brustmassagen geben der Frau das Gefühl, dass Stillen sexy ist, und erhöhen die Produktion von Oxytocin. Ob man während der Schwangerschaft vor der Lungenreife des Kindes beim Sex an der Brust spielen darf, ist individuell verschieden und sollte mit der Hebamme besprochen werden. Dabei ist zu beachten, ob der Tonus der Gebärmutter länger als eine Stunde anhält.

Auch Fußmassagen sind vor der Lungenreife des Babys mit Vorsicht zu genießen, da es an den Füßen kritische Reflexzonen gibt.

Wer sich den Luxus einer Hausgeburt leisten kann, hat die Möglichkeit, die Partnerin vor der Entbindung zu erregen und auch während der Geburt unterstützend beizustehen. Der Partner kann sich hinter sie setzen, wie in Abbildung 3 gezeigt, und ihren Nacken küssen, die Brustwarzen stimulieren und sie weiterhin erregen. Dadurch wird das Gewebe der Vagina und des Beckenbodens dehnbarer, was das Baby bei der Geburt unterstützt. Eine Entbindung mit Orgasmus ist sehr schön. Olga Malzew unterstützt solche Interaktionen, und ich hoffe, dass auch eure Hebamme dafür offen ist.

Oxytocin spielt eine bedeutende Rolle sowohl während der Geburt als auch direkt danach, um die Plazenta (etwa eine Stunde nach der Geburt des Babys) zu lösen, die Gebärmutter auf ihre ursprüngliche Größe und Gewicht zurückzubilden und die Milchproduktion anzuregen. Dafür gelten die gleichen Regeln direkt nach der Entbindung sowie im Wochenbett: Alle möglichen Stressfaktoren sollten beseitigt werden – der Partner kümmert sich um alles, was den Kopf beansprucht, die Atmosphäre ist angenehm, die Berührungen sind liebevoll, besonders an den Brustwarzen, und das Baby hat maximalen Körperkontakt zur Mutter.

Wie du siehst, ist der Anspruch an das Anatomiewissen der Eltern nicht so hoch, es geht in erster Linie um die Zärtlichkeit. Ich wollte nur erneut betonen, wie viele Lebensbereiche von der erotischen Massage und Berührung profitieren können.

4.7 In jedem Alter jung bleiben

Sexualität hält geistig und hormonell jung, aber nicht jedes Paar praktiziert sie lebenslang. Nach den Wechseljahren kann die Frau so trocken werden, dass schon der Gedanke an Penetration unangenehm ist. Der Mann kann sich wegen mangelnder Erektion schämen oder die Partnerin hat keine Lust auf einen Akt, bei dem sie kaum etwas spürt. Für sinnliche Berührungen ist das alles jedoch kein Problem. Diese können sogar die „natürliche Alterung“ rückgängig machen.

Mit dem Alter sammeln sich objektiv **„Fehler“ im Körper** an: fasziale Verklebungen, Muskelatrophie, Schwäche der hormonellen Drüsen usw. Daher lohnt es sich, Entzündungen vorzubeugen und schnell zu beseitigen (sie sind schlecht für das Bindegewebe), beweglich zu bleiben, auch im Intimbereich, und achtsam zum eigenen Körper zu sein. Mit dem Alter bekommen wir immer weniger geschenkt. Ein gutes Vorbild sind die Menschen, die auf sich achten. Der Geist spielt ebenfalls eine große Rolle und kann viel steuern. Wie nehme ich mich und das Gegenüber wahr? Welche Hormone werden ausgeschüttet, wenn ich an körperliche Nähe und meine eigene Attraktivität denke?

Irgendwann stuft man sich in die **Rolle eines alten Menschen** ein, unabhängig vom tatsächlichen Alter. Sex interessiert dann oft nicht mehr. Vielleicht liegt es an der Art der Sexualität, die das Paar auslebt – sie war einfach zu monoton. Ich lade euch ein, wertschätzend und rücksichtsvoll neue Dinge auszuprobieren und sanft in die Erkundung über die Abwechslung in der Massage einzusteigen. Berührung braucht man in jedem Alter, nur die optimale Art ändert sich.

Die Beziehung kann sich auch **durch Routine de-erotisieren**. Spielerische Techniken, das Spiel mit der Geschwindigkeit, Tiefe und Art der Berührung – Fingerspitzen, flache entspannte Hand, Nägelspitzen, Haare, Dreitagebart oder Brustwarzen am Körper – erwecken die Sinne und unterstützen die Dopamin-Ausschüttung sowie die Produktion anderer relevanter Hormone bei beiden Partnern. Sogar ein bisschen Albernheit dabei zu haben, ist eine gute Idee. Probiert es aus! Und wenn eine Idee nicht so gut ankommt – nicht aufgeben!

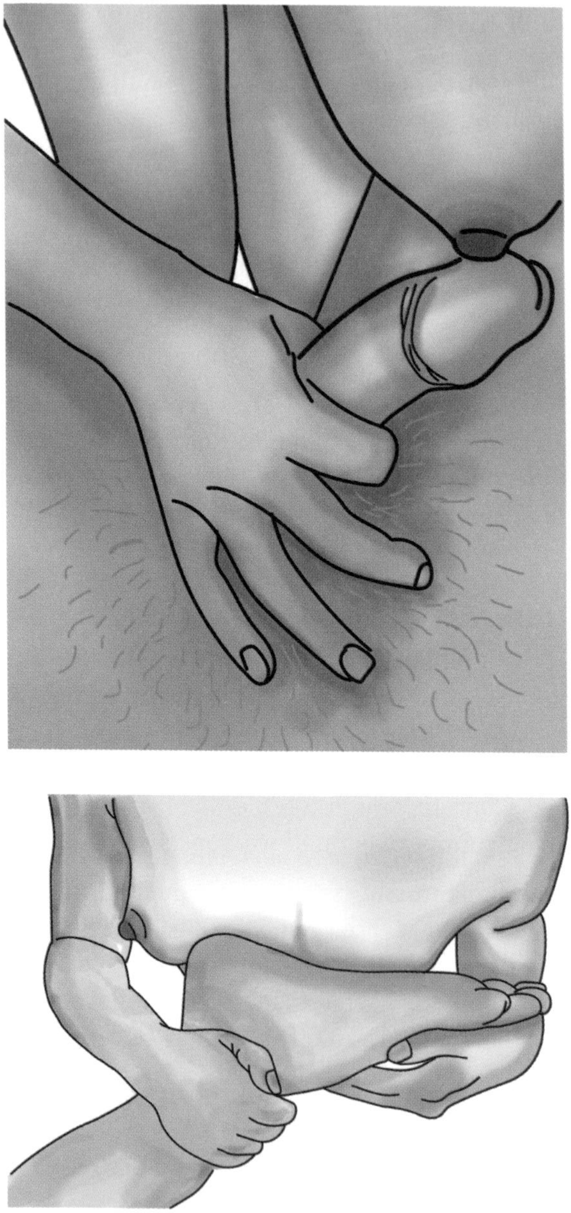

Abbildung 47. Die Brüste am Körper des Mannes sind immer ein Treffer, insbesondere die Brustwarze an seiner Eichel. Das erregt beide.

Die Interaktion selbst sowie die Pflege mit gutem Öl sind wohltuend für die Haut und halten sie straffer. Gesundheit ist immer ganzheitlich zu betrachten: Eine Verbesserung in einem Bereich wirkt sich positiv auf das gesamte System aus!

Neue Reize aktivieren das Gehirn des Empfängers, während Kreativität und Motorik dem Gehirn der gebenden Person guttun. Ich empfehle Menschen, die regelmäßig massieren, beruflich oder privat, Fingerübungen zu machen, unter anderem für die Koordination. Dies verjüngt die Optik der Hände, beugt der Degeneration der Gelenke vor und hält das Gehirn fit!

Nach einer guten Tantra-Massage sehen die Menschen deutlich jünger aus. Dies geschieht durch Entspannung. Ich schließe gerne zusätzlich mit einer Gesichtsmassage ab: Greife tief ins Gewebe, wo Falten oder Verspannungen sind. Falten zeigen Emotionen: Zorn, Traurigkeit, Sorgen. Wenn wir ein Gefühl haben, manifestiert es sich im Gesicht und führt über die Zeit zu Verspannungen, aus denen Falten entstehen. Im Abschnitt 1.6 habe ich bereits erwähnt, dass diese Verspannungen die Stimmung des Betroffenen beeinflussen können. Auch die Mitmenschen haben eine verzerrte Wahrnehmung der Person, was eine Abwärtsspirale auslöst. Das eigene Bild im Spiegel wirkt ebenfalls auf die Selbstwahrnehmung. Ein junges Gesicht hat keine Verspannungen – die Mimik fließt wellenartig. Wenn wir die Myofaszien wieder gleitfähig machen, fühlen wir uns jünger und werden auch so wahrgenommen.

Für den klassischen Sex gibt es gewisse körperliche Voraussetzungen wie die Steife des Penis oder die Feuchtigkeit der Vagina. Diese verliert man sehr schnell im Alter bei Nicht-Nutzung, was den Geschlechtsverkehr ausschließt und den körperlichen Zustand verschlechtert. Diese körperlichen Symptome sind **keineswegs ein Hinweis darauf, dass die Lust nicht mehr da ist!**

Für eine Tantra-Massage sind die Anforderungen nicht so streng – die empfangende Person muss nichts weiter tun, als sich so gut wie möglich fallen zu lassen.

Selbst einfaches Handauflegen auf die Yoni oder den Lingam kann intensive Reaktionen auslösen. In der klassischen Tantra-Massage beginnt man damit meistens die Intimmassage. Der Ablauf ist klar strukturiert: zuerst der restliche Körper, dann der Intimbereich. Ich persönlich bin dafür, den Intimbereich immer wieder zwischendurch in die Griffe zu integrieren, besonders bei Männern. Daher ergibt für meine Art die ritualisierte Begrüßung weniger Sinn. Nichtsdestotrotz ist diese Technik an sich sehr wirkungsvoll. Wichtig ist es, mit der aufgelegten Handfläche wirklich zu lauschen, was darunter geschieht: Herzschlag, Bewegung, Temperaturveränderung – und zugleich wahrzunehmen, was es mit dem ganzen Menschen macht. Dies darf gerne einige Minuten dauern, die Wirkung wird sich aufbauen.

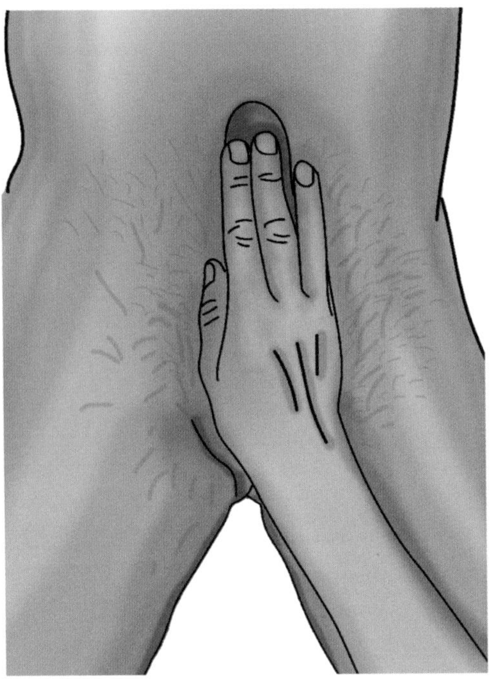

Abbildung 48. Entspannte Hand auflegen und spüren.

Lust und Orgasmus sind auch bei einem schlaffen Penis möglich, was viele Frauen nicht wissen und anwenden. Eine Hodenmassage, eventuell eine Prostatamassage, Kneten am Damm und die Suche nach den versteckten Teilen der Schwellkörper des Penis, Kneten am Schaft, das

Formen eines Rings aus den Fingern am Schaft mit einer Hand und das Streicheln der Eichel und darunter – all dies wird mit Dankbarkeit empfangen.

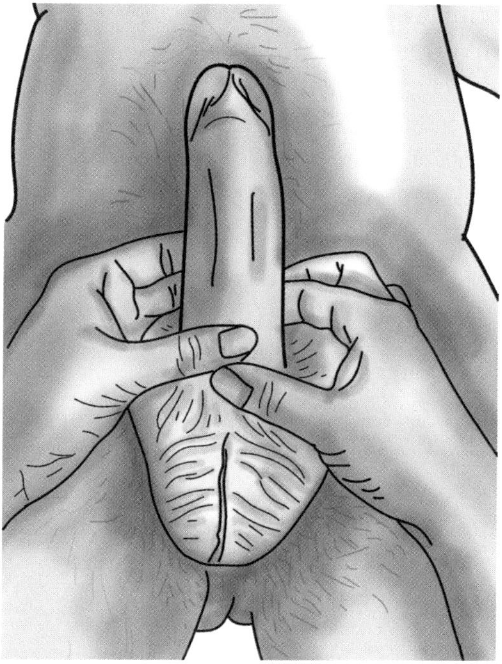

Abbildung 49. Lingam-Shiatsu: Von der Wurzel zur Eichel, Schritt für Schritt Druck mit den Fingern von beiden Seiten ausüben. Mal wie auf dem Bild, mal quer.

Beim Kneten (ob punktuell oder am ganzen Schaft) ist es wichtig, sanft vorzugehen, angstfrei zu spüren, wie viel Druck die Schwellkörper zulassen, und den Druck langsam zu lösen. Diese Technik ist unabhängig von der Erektion gut anwendbar – egal, ob gar keine bis volle Erektion. Die meisten Frauen trauen sich nicht, genug Druck aufzubauen. Wenn du achtsam und langsam vorgehst, kannst du keinen Schaden anrichten. Der Partner kann anleiten, wenn es zu viel wird, was allerdings selten vorkommt.

Ein Orgasmus ohne Erektion ist möglich, dauert aber länger. Wenn deine Hände oder Rückenmuskeln müde werden, kann der Mann auch übernehmen, wenn er eine Ejakulation haben möchte. Was ich nicht empfehle, ist, sich verbissen zu bemühen und dabei das eigene Wohlbefinden zu opfern.

Die Trockenheit der Yoni ist ebenfalls kein Hindernis für eine sanfte Massage. Vermeidet bitte Reibung. Wenn man die Yoni der Frau „in Ruhe lässt", trocknet sie nach den Wechseljahren sehr schnell aus und das verursacht großes Leiden.

Manchmal kann es sein, dass sich der Penis in der Vagina angenehmer anfühlt als die Finger, weil er weicher ist.

Zusammenfassung des 4. Kapitels

- Eine liebevolle Massage kann den geistigen und körperlichen Zustand des Gegenübers deutlich verbessern.
- Erwarte keinen Zauber innerhalb einer Behandlung. Der Prozess an sich und die Nähe, die man dabei erlebt, sind wichtig.
- Denke ganzheitlich: Ernährung, Einstellung, Bewegung und Berührung schaffen zusammen einen gesünderen Lebensstil.
- Der menschliche Körper ist faszinierend und sehr widerstandsfähig, wenn wir ihm Wertschätzung und Unterstützung geben.

Schlusswort und Danksagung

Ich danke jedem Menschen, der mir vertraut hat, damit ich mein Wissen zusammenfassen und weitergeben darf. Ich danke für das Feedback, eure Geschichten und das Teilen eurer eigenen Erfahrungen beim Massieren.

Ich danke meiner Mutter, dass sie mir sehr viel Weisheit bezüglich Körperbewusstsein und Naturbezogenheit mitgegeben hat. Danke an den Ehemann meiner Schwester, der mir als Erster in der Kindheit den Glauben gegeben hat, ich könnte massieren. Und ich danke generell meiner Familie und meinen Freunden dafür, dass ich so geworden bin, wie ich bin. Insbesondere Julia Volkova, Julia Rusina, Beatrix Zimdahl, Thomas Kern und Jürgen Rädler für das unmittelbare Mitwirken.

Danke an meine Lehrer Robert Gantke und Stanislav Chernonog für den anständigen Teil meines Wissens und an Olga Nikitina und an Hebamme Olga Malzew für die spezifischen Informationen. Danke an Debora Wüstenfeld, dass sie mir die Möglichkeit gegeben hat, in ihren Studios Tantra Om in Ulm und Nürnberg als professionelle Tantra-Behandlerin Erfahrungen zu sammeln. Danke an Elisabeth Kastanakis für die Einblicke in den authentischen Tantrismus. Danke an Martina Körber, Christian Schwarz und Maitreyi, dass ich nach ihrem Seminar plötzlich trockene Orgasmen ermöglichen konnte.

Und ich danke Simon Müller an meiner Seite. 😊

Danke auch dir für das Lesen und Mitmachen. Jetzt gibt es kein Zurück. In deinem Leben wird es generell mehr bewusste Berührung geben, du wirst mehr Einfluss auf dein Wohlbefinden und die Mitmenschen haben können. Vertiefe dein Wissen und du wirst immer mehr über unsere wahren Fähigkeiten staunen.

Bleibe maximal intensiv im Kontakt, körperlich und geistig. Definiere dein Ziel, aber bleibe frei von Erwartungen und flexibel in den Techniken. *Sei Wasser, mein Freund.*

Mehr Inspirationen für Übungen und Griffe im Videoformat findest du im Online-Kurs „Körperarbeit mit Happy End“:

http://kurse.intimfitness.de/